U0916356

韩愈集全鉴

〔唐〕韩愈◎著

东篱子◎解译

中国纺织出版社有限公司

国家一级出版社

全国百佳图书出版单位

内 容 提 要

韩愈（768—824），字退之，河南河阳人。唐代杰出的文学家、思想家、哲学家。唐代古文运动的倡导者，被尊为“唐宋八大家”之首，与柳宗元并称“韩柳”，有“文章巨公”和“百代文宗”之名。本书精选了其具有代表性的诗和散文，比较全面地反映了韩愈的思想观点、语言特色及文学成就，并对每首作品设置了原文、注释、译文、赏析四大板块，便于读者更好地了解或领会其中的精粹。

图书在版编目（CIP）数据

韩愈集全鉴：珍藏版 / （唐）韩愈著；东篱子解译.
--北京：中国纺织出版社有限公司，2021.1
ISBN 978-7-5180-8088-5

Ⅰ.①韩… Ⅱ.①韩… ②东… Ⅲ.①唐诗—诗集 ②古典散文—散文集—中国—唐代 Ⅳ.①I214.232

中国版本图书馆CIP数据核字（2020）第208375号

策划编辑：张淑媛　　责任编辑：段子君
责任校对：高　涵　　责任印制：储志伟

中国纺织出版社有限公司出版发行
地址：北京市朝阳区百子湾东里 A407 号楼　邮政编码：100124
销售电话：010—67004422　传真：010—87155801
http：//www.c-textilep.com
中国纺织出版社天猫旗舰店
官方微博 http://weibo.com/2119887771
北京华联印刷有限公司印刷　各地新华书店经销
2021 年 1 月第 1 版第 1 次印刷
开本：710×1000　1/16　印张：20
字数：256 千字　定价：68.00 元

前言

韩愈，河南河阳（今河南省孟州市）人，因自称“郡望昌黎”，故被世人称为“韩昌黎”“昌黎先生”。他曾和柳宗元一起倡导古文运动，主张继承先秦两汉散文传统，反对专讲声律对仗而忽视内容的骈体文，力求改革六朝沿袭下来的旧文风，使中国的古文得以发展。后被尊为“唐宋八大家”之首，是中国古代文学史上杰出的开拓者之一。

韩愈出身于官宦之家，幼年丧父，由兄长韩会抚养成人，后来韩会仕途不顺，被牵连、遭贬谪，不久离世，韩愈从此成为孤儿，无依无靠，所以韩愈从小就发奋苦读，立志在政治上和文学上大有作为。

贞元八年（792 年），韩愈登进士第，两任节度推官，后来又升任国子监四门博士，累官监察御史。曾因论事触犯德宗和权贵李实而被贬阳山。元和十二年（817 年），韩愈出任宰相裴度的行军司马，因参与讨平“淮西之乱”有功，升为刑部侍郎，成为上层社会中的一员。只可惜，其后又因谏迎佛骨之事触怒皇上而被贬至潮州。再后来，所幸唐穆宗即位，使他逐步官至吏部侍郎，人称“韩吏部”。长庆四年（824 年），韩愈病逝，享年五十七岁，追赠礼部尚书，谥号“文”，故称“韩文公”。

唐代文学是中国古代文学史上最辉煌、最富有创造力的时期之一，但唐王朝经历“安史之乱”后，民不聊生，内外交困，直到逐渐恢复发展，才成就了“中兴”时代。韩愈的诗词和文章，就是在这样的历史背景下产生的。韩愈针对当时盛行的骈体文之文风，提出了鲜明的文学主张。他坚持以文载道，提倡在复古的基础上创新。他所提出的“文道合一”“气盛言宜”“务去陈言”“文从字顺”“不平则鸣”等文学理论，对后人很有指导意义。他一生创作了传世文章近四百篇，包括杂著、书启、赠序、哀辞、碑志等多种文学体裁。

韩愈的诗力求新奇，极重气势，想象丰富，不但题材广阔，而且内容上也能真实地反映唐代中期社会面貌，表现出对国家和人民命运的关怀，对当时和后世诗歌的发展产生深远的影响。诸如《龊龊》等诗，使他在提高自我修养的同时，增添了一种敢作敢为、睥睨万物的气概，发而为诗，大有夺人之势。还有一部分诗作，以清新、富于神韵的特点为主，近似盛唐时期的诗风。“以文为诗”是韩诗的一大特色，他把新的古文语言、章法、技巧引入诗坛，增强了诗的表达能力，扩大了诗的情感领域。

韩愈的散文不同流俗，气势磅礴，既如江河直下，一泻千里；又如峰回路转，回环往复。他善于广泛运用比喻、排比、对偶等多种修辞手法，注重写人的形象性、论事说理的逻辑性，颇有先秦诸子散文之风。他还善于从古书和口语中汲取精华，先后创作出大量新颖的词汇，不但增强了文章的艺术魅力，而且也实现了自己坚持的文学主张。

为了帮助读者更好地学习和理解韩愈的诗文内容和特色，本书精选其极具代表性的篇章，对各篇章进行了精准的注释和通俗顺畅的解析，给生僻字注音，以便读者轻松阅读。

文字自有灵性，让我们亲近传统经典文化，提升文化素养，丰富自己的内心，尽情地领略韩愈诗文的艺术魅力吧！

本书平装本自出版以来，广受读者欢迎和喜爱。为满足大家的收藏、馈赠需要，现特以精装形式推出，敬请品鉴。

解译者

2020 年 2 月

目录

第一部分　近体诗（五言）

第二部分　近体诗（七言）

第三部分 古体诗

第四部分　散文

第一部分

近体诗（五言）

花岛

【原文】

蜂蝶去纷纷①，香风隔岸闻②。

欲知花岛处③，水上觅红云④。

【注释】

①蜂蝶：蜜蜂和蝴蝶。去纷纷：接二连三地飞过去。形容数量很多。

②香风：指风中飘来的香气。隔岸：这里指宽阔江面的对岸。

③欲知：想知道。处：地方。这里指花岛所在之地。

④觅：找，寻找。红云：红色的云。喻指“花岛”的隐约所在。因为隔着宽阔的江水，无法看清花岛的真面目，只隐约可见远方似有一片红色的云彩，进而推测那就是花岛的位置。

【译文】

蜜蜂和蝴蝶成群结队地接连飞过去，顺着蜂蝶飞去的方向抬眼眺望，一阵阵香浓的微风扑面而来，原来这扑鼻的香气隔着宽阔的江面也能闻到。

要想知道这开满鲜花的小岛在哪里，只能乘舟到水面之上，寻觅那一片映入水中的红色烟云。

【赏析】

这是一首描写水中小岛的诗篇，诗人通过细微的观察、敏锐的嗅觉以及丰富的想象，表现出开满鲜花的小岛美丽的景致，构思极为奇妙。

蜂蝶采花是自然现象，本不足为奇，但这里直接用“去纷纷”形容蜂蝶之多，而且还是成群结队飞往同一方向，可见某一地方对它们的吸引力之大，如此暗示了“花岛”的存在和魅力。接下来诗人顺着蜂蝶飞去的方向，调动嗅觉，顿时感到扑鼻的香气隔着宽阔的江面飘了过来。香气隔岸就能闻到，可见花香之浓郁、繁花之茂盛。前两句采用了视觉与嗅觉相结合的写作手法，将一派花香四溢的美好景象展现在读者眼前，调动读者想一探究竟的兴趣，这美丽的去处到底在哪里呢？接下来的“欲知花岛处，水上觅红云”便是答案。因为隔着宽阔的江水，诗人也无法看清花岛的具体位置，只能寻觅到一片红云，以此来判定花岛的所在了。

全诗以一群蜂蝶闻香而舞为线索，逐一从感官上给读者以启发，从而进一步激发人们的想象，使诗的意境更为开阔，余味更加隽永，足见诗人艺术构思的匠心独特。

柳溪

【原文】

柳树谁人种，行行夹岸高①。

莫将条系缆②，著处有蝉号③。

【注释】

①夹岸：水流的两岸。此指夹持在水流两旁。

②莫：不要。系缆：系结船索。

③著处（zhuó chù）：随处，到处。

【译文】

不知这柳树是谁栽种的，一排排夹持在河的两岸，宛如绿色的屏障。

不要折下秀长的柳条去拴系船缆，那可以附着的柳枝上，到处有秋蝉的鸣叫声。

【赏析】

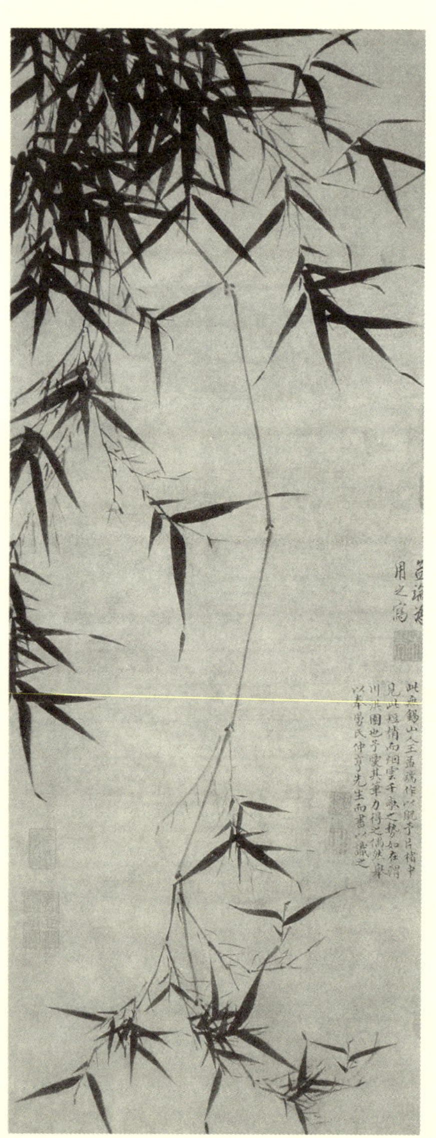

这首诗是韩愈所作的《奉和虢州刘给事使君三堂新题二十一咏》组诗中的一首，是当年韩愈为好友虢州刺史刘伯刍的庭园风景所题的诗，该庭园也因为有多位著名诗人为其题咏而显名。据韩愈《奉和虢州刘给事使君三堂新题二十一咏》序中记载："虢州刺史宅连水池竹林，往往为亭台岛渚，目其处为'三堂'"，可见其景致之佳。

本诗描绘了庭园附近溪水两旁的柳树，一行行宛如绿色屏障，婆娑照影，葱茏茂密。"夹岸高"，说明树的高大和树龄已久，侧面地呼应前面一句。后面两句表达了诗人对眼前景色的喜爱，流露出对纤细柔软柳枝的怜惜以及对蝉鸣枝头这一恬静氛围的护持之心。全诗即景而咏，由景寄情，于朴实无华之中，引发出更多绵绵的遐思。

流水

【原文】

汩汩几时休①，从春复到秋②。

只言池未满，池满强交流。

【注释】

①汩汩（gǔ）：象声词。形容水急流的样子。

②复：又。

【译文】

汩汩流淌的泉水，不知你什么时候才能停止奔流，为何总是这样从春又到秋。

你只说因为水池还没有满，可是你可知道，水池满了以后，就会溢出来争抢着强行纵横交流。

【赏析】

这首诗是韩愈所作的《奉和虢州刘给事使君三堂新题二十一咏》组诗中的又一首。诗的前两句以汩汩流淌的山泉水起兴，描绘水流潺潺不止之美，赞誉流水整日里不知疲倦，从大地回春开始，一直到秋天结束，以此暗寓自己为坚持心中信念孜孜以求的精神。后两句对首句的“几时休”加以阐释，原来是水池太过于贪心，永远不知道满足，可却不知，过于暴涨的后果就是泛滥横流。既表达了一种求知若渴的优良品质，同时也在警示世人“满招损，谦受益”的道理。

该诗格调新颖，理寓情中，令人耳目一新。

宿龙宫滩[1]

【原文】

浩浩复汤汤[2]，滩声抑更扬[3]。

奔流疑激电[4]，惊浪似浮霜[5]。

梦觉灯生晕[6]，宵残雨送凉[7]。

如何连晓语[8]，一半是思乡[9]。

【注释】

①龙宫滩：在广东省阳山县阳溪上。

②汤汤（shāng）：大水急流的样子。

③抑：低。更：又。扬：高，高昂。

④疑：怀疑。激电：闪电。

⑤惊浪：指巨大波浪。浮霜：形容浪头的泡沫白如浮霜。

⑥梦觉：梦醒；睡梦中醒来。晕：灯照水汽而生的晕圈。

⑦宵残：天亮之前。宵：指夜晚。凉：凉爽，清凉。

⑧连晓语：夜间说话到天亮。

⑨一半是思乡：一作“只是说家乡”，表明了作者夜半醒来思念家乡，自言自语到天亮。

【译文】

浩浩汤汤的波涛汹涌而来，奔向滩头的声音压得很低，可是一到岸边反而更加高昂。

奔流的速度之快，令人怀疑是一道道闪电划过，惊起的白浪就像是一层层浮生的白霜。

睡梦中醒来，只觉得油灯周围生起了一轮光圈，深夜将尽，眼看就要天亮的时候，微雨送来阵阵清凉。

为什么我与你通宵达旦的话语，说来说去有一半是在思念我的家乡。

【赏析】

贞元十九年（803 年）韩愈任监察御史时，因长安附近饥旱，于是上书请朝廷宽免灾民租税而被贬为阳山县令。贞元二十一年（805 年）正月，新皇帝即位后大赦天下。韩愈所幸遇赦，随即北上，离开阳山途经龙宫滩时，见这里的景观奇绝，留宿之夜，夜半梦醒难再入睡，思乡之情油然而生，于临近天亮之时，写下了这首诗。

诗的首联描写了龙宫滩波涛之汹涌，拍岸之声由压抑到高昂，表现其由远及近的恢宏壮观之势。颔联从视觉上描绘了波涛奔涌的速度之快，如同电闪雷鸣，那翻涌的浪花又像是泛起的白霜。颈联则是诗人触景生情、景心互动的表述，特别是“宵残雨送凉”之句寄寓着诗人太多的感慨，这个“凉”字在此既是写实又是写感。诗人含冤遭贬阳山一年之多，这期间的苦楚不言而喻，腹中的委屈和压抑，犹如一把无名之火在心中燃烧，使他终日焦躁不安。如今幸遇大赦，当然神清气爽，“凉”在心头了，这一个“凉”字写活了诗人独享的快意。最后以“如何连晓语，一半是思乡”两句作结，道明了梦醒之后的万千思绪，一半是念念不忘的故乡，还有一半含而不语，引而不发，想必是他回朝后要大展宏图，实现他不懈追求的宏愿吧。

该诗情景相融，浑然一体，主题明朗，语序流畅，是一首难得的瑰丽之作。

送桂州严大夫同用南字①

【原文】

苍苍森八桂②，兹地在湘南③。

江作青罗带，山如碧玉篸④。

户多输翠羽⑤，家自种黄甘⑥。

远胜登仙去，飞鸾不假骖⑦。

【注释】

①桂州：治所在今广西桂林。严大夫：严谟，欧阳修的朋友。

②森：茂盛。八桂：传说月宫中有八株桂树，桂州因产桂而得名，所以“八桂”就成了它的别称。

③兹：此，这。湘南：今湖南以南，指桂州。

④篸（zān）：同“簪”。古人用以插定发髻或连冠于发的一种长针，后专指妇女插髻的首饰。

⑤输：此为缴纳税赋之意。翠羽：指翡翠鸟的羽毛。自唐以来，翠羽是最珍贵的饰品，朝廷每年都要征缴，作为赋税之一。

⑥黄甘：黄柑。一种当地特色食品，桂林人称之为“黄皮果”。

⑦飞鸾（luán）：传说为仙人所乘坐的神鸟。不假骖（cān）：这里指不用借助骑着飞鸾升仙。骖：古代指驾在车辕两旁的马。

【译文】

郁郁苍苍的桂树漫山遍野，这就是繁荣茂盛的八桂之地，这美丽的地方就在湘南。

那里的江水就像是一条青绿色的纱罗衣带，连绵的山脉犹如碧绿色的玉簪。

户户都能多多缴纳翡翠鸟的羽毛，家家都是自己种植黄柑。

远远望去，美景胜过登仙而去的仙境，无须借助驾驭飞鸾就能飞升成仙。

【赏析】

唐穆宗长庆二年（822 年），韩愈的朋友严谟以秘书监为桂管观察使，在离京上任前，时任兵部侍郎的韩愈为他饯行，于是作此诗赠别。

诗中首联紧扣桂林以桂树闻名的由来，一句“苍苍森八桂”表明了这里的桂树之多，此中隐喻了一个神话传说，从而赞誉了这里“八桂而成林”的神奇，真是既贴切又新颖，而如此桂花飘香之地，是多么令人神往啊！赞叹的同时不禁引人遐思，引出下文。

桂林之奇，首先，奇在地貌。所以接下来介绍了这里的漓江之水清澈澄明、蜿蜒曲折的秀美。“江作青罗带，山如碧玉篸”，极为形象鲜明地描绘出桂林之山水相映的特点。这组比喻句，就这样不知不觉地成了流传千古、脍炙人口的佳句了。其次，又写了这里的人民生活状况。“户多输翠羽，家自种黄甘”两句生动地描绘出桂林独具地域特色的风物食品。唐代以来，翠鸟羽毛是极珍贵的饰品，其产地也就更有吸引力了；加之家家户户都能有丰美的“黄甘”可食，这对于当地人来说是极普通的物产，但对于来自京都之人一定会感到新鲜无比。最后，归结到送行之意。朋友此去桂林虽不乘飞鸾，却“远胜登仙”，言外之意就是这美丽的地方如同仙境一般，怎能不令人神往？

全诗写足了桂林山水之美，同时也表达了诗人对朋友远行的安慰之情，从而淡化了别离的感伤。

落叶一首送陈羽①

【原文】

落叶不更息②，断蓬无复归③。

飘飘终自异，邂逅暂相依④。

悄悄深夜语⑤，悠悠寒月辉。

谁云少年别，流泪各沾衣。

【注释】

①陈羽：中唐时期诗人，贞元八年（792 年）与韩愈一同登进士第，与韩愈、王涯等人共为龙虎榜。

②息：繁殖，滋生。此指生长的气息。

③蓬：蓬草。

④邂逅（xiè hòu）：既指不期而遇，也可以表示欢快的神态。出自《诗经·国风》。

⑤悄悄：指声音低微，不声不响。多形容声音很轻，有寂静、安静之意。

【译文】

树叶纷纷飘落，一片接着一片，不再有生长的气息，折断了的蓬草，吹散后再也不会飞转而归。

它们如此随风飘荡，最终要各自停留在不同的地方，既然是偶然相遇，那就暂且快乐地相偎相依。

寂静的夜深时分，我们依旧在低声共语，秋月悠悠，洒落微寒的清辉。

谁会知道我们这两个青春少年相互道别，竟然是泪水沾湿了各自的衣襟。

【赏析】

贞元七年（791 年），年轻的韩愈与陈羽因为赶考进士而相识，并成为志同道合的好朋友，这一天因为要各自回乡，二人只好相互依依道别，为此韩愈作此诗赠别。

这首诗首先以落叶起兴，以落叶飘零、蓬草飞转而去来衬托离别时依依不舍的场景。“悄悄深夜语”展现出两位少年好友难舍难分的心境。两个人原本来自不同的地方，难得有幸异地相识并志趣相投，转眼又要别离，不禁内心沮丧。一句“流泪各沾衣”，刻画出相互间深厚的情谊。

本诗虽不加斧凿雕饰，但自有一番风致在其中，可谓音节清奇，格调新颖，给人耳目一新的感觉。

自袁州还京行次安陆，先寄随州周员外①

【原文】

行行指汉东②，暂喜笑言同。

雨雪离江上，蒹葭出梦中③。

面犹含瘴色④，眼已见华风⑤。

岁暮难相值，酣歌未可终⑥。

【注释】

①周员外：周君巢，韩愈同朝为官的好友。

②汉东：随州。位于湖北省北部，地处长江流域和淮河流域的交汇地带，在古代被称为“汉东之国”。

③蒹葭（jiān jiā）：特定生长周期的荻与芦。蒹：没长穗的荻。葭：初生的芦苇。梦：这里指古泽云梦。诗人被贬后又由江西重回长安，路过安陆。安陆为地名，地处湖北中部。

④瘴（zhàng）色：指南方瘴疠地的雾气，这里指瘴疠患病的气色。有史料称韩愈之所以北归长安途中滞留安陆，是因为他患病在安陆小憩。

⑤华风：汉族或中原的风俗，一说是晴朗时日的天气，这里形容结束贬谪生活后愉快的心情。

⑥酣歌：尽兴歌唱。

【译文】

接到皇帝让我回京的诏命，我便匆匆地赶回长安，经过这些天的赶路，已快到达汉水东边的随州了。此时我的心情特别高兴，在这南方蛮荒之地已生活很久，终于又可以听到久违的中原声音了。

渡过长江的时候，正赶上雨雪交加，只见两岸蒹葭苍苍，白茫茫一片，仿佛刚刚走出古泽云梦中。

虽然我因久在南方瘴疠之地而患病，面容憔悴昏暗，但是似乎眼中看到了日思夜想的中原风景。

年终岁尾，寒冬即将过去，春天就要到来，我多么希望马上与你重逢，到那时，我们开怀畅饮，尽兴歌唱，不要让快乐歌尽曲终。

【赏析】

这首诗是韩愈谪居荒远的南方之地，在接到皇帝召回长安的诏令后，由袁州回返京城途中所写，是寄赠随州好友周员外的。

诗中主要勾画出两种心境：一种是结束贬谪生活、重新回到长安的喜悦；另一种是自己与周员外亲密无间的友情。“行行指汉东”，描写自己回归长安之时日夜兼程、匆忙赶路的状态，流露出作者急切回归的心情。“雨雪离江上，蒹葭出梦中”，以诗情画意之笔，勾勒出一幅风雨兼程的回归图，其诗境与李白“两岸猿声啼不住，轻舟已过万重山”有着异曲同工之妙。后面几句表达了渴盼与好友尽快重逢的心声，以“酣歌未可终”突出了自己与周君巢的深厚友情。全诗风格质朴，层次分明，心中情怀，尽显笔端。

送汴州监军俱文珍①

【原文】

奉使羌池静②，临戎汴水安③。

冲天鹏翅阔，报国剑铓寒④。

晓日驱征骑，春风咏采兰。

谁言臣子道，忠孝两全难？

【注释】

①俱文珍：唐德宗时宦官，后更名刘贞亮。历事德宗、顺宗、宪宗三朝，官至右卫大将军，知内侍省事。元和八年（813年）卒，赠开府仪同三司。见《新唐书·宦者传上》。

②奉使羌池：德宗贞元三年（787年）闰五月，唐王朝与吐蕃盟于平凉州（今属甘肃省），吐蕃劫盟，俱文珍等被劫持至原州（今甘肃省平凉市）才放回。见《新唐书·浑瑊传》。羌池：指青海湖。今青海、甘肃一带为周时羌地。

③临戎：亲临战阵；从军。

④剑铓（máng）：剑锋，剑的顶部尖锐部分。

【译文】

俱文珍奉命出使到羌地，使那里的青海湖一片平静，在汴水一带亲临上阵，保障一方安宁。

他心中有冲天的志向，远大的抱负，为了报效国家披荆斩棘，剑锋闪烁逼人的寒光。

天刚亮时就跨马出征，凯旋归来后，以春风般的美好心境去尽孝养亲。

谁说这世上的为臣之道，自古以来就是忠孝难以两全？

【赏析】

这是一首韩愈送给同朝汴州监军俱文珍的诗作。据韩愈序文，序与诗均于贞元十三年（797 年）春，俱文珍将归长安，董晋与群僚饯送于汴州青门外时所作。诗中通过对俱文珍奉命出使的描绘，赞扬了他平定一方的才能。接下来“冲天鹏翅阔，报国剑铓寒”一句，写出了他冲天凌云的志向以及报效国家义无反顾的崇高形象，显现出他那厚重的家国情怀。全诗从开头慷慨登程的豪情万丈，到结尾不辱使命归来后依然不忘尽孝养亲的孝道描写，无不充满着一种热血和力量。结尾一句反问，既是对俱文珍的褒扬，也暗寓了宦海生涯“忠孝两难全”的苦涩。全诗情景交融，读来十分感人，也因此深受后人喜爱。

祖席（得秋字）①

【原文】

淮南悲木落，而我独伤秋。

况与故人别，那堪羁宦愁②。

荣华今异路，风雨苦同忧。

莫以宜春远③，江山多胜游。

【注释】

①祖席：饯别的宴席。

②那堪：哪能承受，哪能忍受，怎能经受。羁宦：在他乡做官。这里是从京城外放为官，常常备受监视、官身更不得自由之意。

③宜春：地名，今属江西袁水流域。

【译文】

当年的淮南王曾悲伤秋天的草木零落，如今孤独的我也为这萧瑟的秋天而伤怀。

好友分别本来就很伤感，更何况在这令人愁心的季节以及那荒僻的偏远之地。

想当年我们同科进士，本希望同有荣华的快乐，而今却已成为异路，但我愿与你共受风雨之苦，同喜同忧。

请不要把宜春看得离京城太远，江山自有美景，希望您能抛弃忧愁，在那里畅快地赏游。

【赏析】

806年，韩愈的门生皇甫湜触犯了宰相，牵连到其舅父王涯。808年，王涯被贬为州司马，这年秋复徙袁州。韩愈与王涯是同年进士，因而写《祖席》两首诗相送。

一首“得前字”，一首“得秋字”，即分别以“前”字、“秋”字为韵。本诗为“得秋字”，抒发了作者对宦海沉浮的无奈以及对友人的关怀。

首联化用淮南王《淮南子·说山》诗句，主要写叶落悲秋，可谓古今同慨。这里的一个“独”字用得妙，使情味更浓，表达了诗人对朋友冤情的理解与感伤。颔联“况与故人别，那堪羁宦愁”，承接首联之意，将悲秋的情感更深一层推进，点明主旨：悲秋是假，为好友此番被贬谪到偏远之地所忧愁是真。颈联回顾往事，反衬今日之悲。当年二人同科进士，原本希望同有荣华的快乐，而今好友却无辜遭贬谪而即将踏上羁宦之旅，前途无法预知。既然不能同甘，那就与好友共受风雨之苦吧。这种“不能同乐，便来同忧”的真挚情感，发自肺俯之言，更能体现出友人之间的关怀。尾联劝慰好友在现实面前一定要想得开，要有乐观豁达的情怀，不要对暂时的荣辱升降耿耿于怀，要好好地保重身体，相信“江山多胜”，自会柳暗花明。

全诗一气呵成，情深意切，不仅有劝慰之情，还为朋友提出了如何解决精神苦恼的建议，使情感变得更为丰富、温暖、动人。

第二部分

近体诗（七言）

晚春①

【原文】

草树知春不久归②，百般红紫斗芳菲③。

杨花榆荚无才思④，惟解漫天作雪飞⑤。

【注释】

①晚春：春季的最后一段时间，接近夏天时候。

②不久归：这里指春天很快就要过去了。

③百般红紫：万紫千红，此处形容色彩缤纷的春花。斗芳菲：争芳斗艳。芳菲：（花草）芳香而艳丽。

④杨花：指柳絮。榆荚（jiá）：榆树的果实，俗称“榆钱”，可以食用。才思：才气和思致。

⑤惟解：只知道。惟：只。漫天：满天。

【译文】

花草树木知道春天不久将要归去，于是想方设法挽留春天，你看那鲜花展现出万紫千红的颜色，争相吐露芬芳。

可怜那杨花和榆钱没有艳丽的姿色，只知道漫天飞舞，好似片片雪花飞扬。

【赏析】

这首描绘晚春景色的七言绝句，是韩愈《游城南十六首》中的一首，此时韩愈已年近半百。此诗题一作“游城南晚春”，可知所写内容为春游郊外所见所感的即景抒情之作。

虽然本诗只是写百卉千花争奇斗艳的常景，但是写得工巧奇特，别开生面。这句“百般红紫斗芳菲”，此处诗人不写百花稀落、晚春凋零，却写草木为了留住春天的美好而呈现出万紫千红、争相吐露芬芳的动人场面。“杨花榆荚无才思”，足见诗人体物入微，发掘前人未得之语，嗔怪柳絮与榆钱才思不够敏捷，倾尽一生都没能结出耀人眼目的花朵，此处似在责怪草木，实则是在慨叹人生的某些不如意。忽然诗人笔锋一转，一反其他诗人面对晚春迟暮的伤春之感，随后以“漫天作雪飞”一展才华。由此体现了“杨花榆荚”不因“无才思”而藏拙不展，不怕招致讥讽奚落它“班门弄斧”的个性，扬长避短，抓住这晚春时节的大好时光，依旧秉持朴素无华的品质，像飞雪一般漫天飞舞，为“晚春”增添一抹动感妖娆的春色，令人耳目一新。

这首诗寓意深广，情景交融，在景物描写中蕴含着一定的人生哲理。诗人通过“草木”、有“知”、

惜春争艳的场景描写，同时也不忘托物寄情，给人以人生启示：一个人“无才思”并不可怕，重要的是知道及时抓住稍纵即逝的时机，懂得如何珍惜光阴，而“春光”是不会辜负“杨花榆荚”这样“识时务”的有心人的。

此诗可谓有情有趣，含蓄幽默，巧用拟人手法，将人与花融于一体，想象之间颇富奇趣。当然，所谓“一语百解”，此诗之寓意，不同的人生阅历和心绪可能会有不同的领悟。

春雪

【原文】

新年都未有芳华①，二月初惊见草芽②。

白雪却嫌春色晚③，故穿庭树作飞花④。

【注释】

①新年：古指农历正月初一。芳华：泛指芬芳的花朵。

②初：刚刚。惊：新奇，惊讶。见：同“现”，呈现，发现。

③嫌：嫌怨；怨恨。

④故：故意。

【译文】

新的一年都已经来到，但还是看不到芬芳的鲜花，到二月时，才惊喜地发现有小草冒出了新芽。

白雪却嫌春色来得太晚，所以故意穿过庭院里的枝丫，让人误以为那是树上飘落的飞花。

【赏析】

这是一首意趣盎然的描写晚春景致的七言绝句。

首句“新年都未有芳华”，表明了时间是新年，同时标志着春天的到来。虽然已经到了春天，却还没有见到野外有鲜花开放，似乎令盼春之人有些按捺不住焦急的心情了。好在仔细一看，还是发现了春天勃勃生机的迹象：“二月初惊见草芽”。这一惊奇的发现，有了视觉上的突变，也不再是对于新春不见春色的叹息和遗憾了。此处的“惊”字最值玩味，生动地描绘出诗人在焦急期待中终于见到“春色萌芽”的惊喜神情。面对春来的情感有抑有扬，跌宕有致，波澜起伏，甚为壮观。

“白雪却嫌春色晚，故穿庭树作飞花”，表面上虽是在说有雪而无花，略显春色的单调冷清，但白雪似乎很解风情，放下心中对于春色来得太晚的一脸嫌怨，故意穿过庭院前的花树，翩翩飞舞起来，如此轻灵地化作飞花，妆点枯燥无花的春色，为春天增添了一抹浪漫的色彩，瞬间变得惹人喜爱了。此中的“却嫌”“故穿”，把春雪刻画得美好而有灵性，可谓是神来之笔。

此诗于常景中跃然出新意，工巧奇绝，独具风采。从春寒飞雪的视角，抒发了一种万物皆有灵性，可以化春寒料峭为春意欣然，化情怀冷漠为意趣盎然的乐观主义情怀。

湘中

【原文】

猿愁鱼踊水翻波①，自古流传是汨罗②。

苹藻满盘无处奠③，空闻渔父扣舷歌④。

【注释】

①猿愁：山猿哀鸣的声音似有愁绪。踊：向上跳跃。

②汨（mì）罗：在湖南岳阳，为湘江在湘北的最大支流。

③苹藻：水草名，古人常采作祭祀之用，出自《左传·襄公二十八年》。苹：泛指没有根的浮水植物。藻：泛指生长在水中的植物。奠：祭奠。

④渔父：引自《楚辞·渔父》。渔翁，渔夫。父：通"甫"。《楚辞》记载：屈原既放，游于江潭，行吟泽畔，颜色憔悴，形容枯槁。渔父见而问之曰："子非三闾大夫与？何故至于斯？"屈原曰："举世皆浊我独清，众人皆醉我独醒，是以见放。"扣舷歌：扣舷而歌。叩击船板唱着歌而去。

【译文】

山猿发出哀愁的啼鸣，江鱼腾跃出水面，水波翻滚，这里自古流传着屈原投身汨罗江的故事。

江边到处可见装满祭祀所用的绿苹和水藻的盘子，可是当年屈原投江的遗迹已经荡然无存，连祭奠的地方都无从找寻，只听见江上船中的渔父扣舷而歌的歌声依旧还在，遥遥可闻。

【赏析】

本诗是韩愈第一次被贬之时所作。韩愈官居监察御史时，因关中旱饥，上疏请免徭役赋税，遭谗毁而被唐德宗贬到偏远的广东阳山县当县令。有一天韩愈心情郁闷，来到汨罗江畔凭吊因政治失败而投江身亡的屈原，联想起当年楚国上下都沉浸在醉生梦死中，而屈原毅然上疏反遭谴责的状况，与此刻的自己又是何等相似啊！

然而时过境迁，如今江边到处可见祭祀所用的绿苹和水藻，可是屈原投江的遗迹已经荡然无存。当初贾谊尚能投书一哭，此时韩愈却连祭奠的地方都无从找寻，唯有江上的渔父的扣舷歌依然遥遥可闻。韩愈见到此情此景，不禁无比感伤，于是有感而发写下了这首怀古伤今的经典诗篇。

前两句的描写，暗寓了诗人在政治上突如其来的打击，在他心底激起了无法平息的狂澜。此刻如同山猿愁啼、江鱼腾涌、浪涛翻滚。在这样的心情下，诗人再次想起了当年的屈原。诗人虽然没有直抒见到汨罗江时所引起的无限感慨，但此中却隐含了溢于言表的不尽之意。

后两句的描写，诗人化用典故，借屈原跟渔父相遇对白，与后来渔父扣舷而歌离去的故事，感慨自己就像当年的屈原，而那蕴含深意的扣舷歌，似乎永远在嘲弄着执着于改革政治、不肯同流合污的仁人志士。这里暗用楚辞典故，巧妙地与自己的处境联系在一起，生动地表现了诗人面对茫茫水天怅然若失的神情，含蓄地抒发了自己无端遭贬的迷惘、惆怅与无比悲愤之情。

早春呈水部张十八员外[①]

【原文】

天街小雨润如酥[②]，草色遥看近却无。

最是一年春好处[③]，绝胜烟柳满皇都[④]。

【注释】

①呈：恭敬地呈送。张十八：唐代诗人张籍，因在同族兄弟中排行第十八，故称“张十八”。时任水部员外郎。

②天街：此指京城街道。润如酥：细腻如酥。酥：动物的油，此处形容春雨的细腻。

③最是：正是。处：地方。

④绝胜：远远胜过。皇都：皇帝都城，这里指长安。

【译文】

京城长安的街道上空飘洒着绵绵细雨，纷纷扬扬润滑如酥，远望草色依稀连成一片，近看时却显得稀疏零星，若有若无。

一年之中最美好的景色就是早春时候，远远胜过那杨柳繁茂如烟、柳絮飞花飘满的皇都。

【赏析】

此诗作于唐穆宗长庆三年（823年）早春，是韩愈写给当时任水部员外郎的诗人张籍的。这是一首描写早春美景的作品，诗人运用简朴的文字赞美了早春小雨后长安街上万物复苏、草木萌动的景象。

首句点出初春细雨的美好，以“润如酥”来形容它的细滑润泽，准确地捕捉到了细雨绵绵的浪漫情调；第二句描写了雨后遥望初春的草野苍茫一片，大有色泽清新之美，使人心里顿时充满勃勃生机的喜悦。然而当人带着无限喜悦之情近看“却无”，不免有些失意，如此凸显了某些事物“宜远观不可近看”的朦胧之美。第三、四句“最是一年春好处，绝胜烟柳满皇都”，在此整体概括了初春景色的清秀之美。诗人认为初春草色不知胜过那满城杨柳如烟的景色多少倍。此处以“满皇都”与前面的“近却无”形成鲜明的对比，何况满城皆是“柳絮飞花迷人眼”的繁乱，反倒不如早春时候轻灵通透，因而突出了早春惹人喜爱的特点。

在写法上，诗人并没有写通常的垂柳啼莺、呢喃燕语，而是着眼于滋润万物的细雨以及富有生命力的青青嫩草，别出新意，彰显了诗人锐利细腻的观察力和高超的手笔，表达了作者对春天的热爱和赞美之情以及自己虽已年近花甲，却不因岁月流逝而悲伤，而是如春草般展现勃勃生机的乐观主义情怀。

游太平公主山庄①

【原文】

公主当年欲占春②，故将台榭压城闉③。

欲知前面花多少，直到南山不属人④。

【注释】

①太平公主：指武则天之女。据说当时深受武则天的宠爱，权倾一时。

②占春：占尽人间春光美色。

③台榭（xiè）：台和榭。亦泛指楼台等建筑物。城闉（yīn）：城内重门，亦泛指城门外层的曲城。

④南山：指终南山。

【译文】

太平公主当年想占尽春色，所以特意将自己山庄的亭台楼阁建筑得高过京都城闉。

要想知道山庄前面的花木还有多少，一直延伸到终南山也不属于他人。

【赏析】

这首诗写于唐宪宗元和八年（813年）春，韩愈在一次游览太平公主山庄故址的时候，看到当年太平公主大肆修建的亭台楼阁很是壮观，惊叹之余写下了这首诗，以此来讥讽她奢华贪欲的生活。

诗中开篇便以“公主当年欲占春”，形象地描绘出太平公主当年凭借其权势，圈地为庄，想要独自占有长安近郊的山色春光之事。这“欲占”更是精妙绝伦，说明了太平公主深受武则天宠爱、为所欲为的娇纵情状，似乎没有她做不到的，不仅要占尽田地大兴土木，还要占尽春光，深刻地将统治阶级骄横贪婪的嘴脸、欲壑难填的本性揭露得一览无余。“故将台榭压城闉”，说明了所修建的亭台楼阁要比帝都长安的城墙还要高，可见其野心之大、奢侈之状，进一步加深了对太平公主为所欲为、不可一世的刻画。

后两句“欲知前面花多少，直到南山不属人”，继续描写庄园别墅规模之大，以至于园林中的花草有多少都无法计数，前句故设疑问，并不正面回答，只一句“直到南山不属人”，转而融情入景，给读者留下充分的想象余地，也更加说明了山庄绵延数十里，直到终南山，都是山庄之地的庞大阵容。

全诗以虚写实，善用微词，诗人表面上在描写太平公主山庄的宏伟壮观，实际上是讽刺太平公主的奢侈和虚荣，揭露了统治阶级的生活现状，愤慨之情虽未明确表达，却令人回味无穷。

次潼关先寄张十二阁老使君①

【原文】

荆山已去华山来②，日出潼关四扇开③。

刺史莫辞迎候远④，相公新破蔡州回⑤。

【注释】

①潼关：在陕西潼关县北，于东汉末设，为秦、晋、豫交通要塞。张十二阁老使君：张贾，时任华州刺史，故称使君。阁老：他曾在门下省做过给事中，当时通行将中书、门下二省的官员称为“阁老”。

②荆山：又名覆釜山，在今河南省灵宝境内。华山：在今陕西省华阴市南。

③四扇开：指潼关的四扇关门大开。

④刺史：指华州刺史张贾。莫辞迎候远：因华州距潼关尚有一百二十里，故说“莫辞远”。

⑤相公：指平淮大军统帅、宰相裴度。新：一作“亲”。破：攻破。蔡州：淮西藩将吴元济的大本营。元和十二年（817年）十月，唐军破蔡州，生擒吴元济。

【译文】

荆山刚刚被大军翻越过去，华山便迎面而来，红日东升映照潼关城楼，此刻城楼四门大开。

刺史大人不要推辞说迎候官兵路途遥远，你看宰相裴度刚刚攻破蔡州，现在已经凯旋归来。

【赏析】

此诗约作于淮西大捷凯旋途中。当时韩愈以行军司马身份随军，他们翻过荆山境界，即将向华州进发，为抒发胜利豪情而即兴写下此诗。

诗的前两句写出了凯旋大军翻越荆山抵达潼关的壮丽图景。大军从荆山飞驰而过，转眼之间就到了华山境内的潼关要塞。诗人在写凯旋大军翻过荆山时用了“去”，而到华山时用“来”，这一去一来，表达了此刻作者的心情是无比喜悦的。在凯旋者心目中，雄伟的山岳，仿佛也被他们的丰功伟绩所折服，争相奔来表示庆贺。在此作者采用拟人化的手法，显得极为生动有致，而接下来所看见的“日出潼关”，又借景物描写表达了自己此刻的心情如同日出一样：太阳东升，冰雪消融，象征着藩镇割据局面的一时扭转，如此壮丽的画面怎不令人喜悦呢？

诗的后两句以抒情笔调描绘出通知华州刺史张贾准备犒劳三军的情景。这里的一句“刺史莫辞迎候远”所带来的艺术效果，便是在幽默诙谐的语气中，给读者留下了一个极为有趣的想象空间：刺史接到迎接大军的文书之后会是怎样的神情呢？然而正是这种切合喜庆环境的语言，读来使人倍感有滋有味，倘若拘于常理的描绘语言，反而很难把这样欢快的意境充分表达出来。诗中的前三句都没有直接写率领凯旋的人，而末尾一句“相公新破蔡州回”直接点明了凯旋归来的军队将领，同时蕴含了诗人对宰相裴度率军亲征凯旋的由衷赞美，反映了诗人对统一战争的态度，继而抒发了自己的政治激情与爱国情怀。

同水部张员外籍曲江春游寄白二十二舍人①

【原文】

漠漠轻阴晚自开②，青天白日映楼台③。

曲江水满花千树，有底忙时不肯来。

【注释】

①张员外籍：唐代诗人张籍。张籍曾任水部员外郎，故称“张员外”。曲江：水名。即曲江池。在今陕西省西安市东南。是隋炀帝开掘的人工湖，唐代为著名游览胜地。白二十二舍人：唐代诗人白居易。白居易排行二十二，又曾任中书舍人，故称“白二十二舍人”。

②漠漠：紧密分布或大面积分布；迷茫一片。轻阴：淡云，薄云。开：消散。

③青天白日：形容天气晴好。

【译文】

茫茫薄雾与淡淡阴云，在傍晚时分自行散开，万里青天，明媚的阳光映照着楼台。

曲江上春水弥漫，两岸千棵花树早已开满鲜花，不知你到底有什么事那么忙啊，一直不肯过来。

【赏析】

这首诗是朋友之间的赠答诗，是韩愈写给白居易的酬答之作。诗中除了倾诉自己面对曲江岸边美景无比喜爱的激情之外，也有惋惜和埋怨对方爽约的意思。诗人没有直接表露自己苦候、失望、埋怨的情绪，而是巧妙地赞誉了曲江雨后空气清新、景物明净所特有的美，故意使对方因为没能赴约赏此美景而感到惋惜。

开篇描写了天气的变化情况。茫茫薄雾与淡淡阴云在傍晚时分渐渐散开了，转而天气晴朗，明媚的阳光与高高的楼台相映成趣，显现出一幅美丽的画面。

后两句描写了曲江岸上的风景。春光里，曲江楼台景色迷人，岸边也毫不逊色，这里的“曲江水满花千树”，寥寥几字，就已将岸边的风景勾画出来：江水清澈浩荡，红花绿树倒映在江水之中，更加衬托出春天的美丽。然而越是景色美好，越要珍惜这大好时光，而美好时光与好友共享，将会使时光更加美好。末尾一句尽管语气十分委婉，却把诗人这种心情表述得淋漓尽致。为什么作者会这样说呢？原来在那

个久雨之后轻阴转晴的傍晚，曲江水满，绿树如洗，千百棵花树临风吐艳。陶醉在这春光美景中的韩愈，兴奋地邀约张籍、白居易同游曲江，可惜白居易因雨后泥泞没来，于是韩愈写了这首诗。虽然诗中略带几分怨怼，但是更能反衬出他们之间深厚的友谊。

池上絮

【原文】

池上无风有落晖①，杨花晴后自飞飞②。

为将纤质凌清镜③，湿却无穷不得归④。

【注释】

①落晖：落日余晖。晖：日光，亦泛指光辉。

②杨花：柳絮。

③纤质：谓纤小的身躯。凌：渡过，逾越。清镜：指池水清澈明净。

④湿却：湿了。无穷：指柳絮落于水面极多。

【译文】

池塘上空没有一丝风，只有落日的余晖洒落在澄澈的池水中，雨过天晴以后，杨柳飞絮在晴空中，自由自在地飘飞。

为了使自己纤柔的身躯能够越过清澈如镜的水面，它们使尽浑身力气，可惜最终还是有无数柳絮被沾湿，不能得以顺利飞归。

【赏析】

这首诗约作于元和六年（811 年）。有一天韩愈在河塘边路过，看见眼前柳絮飞花在河塘上空盘旋而飞，水面上聚集了很多没有飞过河塘的柳絮，一时灵感爆发，于是创作了这首咏叹池上柳絮的诗篇。

首句“池上无风有落晖”，说明了时间是在傍晚，而且红日已经西斜，池塘的水面上微风不生，平静安详；接下来的“杨花晴后自飞飞”，说明了这是一个雨过天晴的傍晚，柳絮在落日的余晖中，飘飘荡荡，自由自在地飞扬。如此惬意，它们是不是在有所目的地飞扬呢？于是作者发挥了丰富的想象，“为将纤质凌清镜”，是的，或许它们是为了飞越池面，或许它们是想在那清澈如镜的池水中，顾盼一下自以为婀娜妩媚的倩影仙姿。可是总有一些意想不到的事情发生，于是就有了“湿却无穷不得归”的遗憾。那纤细的绒毛被池水沾湿，再也飞不起来了，这让它们如何能做到惬意而来又惬意而去呢？

诗中将雪白的柳絮与碧绿平静的池水、斑斓的落日余晖交织在一起，组成了一幅极美的水上飞花的画面，通过一系列仔细观察、细节的描绘，表现出作者陶醉于大自然旖旎风光的情趣。

这首诗仿佛是漫不经心出口而成，实际上，正是诗人丰富生活经验的积累和深厚的语言功力的凝聚。诗人摄取了晴空下落日余晖中片片柳絮翩然而飞，直到“失足”落水的情境入诗，创造出一幅闲静淡远的意境，表现了诗人淡泊名利、空灵闲寂的思想境界以及对大自然美好春光的无限热爱与崇尚之情。

题百叶桃花①

【原文】

百叶双桃晚更红，窥窗映竹见玲珑②。

应知侍史归天上③，故伴仙郎宿禁中④。

【注释】

①百叶桃花：碧桃，桃的一种，又称千叶桃，唐人称此桃花能消恨。

②窥窗：拟人化手法，指窗外的桃花好像向窗内窥视。窥：偷看。一作“临”。见：同“现”。玲珑：本指玉声，此指空明可爱的样子。

③侍史：古制尚书进内廷值班时由侍史护从。此处代指尚书。天上：天庭。此处借指朝中内廷。

④仙郎：古称尚书省诸曹郎官为仙郎。韩愈当时官为吏部考功郎中知制诰，属尚书省，故称仙郎。禁中：亦指内廷。

【译文】

百叶桃树上，一枝连生双朵桃花的枝丫伸向空中，夜晚在灯光的照耀下显得更加鲜红，它们窥视着窗户，掩映着绿竹，在窗外微风中摇曳，显得分外娇巧玲珑。

它们应该是知道尚书省的侍史们归天庭掌管，所以特意留在这宫廷之中陪伴仙郎夜宿。

【赏析】

此诗大致写于唐宪宗元和十年（815年），当时韩愈任考功郎中知制诰。有一天夜里在宫禁中值宿，只见窗外桃花灿灿，在火红的灯笼照耀下，显得更加鲜艳怡人，此刻联想到自己目前已经是迁吏部考功郎中知制诰，可以为皇上起草诏令，得以熟知朝事为国分忧，当然心情格外惬意，于是禁不住脱口吟出这首小诗，抒发了那一刻惬意舒适的愉快心情。

诗中前两句流露出作者对桃花的赞美。桃花象征着春天，双桃花暗示韩愈此刻身兼两大重任，仿佛从此迎来了他人生中的春天，可以每天穿上绯红官服了解国家实事，可以施展自己的才华参与为民造福的政见，心情自然像窗外的桃花、绿竹一样"见玲珑"。

诗中后两句描述了目前自己的工作性质是直接"归天上"所属，然后将自己比作归天庭所管辖的"仙郎"，表达了诗人目前称心如意的职位，抒发了诗人极富浪漫的情怀与难得一见的好心情。

别盈上人

【原文】

山僧爱山无出期①，俗士牵俗来何时②。

祝融峰下一回首③，即是此生长别离。

【注释】

①山僧：住在山寺的僧人。

②俗士：未出家的世俗之士。

③祝融峰：南岳衡山的主峰，位于湖南省衡阳市北部。

【译文】

住在山寺的僧人因为喜爱山林而选择一生都不离开寺院，自然也就没有还俗离去的日期，而俗世之人牵挂着红尘之事放不下，上得山来拜谒全凭随缘而起，从来不论是在何时。

祝融峰下我们依依不舍在此一别，再回首时我们都已经老去，相聚却遥遥无期，恐怕这一次分手就是此生永远的别离。

【赏析】

这首诗是韩愈从潮州北还时，有一天前去南岳衡山拜访盈上人，在山下辞别盈上人时吟咏而出，从此成为流传至今的赠别佳作。

诗中首句“山僧爱山无出期”，说明了“盈上人”也是因为爱山而不愿离开寺院。自古就有“爱山者入山，爱水者近水”之说，所以古时候出家之人颇多，有的僧人自从上山为僧，一生都没有下过山。如慧远终生不下庐山，船子和尚终生不离华亭。

接下来“俗士牵俗来何时”主要述写了俗士拜谒寺庙的大致起因。爱山爱水，显然并不是出家人的专利。不过，相对于出世的僧人而言，在俗世中人之所以是俗人，无非牵挂着红尘之事放不下罢了，就算是上山来拜谒，恐怕大多也都是凭借一时之“爱山”的兴致，随缘而起。

就像是此刻，韩愈到此拜访，不知何日才能再来此地。这“祝融峰下一回首，即是此生长别离”两句，将此次相聚定下了未来必然的格调。因为对于交谈甚欢的两位友人来说，此一别，或许将很难再相聚，所以两人一步三回头，那种依依惜别的场面可想而知。

全诗沉郁顿挫，情感充沛，令人读之感动不已，禁不住为之动容。

湘中酬张十一功曹

【原文】

休垂绝徼千行泪①，共泛清湘一叶舟②。

今日岭猿兼越鸟③，可怜同听不知愁④。

【注释】

①绝徼（jiǎo）：极远的边塞之地。此指广东省和湖南省南部，韩、张两人贬官之所。绝：一作“越”。

②一叶舟：船如一叶，极言其小。

③越鸟：指南方的鸟。

④可怜：可喜；可爱。

【译文】

不必再因被贬谪到极远的边塞之地而泪垂千行了，且看我们今朝“遇大赦”，又可以同乘一叶扁舟回返在清澈的湘水之上。

今日途经此地又听到岭上山猿与越鸟的叫声，可喜的是，原本在相同的地方聆听，如今听起来却十分可爱，反而使人不知什么是哀愁。

【赏析】

唐德宗贞元十九年（803年），韩愈、张署同为监察御史，同被贬官。永贞元年（805年）春，二人“遇大赦”，同到郴州待命。同年秋，两人同被任命为江陵府参军。这首诗是韩愈、张署同赴江陵途中的即景之作，抒发了一种喜悦的情怀。

前两句“休垂绝徼千行泪，共泛清湘一叶舟”，是作者对同行友人的劝勉。为什么会这样呢？因为当初韩愈和张署二人同时遭到贬谪，韩愈为阳山令，张署为临武令，都是在极为边远荒蛮的边塞之地。可以想象，那时候韩、张二人面对渺茫的前途和即将生活的恶劣环境，一定感慨仕途的浮沉不定，甚至潸然泪下。而此刻幸遇皇恩浩荡大赦天下，他们同时得以脱离偏远的蛮荒之所，必然会喜极而泣。于是韩愈劝慰友人时来运转，说我们要止住哭泣，要庆幸我们又可以一同被赦免，一同在清澈的湘水中返回，赶往江陵赴任。

后两句“今日岭猿兼越鸟，可怜同听不知愁”，进一步表达了他们的喜悦心情。在荒凉的山野之中，猿啼鸟鸣本是哀音，是孤寂、愁苦的象征，诗人在这里却故写哀音而闻之不哀，进一步将内心的喜悦表露出来。韩愈此为反话正说，其蕴意之深，令人觉得更有韵味。

韩愈和张署遭贬后，时隔近两年又同时遇赦，自然是无比喜悦，所以诗中蕴含了诗人遇赦北移的愉快心情，虽也有对新任职务的不满，但总的说来，喜多于悲，所以诗人心中油然而生一种劫后余生的感慨。

全诗用语奇崛，笔力遒劲，韵味悠长。

闻梨花发赠刘师命

【原文】

桃蹊惆怅不能过[①]，红艳纷纷落地多。

闻道郭西千树雪[②]，欲将君去醉如何[③]？

【注释】

①桃蹊（xī）：桃树下踩成的小路。《史记·李将军列传》："桃李不言，下自成蹊。"蹊：小路。惆怅：伤感；愁闷；忧郁不前。过：相访，此指前往观赏。

②闻道：听说。郭：城垣。千树雪：梨花洁白似雪。此指梨花盛开的样子。

③将：带领；偕同。

【译文】

令人愁闷的是，桃树下的小路落满桃花而不能前去观赏，红艳艳的花瓣纷纷扬扬越积越多。

听说城垣西边千万树梨花盛开洁白如雪，如今想带您前去花下畅饮，然后醉中赏花，您意下如何？

【赏析】

刘师命约于唐德宗贞元二十一年（805 年）春来到阳山，与韩愈在此相聚，此诗当作于此时。

前两句“桃蹊惆怅不能过，红艳纷纷落地多”，主要描写桃花凋落，铺满了树下的小路，因此不能前去观赏，所以心中不免充满了遗憾。

后两句“闻道郭西千树雪，欲将君去醉如何”，意思是说：虽然“桃蹊”残花满地，不能前去观赏，但我听说城西梨花盛开，而且洁白如雪，我特此邀请您一起前去开怀畅饮，共赏梨花，醉倒在香雪海，您看如何?

诗末以“梨花开”转出结句，使人转忧为喜，眼前一亮。本诗中梨花是本体，雪是喻体，诗人将梨花比作积雪，从而描绘出梨花盛开时的洁白、繁盛可人，形象地表达出春天千树梨花怒放的美丽景象，令人心驰神往。

全诗寓情于景，景美情真，意向深婉，飘逸洒脱，是韩诗短章中的又一传世佳作。

题临泷寺①

【原文】

不觉离家已五千②，仍将衰病入泷船③。

潮阳未到吾能说，海气昏昏水拍天④。

【注释】

①临泷（lóng）：古县名，唐属韶州，在今广东省韶关市曲江区附近。

②家：代指长安旧宅。五千：指五千里路程，此处为大致的里程数。

③将：扶，带。衰病：衰弱抱病。泷船：急流中行驶的船只。

④昏昏：昏暗，阴暗的样子。水拍天：形容浪高汹涌。

【译文】

不知不觉中离开家已有五千里路了，可是现在我的身体仍然很衰弱，只能抱病登上进入泷水的行船。

潮阳虽然还没有到达，但我也能有所预知地说，那里一定也是弥漫着昏暗的雾气，海浪震天。

【赏析】

韩愈因为上书“迎佛骨”之事而触怒了宪宗皇帝，差点被判处死罪，后来多亏裴度等人为他求情，最后皇帝才免他死罪，然后由刑部侍郎贬为潮州刺史。此时的韩愈虽然身体衰弱多病，但还得忍着病痛，必须立即动身前往被贬谪的荒远之地去赴任。一想到前路遥遥，水涛翻涌、迷雾苍茫，不免心中无比感伤，于是在经过临泷县时，有感而发写了这首诗。韩愈此次贬官从长安赴潮州途中写了多首迁谪诗，这是其中之一。

前两句从个人情感的角度出发，主要介绍了诗人自己现在所处的环境位置，原来不知不觉中已经离家有五千里之遥了，可见他遭受打击之后精神上的恍惚状态，同时将一个忠心为国的有志之士，此刻去国离家的“忧思”之长更加形象化。然而回望这一路上舟车劳顿，怎能不荡起绵绵愁思呢？况且如今体弱多病，还要马不停蹄地奔向贬所任职，表达了诗人此刻因无辜“获罪”而“君命难违”的无奈之情。

第三句从理智层面展开。此时诗人对于即将到达之地的状况一无所知，但他却斩钉截铁地脱口而出“吾能说”，似乎已经未卜先知。所以说诗人这“吾能说”三个字用法绝妙，蕴含着深刻的潜台词，为整首诗篇带来了无穷的力量，由此启发下文。结尾一句“海气昏昏水拍天”另有所指，同时充分展示出诗人心中想象：那里面临南海，雾气昏暗，海浪震天，仿佛要去拍打高阔的苍天。这景象既是迷蒙昏暗的，又是雄浑浩大的，正是作者迷茫之中不失振奋的精神气象的写照，也表达了诗人正视磨难的大无畏精神。

全诗以叙事颂起，以写景结笔，而所写之景又全从想象化出，虽流露出被贬途中的悲怆凄楚之情，但亦调高字响，不失一种坚定的豪气。

题秀禅师房①

【原文】

桥夹水松行百步②，竹床莞席到僧家③。

暂拳一手支头卧④，还把鱼竿下钓沙⑤。

【注释】

①秀禅师：生平事迹不详。禅师：对一般和尚的尊称。

②桥夹：小桥两边。夹：两旁有物体限制，在两者之间。水松：一说是树名，即棕，多生于水旁；一说是海藻类植物，可入药。

③竹床：竹制的床。一作“竹林”。莞（guān）席：用莞草编织的席子。莞：俗称席子草，水葱一类的植物，收割晒干后用以编席。僧家：指僧人所居的寺院。

④拳：屈曲。

⑤钓沙：一作“晚沙”。

【译文】

小桥两边长着茂密的水松，过了小桥再向前行百余步，就来到了铺着竹床莞席的秀禅师家。

累了暂且屈起一只手，支着脑袋在竹床莞席上躺一会儿，然后再拿起钓鱼竿，到沙滩上去垂钓，坐赏云霞。

【赏析】

韩愈曾写过很多与僧人之间的酬赠诗，这是拜访秀禅师寺院后，即兴所作。

这首诗描写了作者拜访秀禅师途中所见的景物。从开篇描写禅寺特有的“桥夹水松”的百步之路，又从“竹床莞席”两种物品之中，巧妙地折射出此“禅房”中的主人悠闲潇洒的生活状态；后两句中“支头卧、下钓沙”的场景描写，更是别有一番情趣。这里你可以把眼前这位支着脑袋在竹床莞席上躺一会儿，然后再拿起钓鱼竿到沙滩上去垂钓、坐赏云霞的人，看作是秀禅师，也可以看作是诗人自己。如果是秀禅师，则可见其超凡脱俗、悠闲潇洒的情致：支头卧席，垂钓沙岸；如果描绘的是诗人自己，那就是另一种场面了：一位特意前来拜谒的访客，因为没能见到禅房主人，于是便“以手支头”，卧席歇息，睡醒后再拿起一把钓鱼竿，来到有水松掩映的溪边，垂钓碧沙，难得的幽情雅兴，真是“只可意会难于言传”啊！

诗中以“竹床莞席”描绘了“秀禅师房”的摆设，营造出一种清幽静谧的氛围，从而突出了诗人与家人团聚后的愉悦心情。

题楚昭王庙①

【原文】

丘垅满目衣冠尽②，城阙连云草树荒③。

犹有国人怀旧德④，一间茅屋祭昭王。

【注释】

①楚昭王：楚平王之子，春秋时期楚国英明的国君。

②丘坟：墓冢。衣冠：以衣帽穿戴代指缙绅、名门世族。

③城阙（què）连云：此处意为想象楚国盛世，城楼宫殿高耸入云。城阙：城门两旁的瞭望阁楼，指代城楼。草树荒：楚国城阙早已荡然无存，只剩下一片荒草。

④犹有：仍然还存在；仍然还有。国人：指楚国旧人。

【译文】

山丘之上，到处可见荒凉的坟丘，曾经的贵胄士大夫都早已作古，高耸入云的城楼隐没在荒草野树之中。

如今仍有楚国的遗民怀念昔日楚昭王的恩德，只可惜往日昭王庙的繁盛早已荡然无存，只有这一间茅屋祭奠他的英灵。

【赏析】

韩愈被贬为潮州刺史，赴任途中，经过湖北宜城市境的时候，见到楚昭王庙隐没在一片荒芜的草木之中，完全没有了昔日的辉煌繁盛，不禁感慨万分，写下了这首怀古忧今的诗篇。

诗中的前两句描写了楚都衰亡后的荒凉。想当年楚国雄霸一方，楚都宫阙何等繁华，楚之君臣何等威赫，而今却“丘坟满目衣冠尽，城阙连云草树荒”，就连这古城阙与曾经受到楚人顶礼膜拜的昭王墓，也都悲戚戚地隐没在无边的荒草和野树之中，完全没有了往日的勃勃生气。这里的“丘坟满目”是眼前近景；“城阙连云”是辽阔远景，在这远近之间浓缩了一道历史演变的伤痕。此情此景，诗人想到自己好意直言上表，反而招来了大祸临头，险些丧命，而今被贬谪的路上受尽磨难，仕途坎坷，找不到未来的寄托。“连云”“草木荒”都反映了诗人此刻苦涩悲凉的心绪以及那空荡荡没有着落的彷徨心态。

诗中的后两句是转峰之笔，仿佛从中悟出了事业的真谛、生命的价值与归宿；从“一间茅屋祭昭王”中找到了所有功德于世永远都会得到后人尊崇祭祀的道理与安慰。由此联想到了自己“欲为圣朝除弊事”正是一种为天下人消除愚昧盲从的功德之举，从而使初起的彷徨悲凉为之一变，恢复了自信，增强了执着无悔的决心。

整首诗写出了荒凉的感觉而又不失风致，别有一番况味。

题张十一旅舍三咏①（其一）

榴花

【原文】

五月榴花照眼明，枝间时见子初成②。

可怜此地无车马③，颠倒青苔落绛英④。

【注释】

①张十一：名张署，是作者的朋友。此诗另题为“题张十一署旅舍三首”，所以张十一，大概名为张署。

②子：果实，果子，指整个石榴果。初成：刚成熟。

③可怜：令人欢喜，讨人喜欢。

④颠倒：错乱。绛（jiàng）：深红色。英：花。

【译文】

五月里盛开的石榴花红艳艳，映照在眼前像灯火一样明亮，绿叶掩映之中，隐约可以看见刚刚结成的小小石榴。

令人欢喜的是，在这清冷荒僻的地方没有车马经过，青苔之上，任那深红色的石榴花杂乱洒脱地随意飘落。

【赏析】

此诗当为韩愈与张署同在江陵（今属湖北）时所作。韩愈于贞元十九年（803 年）被贬阳山县，当时张署亦被贬至临武（今属湖南）。元和元年（806 年），二人遇赦同赴江陵待命。韩愈在旅舍中写下这组诗，与张署共勉。

这首诗开头一句点明了季节，勾画出五月里石榴花开时的繁茂烂漫景象，尤其“照眼明”三个字，更为生动传神。接下来的“枝间时见子初成”应该是作者的联想：过一段时间，绿叶掩映之间，偶尔就可以看见刚刚结成的小小石榴果了。大自然的规律，有了花开时节，就会迎来果实丰硕的季节。所以说，此处诗人既写了花，也写了看花人展望未来的愉快心情。

后两句点明地点“此地无车马”。这是生长在偏僻地方的石榴，既没有车马喧嚣纷扰，也没有人去攀折损害花枝，任凭殷红的石榴花杂乱洒脱地飘落在青苔上，此刻青红相称的美丽映入眼帘，可爱的景致令人心生怜惜。“颠倒”二字则有力地批判了统治者压制贤才的误国误人行为，同时也流露出怀才不遇的愤懑之情。其实作者所要表达的还有另一层意思：这里远离繁华无游人来赏，也未必是坏事，不然这满地“青苔”“绛英”的自然之美又如何体现出来呢？倘若有人来赏，就会被车辙马蹄践踏得破败不堪了，就像自己遭遇这无常世事，被人随意颠倒黑白一样，还不如任其花开自然、果熟蒂落，更为完美。

全诗前两句写景，后两句抒情。通过人的视觉感应，侧面烘托出石榴花的绚烂可爱，同时叹息花开无人来赏，借此暗喻虽然自己和朋友空有满腹才华，却被统治者贬谪于穷乡僻壤，才华无法施展，委婉表达了诗人孤独无奈的落寞情怀。

题张十一旅舍三咏（其二）

井

【原文】

贾谊宅中今始见①，葛洪山下昔曾窥②。

寒泉百尺空看影③，正是行人暍死时④。

【注释】

①贾谊：西汉初年著名政论家、文学家，世称贾生。始：才，刚刚。

②葛洪：东晋著名的道教学者、医药学家，喜好炼丹。窥：从缝隙或隐蔽处偷看。

③寒泉：清冽的泉水或井水，这里指井水很深。

④暍（yē）：中暑。一作“渴”。

【译文】

贾谊宅中的水井，直到现在我才亲眼见到，葛洪当年在山下修筑的炼丹水井，以前我曾粗略地看过。

相比之下，水井深达百尺有余，只能观看水中倒影而不能取来饮用，这也正是路过此井的行人中暑后喝不到水而渴死的原因。

【赏析】

这首诗具体描述了有关水井存在的意义。

诗中通过“贾谊宅中”与“葛洪山下”两口水井的比较，说明一个深刻的现实道理：虽然一个是普通宅院中的水井，一个是炼仙丹专用的高贵水井，但分明代表两个层面：炼丹井水虽然高深清冽，只能远观而“空看影”，却不能解决人们的干渴；而贾谊宅院中的水井，虽然略浅，但可以汲水饮用。两口水井形成鲜明的对比，借以讽喻那些高高在上的统治者，玩弄权柄，尸位素餐，不能养才济政的社会腐败现象，造成诸多像韩愈这样胸怀壮志却不能得以施展的人的悲哀。

全诗语言简洁凝练，寓意深刻，突出表现了诗人虽然遭贬遇赦，但暂时还需留在家中待命，仍不能马上还朝，为国家图谋发展的怨愤之情。

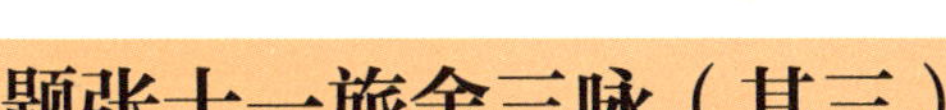

题张十一旅舍三咏（其三）

葡萄

【原文】

新茎未遍半犹枯①，高架支离倒复扶②。

若欲满盘堆马乳③，莫辞添竹引龙须④。

【注释】

①半犹枯：指老枝干新芽刚冒出时还有一半干枯的状态。

②支离：松散歪斜，没有条理。

③马乳：葡萄中的一个优良品种。

④添竹：指在架子上多加竹条，扩大修缮，然后将葡萄的枝蔓引上葡萄架。引：牵引，引导。龙须：比喻葡萄卷曲的藤蔓。葡萄茎上会长出须状丝。

【译文】

葡萄新冒出来的芽尚未遍及整根枝条，还有一半看上去尤显干枯，高高的葡萄架子松散歪斜，倒塌了重新又扶起。

如果想要葡萄架上都堆满马乳葡萄，就不要耽误增加竹竿搭架，然后扎牢架子牵引葡萄抽芽的龙须。

【赏析】

此诗当为韩愈与张署同在江陵（今属湖北）时所作。韩愈于贞元十九年（803年）十二月被贬阳山县，当时张署亦被贬至临武（今属湖南）。元和元年（806年），二人遇赦同赴江陵待命。作者在旅舍中写下此诗与张署共勉。

诗中前两句“新茎未遍半犹枯，高架支离倒复扶”，描写了作者看到葡萄树经过主人的照顾后正待逢时生长的状态。春夏之交，葡萄树上长出新生的嫩叶，但经过秋冬枯萎的枝条尚未完全复苏，尚有一半的茎条是干枯的，所以主人将东倒西斜的葡萄架子重新捆扎完好，又将垂下的枝条扶上去。

后两句告诉人们，如果想要葡萄架上都堆满葡萄，就不要耽误增加竹竿进行修缮的时间，然后扎牢架子牵引葡萄的枝蔓，让它们能够顺利攀爬，拥有足够的生长空间，得以结出丰硕的果实。

这首诗通过描绘葡萄生长之态，表达自己仕途困顿、渴望有人援引的心情。在写作手法上，注重托物言志，将咏物与言志融为一体，充分表达了自己遭到贬谪重新起用后的美好愿望。

题广昌馆

【原文】

白水龙飞已几春①，偶逢遗迹问耕人②。

丘垅发掘当官路，何处南阳有近亲。

【注释】

①白水：指南阳郡白水县。东汉光武帝刘秀起兵之处。西汉末，王莽篡权，铸钱币，其文作“白水真人”，后有使者至南阳，见有王气冲天，后刘秀果复兴汉室。龙飞：张衡《东京赋》记其事曰：“我世祖忿之，乃龙飞白水，凤翔参墟。”后因此以“白水龙飞”形容帝王发迹的神奇现象。

②偶逢：偶然遇到。耕人：耕田种地之人，泛指农人。

【译文】

史上流传关于白水龙飞的故事，已经过去了很多年，今日偶然看到当年的遗迹，于是向耕田的农夫详细问询。

农人告诉我，那些衰败帝王的坟墓已经遭到盗墓人挖掘，横七竖八地拦挡在官道上，南阳之地哪里还有刘秀的近亲。

【赏析】

这是唐代诗人韩愈创作的一首七言绝句咏史诗。作者通过与农人简练的问答，有感于曾经久负盛名的历史遗址被掘之事，于是感慨而作。

当年韩愈受命国子祭酒，由袁州归京过广昌，在途中偶然遇到“当年的遗迹”，于是便向耕田的农夫详细问询了关于这里的历史传说以及东汉光武帝刘秀起兵遗址的留存情况。结果从农人简练的回答之中，找到了答案。诗中前两句“白水龙飞已几春，偶逢遗迹问耕人”是借用典故，引出下文。后两句“丘坟发掘当官路，何处南阳有近亲”，或许就是对前两句最精准的解答：古帝王坟墓被人盗挖，周边七零八落，一片荒凉景象，完全没有了当年刘秀起兵的威武雄壮，更没有后人祭祀以保存完好状态，此情此景，不禁令人悲叹时光荏苒，世事沧桑。

诗中借“中兴”之主——东汉光武帝刘秀当年发兵遗址的兴衰，暗讽那些仗人声势作威作福的人不会永世繁华，唯有德行操守的高尚才能永世获得后人瞻仰。全诗读来大有警世之意，虽悲凉慷慨，却情味深长，耐人寻味。

答张十一功曹①

【原文】

山净江空水见沙，哀猿啼处两三家②。

筼筜竞长纤纤笋③，踯躅闲开艳艳花④。

未报恩波知死所⑤，莫令炎瘴送生涯⑥。

吟君诗罢看双鬓，斗觉霜毛一半加⑦。

【注释】

①张十一：张署，德宗贞元十九年（803 年）与韩愈同为监察御史，一起被贬谪。韩愈在收到张十一的诗后，写了本诗酬答。功曹：官名。

②两三家：三三两两的几户人家。表示数量很少。

③筼筜（yún dāng）：一种皮薄节长而竿高的大竹子。纤纤：细长，尖细。

④踯躅（zhí zhú）：杜鹃花的别名。闲开：悠闲自得地盛开。

⑤恩波：此指帝王的恩泽。死所：死去的地方。

⑥炎瘴（zhàng）：指南方湿热致病的瘴气。瘴：热带山林中的湿热蒸郁致人疾病的气。生涯：原指生命有边际、限度，后指生命、人生。《庄子·养生主》："吾生也有涯，而知也无涯。"

⑦斗：古同"陡"，是突然、顿时的意思。觉：觉得。霜毛：白发。

【译文】

春山明净空阔，江水清澈得能见到江底的细沙，远处山猿哀声啼鸣的地方，有三三两两的人家。

粗壮高大的竹子与纤纤细小的嫩笋争相生长，杜鹃清闲自得地开放出鲜艳的花朵。

皇恩尚未报答，也不知将来会身死在哪里，但求不要在这炎热的瘴气中葬送生命之涯。

读了张署您寄来的诗篇后，对镜叹看双鬓，顿时觉得我的鬓发又白了一半，还在增加。

【赏析】

这是韩愈被贬到广东阳山后的第二年春天所作。诗中通过描写景物，抒发了自己内心深处的愤慨之情。

诗的前半部分写景，通过春山明净，春江空阔，山猿哀声啼鸣，山脚下三三两两的人家，描绘出一种人烟稀少的空寂、寥落的景象：一是静，二是闲，这与作者此时的处境和心情是紧密相连的。静，从人烟稀少的空旷中而生；闲，是由处境遭遇中而来。他虽身居闲地，心却一刻也没能摆

脱朝廷的束缚，自然也就会常常被“未报恩波”这外在环境所烦扰，却又无可奈何。在这种心境下，顺理成章地引出了下文。

诗的下半段叙事抒情。首先感叹“未报恩波知死所，莫令炎瘴送生涯”。这两句是全诗的关键，蕴含着作者内心深处矛盾复杂的隐情所在。此刻，不难从字里行间中体味出诗人那股被压抑的情感：有自己无辜被贬的怨愤，有对自己身处这样荒凉的处境会不会从此消沉下去的担心，有自己被贬到这种南荒之地而回归无望的叹息，还有对未来东山再起之后发奋建功立业的憧憬。诗中“斗觉”二字用得奇崛，把诗人的感情推向高潮。这一联写得委婉曲折，诗人没有正面写自己如何忧愁，却说读了张署寄来诗后鬓发顿时白了一半还多，似乎对方赠诗正是哀愁的原因所在。全诗没有正面表现愁怨，而是写愁不说愁，只说霜毛陡加，至于为何会增加，尽在不言之中。

全诗结构清新，诗意婉转，含蓄深沉，似有情感的潜流暗涌，读来令人感动，又不失耐人回味。

左迁至蓝关示侄孙湘[①]

【原文】

一封朝奏九重天[②]，夕贬潮阳路八千[③]。

欲为圣朝除弊事[④]，肯将衰朽惜残年[⑤]？

云横秦岭家何在[⑥]，雪拥蓝关马不前[⑦]。

知汝远来应有意[⑧]，好收吾骨瘴江边[⑨]。

【注释】

①左迁：古人贵右贱左，左迁犹言下迁。蓝关：又称蓝田关，在今陕西蓝田县东南。侄孙湘：韩湘，字北渚，韩愈之侄韩老成的长子。

②一封：指韩愈上书宪宗谏迎佛骨，差点被诛，得裴度等力保，贬为潮州刺史之事。九重（chóng）天：古称天有九层，第九层最高，此代指朝廷、皇帝。

③潮阳：潮阳郡，今广东潮阳。路八千：八千里路。泛指路途遥远，不是准确数。

④欲为圣朝除弊事：想替皇帝除去有害的事。弊事：政治上的弊端，此指皇帝迎佛骨事。

⑤肯将衰朽惜残年：哪能因衰老就吝惜残余的生命呢？肯：岂肯。衰朽：衰弱多病。惜残年：顾惜晚年的生命。

⑥秦岭：陕西省内关中平原与陕南地区的界山，被尊为华夏文明的龙

脉。家何在：家在哪里。

⑦蓝关：蓝田关，今在陕西省蓝田县东南。

⑧汝（rǔ）：你，指韩湘。应有意：应猜想到我此去凶多吉少。

⑨吾：我。瘴（zhàng）江边：指潮州。瘴江：古时岭南一带河流多瘴气，故称。

【译文】

早晨写好一篇谏议书，上早朝时奏明皇上，晚上就被贬谪到八千里外遥远的潮州。

总想替朝廷除去那些有害的事，岂肯将衰弱多病作为借口而去顾及自己的余生？

回望长安，只见浮云横生阻断秦岭，如今我的家乡在哪里？来到大雪拥堵的蓝田关外，连马儿也踟蹰不前。

我知道你远道而来，应该猜到了我此去凶多吉少，那么正好在潮州这瘴气弥漫的江边，请你把我的尸骨收去安葬。

【赏析】

唐元和十四年（819年）正月，唐宪宗命宦官从凤翔府法门寺真身塔中将所谓的释迦文佛的一节指骨迎入宫廷供奉，并送往各寺庙，要官民敬香礼拜。时任刑部侍郎的韩愈看到这种信佛行为，便写了《谏迎佛骨表》劝谏阻止唐宪宗，指出信佛对国家无益，而且自东汉以来信佛的皇帝都短命，结果触怒了唐宪宗，韩愈几乎被处死。多亏有裴度等人说情，最后韩愈被贬为潮州刺史。当他赴任到达离京师不远的蓝田县时，他的侄孙韩湘赶来同行，此情此景之中，韩愈不禁悲歌当哭，慷慨激昂地写下这首诗，后来被广为流传。

诗中先写“得罪”速度之快。早朝时呈上一封奏疏，自以为在理，却立刻获罪，被贬至边远地区，这里隐隐透出心中对仕途险恶的无奈之情；

次写被贬的由来，表明自己为了百姓与国家的利益，勇于抗争，不会为了官职而明哲保身。再写内心的悲愤。面对前路“云横秦岭”，遮天蔽日，回顾长安，不知“家何在”？然而面对君命难违，前路又阻滞重重，前有“雪拥蓝关”举步维艰，后有朝廷严令限期赶到贬所，怎奈雪山拦阻“马不前”，在如此山高路远、大雪封山的险境面前，真的不知该何去何从。最后，诗人对侄孙叮嘱，化用《左传》中“必死是间，余收尔骨焉”之语，表示自己必死的决心，也表明了坚持自己的革除弊政主张，至死不悔的政治态度。

本诗在写作手法上，沉郁顿挫，笔势纵横，一泻千里，毫无晦涩之感，可谓是大气磅礴，如卷洪波巨澜于方寸之间，既凸显了深刻的社会意义，亦能产生撼动人心的力量。

广宣上人频见过[1]

【原文】

三百六旬长扰扰[2]，不冲风雨即尘埃[3]。

久惭朝士无裨补[4]，空愧高僧数往来[5]。

学道穷年何所得[6]，吟诗竟日未能回。

天寒古寺游人少，红叶窗前有几堆。

【注释】

①广宣上人：生平不详。上人：对僧人的尊称。频：屡次，频繁。

②三百六旬：一年到头，这里是经常之意。扰扰：形容很烦乱的样子。

③冲：冒着。

④惭：一作“为”。朝士：朝官。裨（bì）补：有所补益。

⑤愧：愧对，辜负之意。数往来：指频繁多次往来。

⑥道：这里指儒家之道。穷年：全年，一年到头；经年累月。

【译文】

这位广宣上人，一年三百六十天不停地来烦扰我，不是冒着风雨就是顶着灰尘，简直是风雨无阻。

一直都很惭愧，对朝中大臣没有什么补益之处，也辜负了高僧屡次往来造访的心意。

经年累月学习圣人之道，不知收获了什么，整日吟诗作赋也没能看到有什么回报。

天气寒冷，古寺庙中的游人逐渐减少，不知现在庙宇窗前的红叶堆积了多少。

【赏析】

这首诗约作于唐宪宗元和九年（814 年），此时韩愈在京城任职。广宣上人是一位很活跃的诗僧，常以诗文与京城中的士大夫结交。韩愈一生以弘扬儒家之道为己任，排斥佛老等学说。所以面对这位所谓的高僧广宣上人，频频以诗文上门来向他讨教，甚感厌烦，因此写下了这首诗，委婉地发泄了心中的不满。

首联中“扰扰”“风雨”“尘埃”，刻画了一位殷勤来访、奔走于权贵之门的僧人形象；颔联“惭”“愧”对举，谦虚地说自己辜负了高僧屡次造访的心意，委婉表达了自己对广宣上人拜访的抵触，表明了他和广宣上人在立身处世问题上，原本就具有不同的见解；颈联“学道穷年何所得”，谦虚地说自己经年累月地学习，却没有什么所收获，意在强调他学习的是儒家圣道，推崇的是孔孟之学，暗含他和这位“广宣上人”之间有着“道不同不相为谋”的含义；尾联“红叶窗前有几堆”，于委婉之中发出疑问，这里是化用王维诗意，表达他对广宣上人的微讽之意。广宣上人的住所是寺庙，但他整日忙于在外奔走，很少在寺庙之中修行佛法，以至于落下的红叶都无人打扫，旨在规劝这位上人应当回到寺庙之中去务“正业”，这仍然委婉表达了对广宣上人的不满。

从诗人的内心来说，对这种奔走于权贵之门的僧人是非常厌恶鄙薄的，但出于礼貌，又不能不略为敷衍，所以言辞之间体现出一种温婉敦厚的诗教精神。

戏题牡丹

【原文】

幸自同开俱阴隐①，何须相倚斗轻盈②。
陵晨并作新妆面③，对客偏含不语情。
双燕无机还拂掠④，游蜂多思正经营⑤。
长年是事皆抛尽⑥，今日栏边暂眼明⑦。

【注释】

①阴隐：一作“隐约”。牡丹花开时，枝叶已盛，故云隐约。

②何须：犹何必，何用。相倚：指花枝互相依倚支撑。斗：争斗比较。

③陵晨：凌晨，清晨。并作：同作。

④无机：没有心机。

⑤多思：多情。经营：此指蜜蜂于花间盘旋采蜜。

⑥长年：意为很长一段时间。皆：都，全部。

⑦暂眼明：暂时眼光被鲜花照亮的意思。

【译文】

牡丹花很庆幸自己与同伴同时开放，同样都是隐约在繁茂的枝叶中，可你们何必互相依倚着，还要相互争奇斗艳、比试轻盈。

清晨到来一起妆扮崭新的面容，对着赏花的宾客却偏偏含着羞怯不语的深情。

没有心机的双燕还是像从前一样从花上掠过，多情的游蜂总是反复思虑，此刻正在花间盘旋经营。

多年来我对于这样的世事早已抛弃一空，今天在这栅栏边观看这些牡丹，一时间眼光被它们照得格外分明。

【赏析】

本诗约作于唐宪宗元和十年（815 年），当时韩愈在朝官为考功员外郎、知制诰，所以有机会游赏宫中牡丹花园，当看到牡丹争艳的场景，幽默之心荡然而起，于是一首“戏”作油然而生。

首联描写了牡丹盛开的场面。

相互簇拥，仿佛是在相互拥挤着争奇斗艳，相互比试轻盈，所以诗人告诫它们“同开俱阴隐”，不必“相倚斗轻盈”。这里的“何须”则是劝告语气，正应“戏题”之意。“阴隐”“轻盈”主写牡丹的神态，暗寓了韩愈内心深处不易察觉的难言之隐。

颔联就牡丹的神态作进一层描绘。这里用“并作”仍强调这些牡丹原本都具有同样的特征，并与上联的“同”“俱”呼应，更加说明了“相倚斗轻盈”的不必要性；接下来的“对客偏含不语情”，以牡丹默默不语暗含情的形态，使诗的意境更显含蓄别致，回味余长。

颈联描绘了牡丹花开之后燕舞蜂忙的嬉闹场面，实际也是从牡丹本体出发，于自然显现之中渲染了牡丹花所处的环境，以双燕的花前“拂掠”、游蜂的“多思正经营”作为环绕在牡丹身外纷扰的外界因素，而此刻的牡丹一定也有复杂矛盾的“心理”体现，但作者并未说明，只给读者留下尽情思忖的空间。

尾联以“长年是事皆抛尽，今日栏边暂眼明”作结，道出此刻的心声。诗人站立牡丹花前看到牡丹如此盛开的画面，不会不有所触动，于是字里行间忍不住流露出看见牡丹盛开、忘却多年尘俗之事的愉悦之情。

有诗评家直言此诗“轻清流丽，无意求工”，点明了这首诗的特色所在。较之那些浓彩重饰只求形似的咏牡丹之作，此诗的确充满神韵。

第三部分

古体诗

听颖师弹琴[1]

【原文】

昵昵儿女语[2]，恩怨相尔汝[3]。

划然变轩昂[4]，勇士赴敌场。

浮云柳絮无根蒂，天地阔远随飞扬[5]。

喧啾百鸟群[6]，忽见孤凤皇[7]。

跻攀分寸不可上[8]，失势一落千丈强。

嗟余有两耳，未省听丝篁[9]。

自闻颖师弹，起坐在一旁[10]。

推手遽止之[11]，湿衣泪滂滂[12]。

颖乎尔诚能[13]，无以冰炭置我肠[14]！

【注释】

①颖师：当时一位善于弹琴的和尚，他曾向几位诗人索要诗篇，以求表扬自己的琴艺。

②昵（nì）昵：亲热的样子。一作“妮妮”。

③尔汝：挚友之间不讲客套，以你我相称。这里表示亲近。

④划然：忽地一下。轩昂：形容音乐高亢雄壮。

⑤“浮云”两句：形容音乐飘逸悠扬。

⑥喧啾（jiū）：喧闹嘈杂。

⑦凤皇："凤凰"。

⑧跻（jī）攀：犹攀登。

⑨未省（xǐng）：不懂得。丝篁（huáng）：弦管乐器的总称。原借指音乐，此指颖师所弹的琴。

⑩起坐：忽起忽坐，激动不已的样子。旁：一作"床"。

⑪推手：伸手向前推。遽（jù）：急忙。

⑫滂滂：热泪滂沱的样子。

⑬诚能：指确实有才能的人。

⑭冰炭置我肠：形容被音乐所感动，情绪随着乐声而激动变化。

【译文】

聆听颖师弹琴的琴音，犹如一对亲昵的小儿女轻言细语，又像是一对卿卿我我的情人，正在相互倾诉你恩我怨的衷肠。

猛然间，忽地一下变得高亢雄壮，豪放得就像是勇士奔赴战场，挥戈跃马驰骋在敌军阵营里杀敌擒王。

转眼间又像是浮云依依、柳絮失去了根蒂，在天地之间，任凭海阔天空随风飘扬。

一会儿如同置身于叽叽啾啾喧哗的百鸟群中，忽然发现一只兀立在乔木枝头展翅的凤凰，独自在烟霞中羽光翻浪。

时而像在攀登悬崖峭壁，只差分寸之间不能登上顶峰，时而又像崩石失势坠落一千多丈，传来轰隆回响。

感叹之余，我深感惭愧空有一副耳朵，不懂音律，对音乐太外行而不懂欣赏。

我听颖师你这弹琴声，忽柔忽刚，让人禁不住跟着在一旁忽起忽坐、情绪激昂。

我急忙伸手把琴遮挡，此刻泪水早已汹涌盈满我的眼眶。

颖师你确实是有才能的人，琴艺实在非比寻常，请你暂且停下来吧，别再将这琴音里的冰与火填进我的胸膛！

【赏析】

此诗约作于元和十一年（816 年）。相传唐朝有一个名叫颖的和尚，从印度来到中国，人们尊称他为颖师。颖师弹琴的技艺精湛，韩愈慕名前来欣赏颖师弹琴，并把听颖师弹琴的感受写成了诗。

诗分两部分，前十句正面描写琴曲的声音，紧扣题目中的“听”字，单刀直入，采用各种喻体，以形象生动的比喻将读者引进美妙的音乐世界中。

琴声袅袅升起，仿佛小儿女在身旁耳鬓厮磨，又像是在互诉衷肠；忽地一下变得高亢雄壮，豪放得就像是勇士奔赴战场，挥戈跃马杀敌擒王；转眼间又像浮云柳絮在天地之间，任凭海阔天空随风飘扬；一会儿如同置身于百鸟群的喧闹中，忽然又像被一只傲立枝头、烟霞中羽光翻浪的凤凰翩然之举、引吭长鸣的孤傲隽美惊艳得戛然而止。“跻攀分寸不可上，失势一落千丈强”，形象地表现了一种一心向上，饱经跻攀之苦，结果还是跌落下来，而且跌得迅速凄惨的社会现象。所以说，这里除了用形象的比喻凸显琴声的起落变化外，似乎还另有寄托。接下来的“湿衣泪滂滂”，暗寓了诗人对自己革除弊端，励精图治却屡遭贬斥的慨叹。

后八句主要描写自己听琴的感受，从侧面烘托琴声的优美。“嗟余”二句是自谦之辞，申明自己不懂音乐，却还是被颖师的琴声所深深感动，反衬了颖师琴艺之高。先是起坐不安，继而泪雨滂沱，浸湿了衣襟，于是听者忍住激动的心情，起身“推手遽止之”，恐怕此刻，唯有推手制止琴师弹奏，才能逐渐平复激动不已的心情。末二句进一步渲染颖师琴技的高超。“无以冰炭置我肠”，仿佛一会儿把人引进热情奔放的天堂，一会儿又把人掷入悲苦的地狱，就好比轮换交替着将冰与炭投入听者的胸中，使人经受不了这种感情上的剧烈波动。

全诗情感充沛，起伏跌宕，且又形象鲜明，无论造境或遣词造句都有独到之处，从而使整首诗歌的意境显得饶有情致，令人耳目一新。

青青水中蒲三首（其一）

【原文】

青青水中蒲[①]，下有一双鱼。

君今上陇去[②]，我在与谁居[③]？

【注释】

①青青：形容颜色很绿。蒲：菖蒲，亦称香蒲。一种多年生草本植物，叶长而尖，可编席、制扇，夏天开黄色花。

②陇：陇州。

③与谁居：和谁在一起居住。与：和，同。

【译文】

水中生长着青绿色的菖蒲，菖蒲下面游嬉着一双鲤鱼。

如今你要远行到陇州去，留下我孤身一人在这里和谁共居？

【赏析】

这是韩愈西游凤翔时，代其妻子卢氏而作，是韩愈青年时代的作品，这组诗在体裁上属于“代内人答体”，表达了女子对远游丈夫的思念之情。格调明快，淳朴如民歌一般。

本诗为组诗中的第一首，主要描绘了两人送别的情景。诗人以水中青青的蒲草起兴，巧妙地以一片生机勃勃的河边景色衬托离思之苦；接下来又以一双鲤鱼双双游嬉在蒲草之下作比兴，以此来反衬思妇的孤独。水中的鱼儿成双作对，在水中香蒲下自由自在地游来游去，而诗中女子却要与夫君分离。如此情景，怎能不让一个年轻少妇触景生情呢？于是“君今上陇去，我在与谁居”，短短两句深情的发问，又像是喃喃自语，形象地将诗的意境自然而然地呈现在读者眼前：二人依依惜别，妻子满怀深情地低声细语，“如今您要到陇州去，留下我孤身一人独居在此，叫臣妾如何是好呢？”

短短四句诗，上下两联形成鲜明的对照，将那种情深意切的离别之情展现在读者面前，使人情不自禁地平生怜惜之情。

青青水中蒲三首（其二）

【原文】

青青水中蒲，长在水中居。

寄语浮萍草①，相随我不如②。

【注释】

①浮萍草：浮生在水面上的一种草本植物。

②相随：伴随，跟随。不如：不如你，此为“自己”比不上“浮萍草”之意。

【译文】

水中生长着青青的菖蒲，它们一直都在这水中安居。

我孤身一人来到水塘边，寄语悠悠飘荡的浮萍草，看你们紧紧相连在一起，如今我却连你们都不如。

【赏析】

这是韩愈西游凤翔时，代其妻子卢氏所作的组诗中的第二首。与第一首相同之处是，第二首仍然写离情，但诗人能够巧妙地以不同方式作反复回环的表达，使诗意更深一层。

诗中前两句，以蒲草“长在水中居”象征女主人公长期留守在家中，不能相随夫君而行的苦闷。其中既暗含了一种对水草的羡慕之情，又似在嗔怪夫君不能像香蒲那样长期与自己相守在一起；后两句是对前两句意义上的加深。面对夫君远行，只能孤独寂寞之中“寄语浮萍草”。而这“寄语”二字，突出了女子思夫之情真意切，无处诉说相思之苦，只能独自一人对水草诉说衷情，希望它们能转达自己此刻的满怀深情。如此更加深刻地刻画出一种孤独寂寞的意境，将“自己”与那些自由自在随水漂流的浮萍形成鲜明的反衬，使情感更显丰沛。

青青水中蒲三首（其三）

【原文】

青青水中蒲，叶短不出水。

妇人不下堂①，行子在万里②。

【注释】

①不下堂：不离开正堂。下堂：古时亦指休妻。

②行子：游子，出门远行的人。万里：形容遥远。

【译文】

水中生长着青青的菖蒲，叶子短小柔弱，甚至都不能伸出水面。

小妇人我常年在家教子孝亲，从不离开正堂，远行在外的你却离我有千万里。

【赏析】

这是韩愈青年时代西游凤翔时，代其妻子卢氏所作的组诗中的第三首。

此首与前两首主题相同，同样是“一唱三叹”，但感情一首比一首深沉。前两句以“青青水中蒲，叶短不出水”，比喻思妇不能出门相随夫君，表达了思妇心中隐隐的哀怨。

后两句的“妇人不下堂，行子在万里”，是从空间上的相隔遥远，表达出闺中女子的思绪之长，进而将女主人公孤单落寞的形象生动地显现出来，而“不下堂”，正是将妻子此刻誓与夫君相携到老的决心表露无遗。在古代，“下堂”另有“休妻”之意，此处化用《后汉书·宋弘传》中的“糟糠之妻不下堂”名句，隐含了思妇暗示夫君“不要抛弃共同患难过的妻子”，可见其内心的凄苦与担忧，更加深刻表达了两情之深，而女主人公内心的伶仃孤凄，随着行子“在万里之间”与日俱增，一层深似一层，余韵无穷。

诗中虽然没有直白地表示相思之语，但其中的思夫之情却绵绵不断，正是这绵绵不断的真切离情，巧妙地将这三首诗一脉贯通，相互关联而成感人至深的“离情别绪三部曲”。

纵观全诗极富民歌情调，看似平淡，却意味深长。

贞女峡①

【原文】

江盘峡束春湍豪②，雷风战斗鱼龙逃③。

悬流轰轰射水府④，一泻百里翻云涛⑤。

漂船摆石万瓦裂⑥，咫尺性命轻鸿毛⑦。

【注释】

①贞女峡：在今广东省阳山县至连州市的连江（古称湟水）上，从阳山县城溯水而上约六十里处。

②江盘：江水盘旋曲折。峡：指两山夹着的水道。束：江水为峡所束。春湍豪：春水湍急盛大的样子。

③雷风战斗：形容江水翻腾，声震峡谷，有如风雷相搏击。鱼龙逃：鱼龙都被吓跑了。鱼龙：古代爬行动物名。外形像鱼，生于海洋。眼大，

嘴长，牙齿尖锐，肉食，卵胎生，于侏罗纪时期最繁盛。

④悬流：指峡谷很陡，水从上面奔流而下，状若悬空。射水府：直冲入深水之中。水府：神话传说中水神或龙王所住的地方。

⑤翻云涛：浪涛滚滚如云涛翻涌。

⑥漂船：水流迅急，迫害船舶的意思。摆石：移动大石。

⑦咫尺：指距离之近，此指很短的时间都会令人丧生。轻鸿毛：指轻如鸿毛。

【译文】

江水盘旋曲折，仿佛被高高的山峡所束缚，春天的急流汹涌而过，气势豪壮，只见那江水翻腾，声震峡谷，有如风雷相搏，鱼龙见状也会惊恐而逃。

江水从高处奔流而下，发出轰轰的巨响，一路奔腾着直射水中龙宫深处，江水浩荡，一泻百里，翻滚着如云般巨大的浪涛。

急流既能将水上漂游的船吞没，也能冲走巨石，哗啦啦的巨响就像是万瓦一同崩裂，乘船人的性命生死就在咫尺之间，简直轻如鸿毛。

【赏析】

贞元二十年（804 年）春，韩愈到贞女峡畅游时，看到贞女峡浩浩荡荡几十里，气势汹涌，置身于贞女峡后，被这惊心动魄的宏大场景所震撼，身不由己地被带到另一种险象环生的境界，惊叹之余，不禁感慨万分，这首传世佳作应运而生。

本诗的起句“江盘峡束春湍豪，雷风战斗鱼龙逃”，构思奇特、想象怪异。在这种汹涌澎湃的境界里，就算是凶猛无比的鱼龙也会顿时威风扫地，仓皇而逃。寥寥几字就将贞女峡之险、江流之湍急，形象而生动地表现出来。

接下来的“悬流轰轰射水府，一泻百里翻云涛”，仿佛一股磅礴之气在岭南的险山恶水中翻腾激荡，这是自然环境的气势，也是诗人胸中跳荡不已的激情，为本来就凶险无比的激流又增添一抹神秘色彩，不免使人心惊肉跳，惊诧不已。

结尾句“漂船摆石万瓦裂，咫尺性命轻鸿毛”，则进一步突出了贞女峡“峡窄流急”之险，体现出山峡与常态相反的怪异性和独特性，使之意境大有引人入胜之感。

这首诗妙就妙在，诗人早已把自己彻底融化在惊涛骇浪之中了。这也与诗人当时被贬阳山、政治上失意以及目前所处的社会环境相吻合，使诗意更加深广，随之令人感慨万分。

送湖南李正字归[①]

【原文】

长沙入楚深[②]，洞庭值秋晚[③]。
人随鸿雁少[④]，江共蒹葭远[⑤]。
历历余所经[⑥]，悠悠子当返[⑦]。
孤游怀耿介[⑧]，旅宿梦婉娩[⑨]。
风土稍殊音[⑩]，鱼虾日异饭[⑪]。
亲交俱在此，谁与同息偃[⑫]？

【注释】

①李正字：名础，官秘书省正字。贞元十九年（803 年）进士，元和初为秘书省正字。

②长沙入楚深：长沙在楚地的深部。因为周代楚国地盘广大，在长沙以北很远的地方都属于楚国。

③洞庭：洞庭湖。值：正当。

④鸿雁少：相传北雁南飞至衡山回雁峰止。再往南去的人少了，鸿雁也少了。

⑤蒹葭（jiān jiā）：指芦荻，芦苇。

⑥历历：清清楚楚。

⑦悠悠：路途遥远。子：你。

⑧耿介：耿直，不同于流俗。

⑨婉娩：形容仪容柔顺的样子。此处意为在旅途住宿的时候也能安然入眠，睡得香甜。

⑩风土：指一个地方特有的自然环境（土地、山川、气候、物产等）和风俗、习惯的总称。稍：渐渐。殊：不同。

⑪日异饭：饭食也变样了。

⑫息偃（yǎn）：休息。

【译文】

长沙位于楚地深远的边界，此时的洞庭湖正是深秋时节。

北归的鸿雁南飞至衡山回雁峰以后停留下来，归人随之变得越来越少，江水与岸边的芦苇相互映衬，一同默默伸向远方。

回望所经过的路，如今我还记得清清楚楚，路途越来越遥远，你也该返回故里了。

你孤身一人远行省亲，一生为人正直，不同于流俗，希望你路途平安，旅店中留宿能够安然入眠，睡得香甜。

随着南去的路途越来越远，风土、方言乡音越来越不同，吃的鱼虾、饭食也有所不同了。

你平时结交的亲戚朋友都在河南，到长沙以后，谁能同你一起玩乐休息呢？

【赏析】

这首诗约作于唐宪宗元和五年（810 年）。这一年的秋天，韩愈的好朋友李础要回到湖南长沙，二人依依惜别之际，吟咏而成这首饱含深情的赠别诗。韩愈曾与李础的父亲共事过，后来又与李础父子同在太傅府任职，因此韩愈与李础之间有着深厚的友谊。

首四句点明送友人的时间和地点。深秋的楚地景色迷人，一想到洞庭秋色、江岸芦苇、北雁南归的景象，不禁令人浮想联翩、骤发思旧愁怀。韩愈曾在唐贞元十九年（803 年）遭贬谪而赴任南方，成为阳山县令，后又到江陵，对荆楚之地山川景物和风土人情都比较熟悉，也深为迷恋。接下来便有了“历历余所经”的感叹，其中暗寓了诗人遭贬生涯的苦涩，也饱含了自己对故地景物的留恋与怀念之情，而对句“悠悠子当返”，则是对友人将返故乡的遥想与勉励。这里的“历历”与“悠悠”相对，“余”与“子”相对，“所经”与“当返”相对，顺理成章地创造出一种极富感染力的诗境。再接下来作者进一步展开联想：因为友人一生为人耿直，不同于流俗，所以对于此次他独身一人前行深表关心。担心他孤独南行，旅宿之夜是否睡得安稳？南方风土殊异，语言与饮食也都会有所不同了，友人会不会习惯呢？结尾“亲交俱在此，谁与同息偃”两句一经道出，便更加流露出诗人深深的依依惜别之情以及厚重的关怀之意。到此结束全篇，送别之情戛然而止，给读者留有反复咀嚼、回味无穷的空间。

可以说，这是一首浅白中涵深情，平直中寓奇崛的上乘佳作，也因此广为流传。

学诸进士作精卫衔石填海①

【原文】

鸟有偿冤者②，终年抱寸诚③。

口衔山石细，心望海波平④。

渺渺功难见⑤，区区命已轻⑥。

人皆讥造次⑦，我独赏专精⑧。

岂计休无日⑨，惟应尽此生。

何惭刺客传⑩，不著报仇名⑪。

【注释】

①学：仿效。诸进士：指应进士考试的举子们。精卫：鸟名。古神话中炎帝有个小女儿，溺死于东海之后化身为精卫鸟，常衔西山之石以填东海。

②偿冤：报怨；报仇。

③寸诚：寸心，决心。

④细：小，细小。心望：心中希望。望：希图，盼。

⑤渺渺（miǎo）：微弱貌；藐小貌，此处形容毫无可能。功难见：难以实现其事业。见：同“现”，看见；实现。

⑥区区：小小的。命已轻：性命轻微。

⑦造次：荒唐可笑。

⑧专精：精诚专一。

⑨计：考虑。休无日：没有终止的日期。

⑩何惭：又有什么可惭愧的呢？刺客传：司马迁所著《史记》中有《刺客传》，记述了一位侠客冒死行刺，为人报仇之事。

⑪不著：没有记载。

【译文】

鸟类中也曾有懂得报怨的，它成年累月怀抱赤诚的寸心，奋斗不止。

嘴里衔着山上的小石头，心中想的是一定要把这滔滔的海浪填平。

可是自己力量渺小，频繁往返也看不见有多大的功效，但是小小的它依然视死如归，将自身的生死看得很轻。

人们都讥笑它此举简直太荒唐可笑，只有我欣赏这只精卫鸟的专一精诚。

何必整天计较有没有休止的日期，本来就应该如此度过一生。

就像《史记》中记载的那位侠客，只要问心无愧去做报仇之事，哪怕《刺客传》不留名，又有什么可惭愧的呢？

【赏析】

唐宪宗元和五年（810年），当年省试（礼部试）为进士出的诗题为《精卫衔石填海》。当时韩愈为河南令，听说试题名之后立刻有所感想，于是就仿效此题作了这首诗，抒发了自己的一番见解，其情哀切动人，也正是韩愈一生心志的自然吐露。

全诗可分两部分，前六句写景状物，勾勒出一个生动感人的偿冤报仇的小鸟形象；后六句议理抒情，进而揭示全诗的主旨。

诗中的前四句，从正面破题。虽未直接点破“精卫”二字，但“偿冤”一词已暗示所写的是“精卫填海”之事。其中以“山石细”“海波平”形成对比句式，表现出“精卫鸟”的雄心壮志和坚强的信念；五、六句描写了精卫填海最终以“渺渺功难见，区区命已轻”宣布告终。这里巧用“功难见”“命已轻”词句，表达了诗人对精卫鸟悲壮命运的无限同情。

后六句中的“人皆讥造次，我独赏专精”，是全诗主旨。作者从“岂计休无日，惟应尽此生”开始发表个人见解，采用对比手法，表达了人生何须去计较一时的得失，要有精卫鸟填海精神的见解。“我独”二字，表达了作者傲然不屈于俗见的鲜明态度。“赏专精”，是作者在诗中立论的依据，充分强调了本诗所要表达的主旨。最后两句以“精卫”与《史记》中记载的那位侠客，豪壮一生也没能留名史册相类比，再次表达了诗人对那种坚持不懈、锲而不舍精神品质的高度褒扬与欣赏。

全诗以理入诗，大有滔滔不绝的雄辩之势，进而弘扬了一种精诚奋斗的精神，使此诗在思想层面上更具有积极向上的意义。

知音者诚希

【原文】

知音者诚希①，念子不能别②。

行行天未晓③，携手踏明月④。

【注释】

①知音：知己朋友。此指韩愈的文章知己。希：同“稀”。稀少。

②念子：想念你。不能别：不忍心分别。

③行行：指一起来回踱步行走。晓：天明，拂晓。

④携（xié）手：用以表现朋友之间的亲密关系。

【译文】

世上能成为知己朋友的人实在是太少了，正因为我想起了你我之间的深厚友谊，使我不忍心与你分别。

相聚的时光里，我们时常天还没有放亮，就一起踱步交谈，到了夜晚明月高悬的时候，我们才携手并肩踏着皎洁的月光而归。

【赏析】

贞元十四年（798年）韩愈与孟郊、李翱三位好友在汴州相聚，当然少不了一起讲文论道、诗酒酬唱的快意事，但孟郊别有愁怀，不得不离开汴州南归，而分别自会引发相思。韩愈曾作《与孟东野书》诉说离别思念之情，其言之切切，可见韩愈视孟郊为重要的知己。

诗中首句“知音者诚希”开门见山，直接感叹人间知音难觅，其势如飞瀑直下，有如晴天闻雷，颇为引人注意。在此诗人采用了典中之典，首先化用了南朝文人刘勰在《文心雕龙·知音》中的“知音其难哉！”的感叹，然后作者又融入了春秋战国时俞伯牙、钟子期“高山流水”识知音的典故。这典中之典，不仅增大了容量，还让诗人感慨的语气更加厚重，似乎有如雷霆万钧之力。接下来的“念子不能别”，顺应前一句的蓄势铺垫，使这一句更显深情，毕竟发自肺腑之言更能感人肺腑。

接下来“行行天未晓，携手踏明月”，写得更加生动真切。此处运用人物的动作，把诗人和友人依依惜别、不忍离去之情充分表达出来：两位知心好友，难得相逢，而今又要分别而去，可是此刻，不忍别又不能不别。所以诗人和朋友格外珍惜相处的时光，甚至不惜放弃一夜睡眠，头顶明月，脚踏清辉，携手把腕，彻夜长谈，一直到东方破晓还余兴未尽。由此可见，他们虽然经历了彻夜长谈，却浑然不累，犹恨时光似箭，可知他们谈得何等倾情、何等投机，然而能有这样的场景，确实是“非知音者绝不可如此”。特别是诗人使用“携手踏月”的动作描写，展现出他们二人倾心长谈时的情景，更显知音之亲密，惜别之不忍。

全诗语意温婉，如歌如画，使读者如临其境，如闻其声，深深被二人依依惜别之情感动至深。

山石

【原文】

山石荦确行径微①，黄昏到寺蝙蝠飞②。

升堂坐阶新雨足③，芭蕉叶大栀子肥④。

僧言古壁佛画好⑤，以火来照所见稀⑥。

铺床拂席置羹饭⑦，疏粝亦足饱我饥⑧。

夜深静卧百虫绝⑨，清月出岭光入扉⑩。

天明独去无道路⑪，出入高下穷烟霏⑫。

山红涧碧纷烂漫⑬，时见松枥皆十围⑭。

当流赤足踏涧石⑮，水声激激风吹衣。

人生如此自可乐，岂必局束为人鞿⑯？

嗟哉吾党二三子⑰，安得至老不更归⑱？

【注释】

①荦（luò）确：指山石险峻不平的样子。行径：行走的路径。微：狭窄。

②蝙蝠：哺乳动物，夜间在空中飞翔，捕食蚊、蛾等。此句写山寺黄昏的景象，同时点明了时间。

③升堂：进入寺中厅堂。阶：厅堂前的台阶。新雨：刚下过的雨。

④栀子：常绿灌木，夏季开白花，香气浓郁。肥：肥壮。这两句中，

诗人热情地赞美了山野雨后生机勃勃的动人景象。

⑤佛画：佛的画像。

⑥稀：依稀，模糊，看不清楚。一作“稀少”解。所见稀：很少见的好画。这两句意思是：和尚告诉我说，古壁上面的佛像很好，并拿来灯火观看，不过只能依稀可见。

⑦置：供。羹（gēng）：菜汤。这里泛指菜蔬。

⑧疏粝（lì）：糙米饭。这里指简单的饭食。饱我饥：给我充饥。

⑨百虫绝：一切虫鸣声都没有了。

⑩清月：清朗的月光。出岭：指清月从山岭那边升上来。扉（fēi）：门。光入扉：指月光穿过门户，照入室内。

⑪无道路：指因晨雾迷茫，无法分辨道路。

⑫出入高下：指进出于高高低低的山路。穷烟霏：空尽云雾，即走遍了云遮雾绕的山路。霏：云气，云烟。

⑬山红涧碧：山花红艳、涧水清碧。纷：繁盛。烂漫：光彩四射的样子。

⑭枥（lì）：同“栎”，落叶乔木。十围：形容树干非常粗大。两手合抱一周称一围。

⑮当流：对着流水。赤足踏涧石：意思是：对着流水就打起赤脚，踏着涧中石头蹚水而过。

⑯局束：拘束，不自由的意思。鞿（jī）：马缰绳。这里作动词用，比喻受人牵制、束缚。

⑰吾党二三子：指和自己志趣相合的几个朋友。

⑱安得：怎能。不更归：还不辞官回归故乡。表示对官场的厌弃。

【译文】

山石峥嵘险峭，能够行走的路径显得狭窄曲折，在这蝙蝠穿飞的黄昏，

我来到这座庙堂。

登上庙堂坐在台阶上，这里刚下过一场充沛的透雨，堂前的芭蕉叶子干净翠绿，显得更加硕大，挺立在枝头的栀子花苞也显得特别肥壮。

僧人告诉我，这座庙宇内古壁上的佛画画得好，并且拿来火把照向墙壁让我仔细观看，只可惜模模糊糊看不清楚。

僧人为我铺好床席，又准备菜汤米饭，饭菜虽然略显粗糙，但足够填饱我的饥肠。

夜深人静的时候躺下来准备睡觉，此时窗外的百虫已经停止喧闹，只见一轮明月爬过了山岭，清辉泻入门窗。

天亮以后我独自出去走走，可是到处山雾弥漫无法辨清行走的道路，只好在高低不平的山路中摸索前进，走遍了云遮雾绕的山径，只觉得脚步踉跄。

走过一段路后，看见鲜艳的山花与碧绿的涧水相互映衬，更显繁盛而缤纷绚烂，时不时看见的松树与枥树，都有十围怀抱那么粗壮，枝叶郁郁苍苍。

遇到涧流挡道，我就对着流水打起赤脚，踏着涧石蹚水而过，这里的水声清澈激越，清凉的山风时而掀起我的衣裳。

人生在世就应该像这样闲适，这样自得其乐，何必处处受到他人约束，宛若被人家套上了马缰？

哎呀！我那几个情投意合的好友，怎能已经人到年老，还不赶快辞官回归故乡？

【赏析】

这是一首记游诗，全诗可分四个部分。

第一部分，从开头至“芭蕉叶大栀子肥”，写黄昏到寺庙所见景色。“山石荦确行径微，黄昏到寺蝙蝠飞”，写出了寺外山石险峭，路径狭窄崎岖，古寺外众多的蝙蝠上下翻飞的傍晚景色。接下来描写了诗人入寺坐定后所看见的阶下景物：芭蕉叶子阔大，栀子果实肥硕，交织而成新雨“足”后的特有景致。

第二部分，从“僧言古壁佛画好”至“清月出岭光入扉”，描写了入寺后所看到的夜景。首先写僧人主动向客人介绍自认为寺中厅堂内最好的古壁佛画，并且兴致勃勃地举着灯火指引客人前去观看。接着写僧人的殷勤周到，“疏粝亦足饱我饥”表达了诗人对僧家招待的满意之情。后两句写诗人夜深入睡，以“百虫绝”反衬深山古庙虫鸣之盛，直到夜深之后才鸣声全无，而且“清月出岭光入扉”，更加凸显山中景致的幽静之美。

第三部分，从“天明独去无道路”至“水声激激风吹衣”，写出了诗人清晨出去的路上所见所感。雨后的深山，晨雾缭绕，曲径萦回，以至于山雾弥漫无法辨清行走的道路，只好出入雾霭之中，上下摸索走遍了云遮雾绕的山中小路。这里的一个“穷”字，写出诗人奔出迷雾的喜悦。接下来“山红涧碧纷烂漫，时见松枥皆十围”，描绘了诗人脱离迷雾缭绕，看见一片明丽景象后的喜悦，使读者仿佛跟着诗人一起行走似的，一路领略山中风情：新雨后的山涧，水流横溢，诗人脱去鞋子，光脚蹚过溪流，此刻山风阵阵，撩动衣裳，令人有赏不尽的山、水、风、石的乐趣。

第四部分，从“人生如此自可乐”到最后，抒写了应该怎样看待人生的豁达情怀。韩愈在长期的官场生活中，沉浮不定，身不由己，满腔的愤懑不平郁积难抒。所以对眼前这种自由自在，不受人束缚的山水生活感到十分快乐和满足，甚至希望和自己同道的“二三子”一道长期享受这种清心寡欲的惬意时光。

这首诗看似平凡，却有着较高的艺术成就，为传统的记游诗开拓了新领域，可谓是一篇独领风骚之作。

醉留东野[1]

【原文】

昔年因读李白杜甫诗，长恨二人不相从[2]。

吾与东野生并世[3]，如何复蹑二子踪[4]。

东野不得官[5]，白首夸龙钟[6]。

韩子稍奸黠[7]，自惭青蒿倚长松[8]。

低头拜东野，原得终始如駏蛩[9]。

东野不回头，有如寸筳撞巨钟[10]。

吾愿身为云，东野变为龙。

四方上下逐东野，虽有离别无由逢[11]？

【注释】

①东野：孟郊，字东野，湖州武康（今浙江德清）人，唐代诗人，韩愈的好友。

②不相从：指不常在一起。相从：相随左右。

③并世：同一时代。并：同。

④如何复蹑（niè）二子踪：为什么又像他们那样（别多聚少）呢？复：又。蹑：踩、追随。二子：指李白和杜甫。

⑤不得官：写诗时孟郊正等待朝廷任命新职。

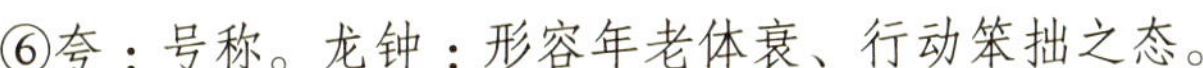

⑥夸：号称。龙钟：形容年老体衰、行动笨拙之态。

⑦韩子：诗人自指。奸黠（xiá）：狡猾。

⑧青蒿：小草，诗人自比。长松：比喻孟郊有高松乔木之才。

⑨駏蛩（jù qióng）：古代传说中的一种动物，常背负另一种叫“蟨（jué）”的动物行走，蟨则为它取甘草吃，它们互相帮助为生。

⑩寸筳（tíng）：小竹枝，这里也是诗人自比。巨钟：比喻孟郊。

⑪无由逢：原指没有机会相逢，此指离别与我们无关。无由：没有门路或机会。

【译文】

以前因为拜读李白与杜甫的诗，被他们之间深厚的友谊所感动，总是怅恨他们两人不能长期相随在一起。

我和孟东野有幸生在同一个时代，不知为什么又重蹈李、杜二人的足迹，聚少离多。

孟东野考中了进士后却没有被任用为官，如今已经白发苍苍，只能以老态龙钟来向人夸说。

韩愈我稍有些小聪明，但与东野相比，自愧渺小，如同青蒿倚靠着挺拔的青松。

我钦佩东野，甘愿低头向东野下拜，希望永不分离，如同相依为命的駏和蛩。

东野此番离我南下将一去不回头，我的挽留就像拿起寸草之茎去撞击巨大的铜钟。

我希望自己能化身为天上的白云，希望东野变幻成乘云驾雾的飞龙。

这样我就可以环绕在东野的四面八方，上下浮游永远追随，那么人间即使有离别，也与我们无关。

【赏析】

此诗约作于贞元十四年（798 年），当时韩愈在汴州刺史董晋幕中做观察推官。孟郊此时客游汴州，这一天将要离开汴州南行，韩愈前来设宴相送，依依惜别之际，吟出此诗，作以留别。

诗中首先写自己曾因拜读李白和杜甫之间的酬答之诗，被他们之间深厚的友谊所感动，忍不住发出“长恨二人不相从”的感慨，其实这也是诗人以李白和杜甫自比。韩愈比孟郊小十七岁，孟诗多表现寒苦遭遇，而韩诗略比孟诗粗放，他们之间相互欣赏，也算是以诗会友的“忘年交”了。这里虽未出现“留”字，但紧紧扣住了诗题《醉留东野》中的“留”字，从而使二人之间的深厚友情自然流露，感人至深。

五至八句主要是对二人的处境与性格作了相互比较。“东野不得官，白首夸龙钟”，这是在说明孟郊的现状是无官可做，虽然已经白发苍苍了，却一直没能得到朝廷重用，此中暗含了一种叹惜之情；紧接着韩愈写自己“韩子稍奸黠，自惭青蒿倚长松”。韩愈在此承认自己相比孟东野的耿直，实在是有点“滑头”，也因而比他稍稍能周旋于官场，但在东野这棵文才挺拔的“长松”面前，“自惭有如青蒿”。也就是说，虽然自己如今在幕府中任职，但比起孟郊的才能，实在是自愧不如。

结尾“吾愿身为云，东野变为龙”，是诗人心中的一种美好愿望，是在祝愿二人的友谊长存，就像祥云与飞龙一样，长期相伴相随，永不分离，表达了诗人对朋友的敬慕与惜别之情。

全诗通俗易懂，朗朗上口，表面以“醉”言出之，实则是设想奇僻，于幽默风趣的言辞中，足见两人感情深厚。

雉带箭

【原文】

原头火烧静兀兀[①]，野雉畏鹰出复没[②]。

将军欲以巧伏人，盘马弯弓惜不发[③]。

地形渐窄观者多，雉惊弓满劲箭加[④]。

冲人决起百余尺，红翎白镞随倾斜[⑤]。

将军仰笑军吏贺，五色离披马前堕[⑥]。

【注释】

①火：烈火。兀兀（wù）：昏沉的样子。

②鹰：猎鹰。出复没：出来以后又隐藏起来。一本作“伏欲没”。

③盘马：骑马盘旋不进。

④雉（zhì）：一种鸟，雄的羽毛很美，尾长；雌的羽毛呈淡黄褐色，尾较短，善走，不能久飞。通称“野鸡”。加：追加。

⑤翎（líng）：箭羽。镞（zú）：箭头。

⑥离披：分散下垂貌。堕：掉下来，坠落。

【译文】

原野上火光冲天，大火熄灭以后四周静悄悄的一片昏暗，野鸡被烈火驱出草木丛，可一看到猎鹰在空中盘旋，又吓得急忙躲藏起来。

将军想当众表演自己的神功巧技，以此来压服众人，故而骑马盘旋不

进，拉满劲弓，却不轻易发箭。

前边的地形越来越狭窄，围拢过来观看的人越来越多，因此野鸡受惊而飞，蓄满待发的弓箭同时射出，只见野鸡应声中箭。

那只受伤的野鸡带着箭冲向人群，随后又突然高高飞起百余尺，一番挣扎之后，终于筋疲力尽，血染的羽毛和雪亮的箭镞随之倾斜而下。

将军仰天大笑，只见野鸡披散着彩色的羽毛在马头之前坠落，随即那些军吏立刻跑过来高声祝贺。

【赏析】

此诗原题下有注："此愈佐张仆射于徐从猎而作也。"可知是韩愈在徐州武宁军节度使张建封幕府中任职时所作，描写的是他随从张建封射猎所看到的情景。

首句写猎场：原野上火光冲天，大火熄灭以后四周静悄悄的，一片昏暗。这里一个"静"字，烘托了猎前肃穆的气氛，由此可以联想出狩猎人此刻全神贯注窥伺猎物的情态。当然，这是猎前的静态，与下文射猎时和射猎后的动态形成了鲜明的对比。

接下来描写了将军的心理活动和射猎时的神采。将军为了显示自己的神功巧技，所以，他"盘马弯弓惜不发"，就这样神秘地骑马盘旋不进。这里诗人选取了"盘马弯弓"这一特定的镜头，以此来突出将军矜持、自信、踌躇满志的傲娇神态。

然后又描写了野鸡隐没之处的地势渐渐狭窄，观猎的人却越来越多，此刻野鸡要想逃窜似乎已经不可能了。在这种生命被逼仄到无处可逃的情况下，于是就有了野鸡受惊乍飞，渴求"绝地逢生"的惊险时刻！只见将军从容地拉满强弓，"嗖"的一声，迅猛而准确地射中野鸡。结果怎样呢？出乎意料的是那只受伤的野鸡带箭"冲人决起百余尺"，可见这是一只勇猛的野鸡，不肯放弃一丝生存的希望，然而最终还是一命归天了。这样的悲哀，与仕途坎坷是何等相似啊！

末两句先以“将军仰笑”极为传神地凸显了将军的性格特征，接着以“军吏贺”写出围观的军吏敬服将军绝妙射技的场面，烘托了将军的射技，在热烈的气氛中结束全诗。

条山苍

【原文】

条山苍①，河水黄②。浪波沄沄去③，松柏在高冈④。

【注释】

①条山：中条山，在今山西省西南部，黄河北岸，属于唐朝名山，许多诗人都在此题诗。苍：深绿色。

②河水：黄河之水。

③沄沄（yún）：形容波浪滔滔。去：流向远方。

④松柏：松树和柏树。高冈：高耸的山冈，这里指中条山。

【译文】

苍翠的中条山，山下是浪涛滚滚的黄河水。只见那汹涌澎湃的浪涛一泻千里而去，只有那郁郁葱葱的苍松翠柏，依然挺立在高耸的山冈上。

【赏析】

此诗约作于唐贞元二年（786年），时年韩愈十九岁。韩愈少年时期刻苦攻读诗书，胸怀远大理想以及治国平天下的政治抱负。他初到河东，游中条山，纵观莽莽苍山，滔滔黄河滚滚东去，有感而发，写下了这首诗。

诗中首句“条山苍”描写了中条山的苍翠之色，其中一个“苍”字加以概括山势之大、浑然一色之壮美。接下来以山下滔滔不绝、浊浪排空的黄河水为比照和衬托，从颜色、动态与静态相对比着手，从而达到山水分明的艺术效果。

后两句进一步写河与山的气势。黄河浪涛汹涌，奔腾不息；满山松柏，苍翠欲滴。而这一动一静，相映成趣，凸显了本诗的主旨：人生岁月就像这滔滔奔涌的黄河之水，一去不返。生命是短暂的，但崇高的品德和人格却是永恒的。

全诗境界博大，格调高亢，体现出一种深邃的人生哲理的同时，进一步表达了作者奋发有为、卓立人间的宏伟理想。

龊龊

【原文】

龊龊当世士①，所忧在饥寒②。
但见贱者悲，不闻贵者叹。
大贤事业异③，远抱非俗观④。
报国心皎洁，念时涕汍澜⑤。
妖姬坐左右⑥，柔指发哀弹。
酒肴虽日陈⑦，感激宁为欢？
秋阴欺白日⑧，泥潦不少干⑨。
河堤决东郡，老弱随惊湍⑩。
天意固有属⑪，谁能诘其端⑫？
愿辱太守荐，得充谏诤官⑬。
排云叫阊阖⑭，披腹呈琅玕⑮。
致君岂无术⑯？自进诚独难！

【注释】

①龊龊（chuò）：本自《史记·货殖列传》。原来的意思是拘谨、谨小慎微的样子，这里形容卑琐自私。当世士：当代的文士。

②所忧：所担心、所关心的事。饥寒：指与自己相关的功名利禄。

③大贤：高尚的人，这是作者自况。事业异：与“当世士”不同，作

者要干的是为国为民的另一番事业，故引出作者抱负远大，不是世俗庸人的观点。

④远抱：心怀远大。俗观：庸俗的见解。

⑤念时：指感伤世态艰难的时候。涕：眼泪。汍（wán）澜：泪流不止的样子。

⑥妖姬：美女，此指歌妓。左右：两边。

⑦酒肴：美酒佳肴。日陈：每天摆设。陈：摆放。

⑧秋阴：指秋天的重阴。欺：遮蔽，比喻秋雨之盛。

⑨泥潦（lǎo）：泥水聚积的地方。潦：意指雨水大或路上的流水，积水。少：同“稍”。

⑩惊湍（tuān）：急流，惊涛骇浪。

⑪天意：上天的旨意；上天的意志。有属：有所寄托。属：通“嘱”，托付，寄托。

⑫诘（jié）其端：追问其缘由。诘：追问、探寻。端：原因。

⑬充：担任。谏诤（zhèng）官：指朝廷中负责谏诤的拾遗、补阙等官职，属御史台。

⑭排云叫阊阖（chāng hé）：指到朝廷去谏诤。排云：拨开云彩。阊阖：神话中的天门，引指宫门。典出屈原《离骚》：“吾令帝阍开关兮，倚阊阖而望予。”

⑮披腹：敞开胸怀，剖露心腹。披：剖露。呈：展示。琅玕（láng gān）：似玉的美石，比喻赤心。

⑯岂无术：难道没有谋略？岂：难道，反诘之意。

【译文】

那些谨小慎微的当世文士，他们所忧虑的只在于个人的衣食温饱。

人们只见到贫贱之人的悲伤，却听不到富贵之人的叹息。

道德高尚的贤士总是想着干一番独特的事业，他们的抱负远大而不同于世俗的观念。

报效国家的心光明皎洁，经常会因为感念时世的安危而泪如波澜涌起。

美丽的女子坐在左右两边，纤细柔软的手指弹拨出哀怨的弦音。

虽然每天面前都摆满了丰盛的美酒佳肴，但心有激愤的感慨，又怎能让我欢乐起来？

秋天的重重阴云遮蔽了白天的太阳，道路上淤积的泥水总是不干。

黄河决堤之水淹没了东郡，老人和小孩子都被急流和波涛卷走。

上天的意志原本就是固有一定的寄托，又有谁能追问出其中的缘由？

希望我能得到太守的推荐，得以充任朝中谏诤的官员。

这样，我就可以排云上天，叫开紧锁的天门，能有机会在天帝的面前剖露心腹，呈现出我琅玕美玉般的心肝。

辅佐君主达到天下大治岂能说我没有办法？只是我自己去求得进身的机会，实在是困难重重，难上加难！

【赏析】

这首诗写于贞元十五年（799年）秋，当时韩愈在张建封幕府中担任推官。韩愈一生胸怀大志，这次本来寄希望于张建封，期待得到他的举荐而被重用，但二人志不相投，愿望一直未能实现。贞元十五年秋，郑、滑二州发生严重水灾，因此民不聊生，但张建封却无视灾民生活的困苦，依旧在自己的领地置酒作乐，大肆挥霍。韩愈对此极为不满，于是写下了这首诗。此诗既抒发了诗人心中忧时报国之志与怀才不遇之情，也由此反映了当时社会矛盾尖锐的一面。

这首诗前两句指出“当世之士”不忧国事而忧个人饥饱的现象，接下来两句用“但见”与“不闻”进行对举，来表现对这种失常现象的愤慨。接下来写自己的志向远大，表明自己不同于“龊龊当世士”，自己有着“报国心皎洁，念时涕汍澜”的伟大情怀，期望自己能够建立“大贤事业”。然而现实情况却是满目的笙歌宴舞、无所事事。“河堤决东郡，老弱随惊湍”两句，写出了河水决堤时百姓身陷灾患的凄惨境况，表达了自己哀怜民生的思想境界。“天意固有属，谁能诘其端？”两句，诗人表达了一种对于天降水灾的指责，随着这种愤激情感的推进，诗人心急如焚，要求自荐去朝廷充当谏官，要“排云叫阊阖，披腹呈琅玕”。然而现实却是“致君岂无术？自进诚独难！”一个“岂”字，深度刻画了当朝腐败现象：不是国家没有贤能之才，而是胸怀大志之人得不到任用，但造成这种现象的原因又是什么呢？其中最主要的就是“自进诚独难”！这里的一个“诚”字，更加加重了肯定的语气，说明了若想靠我自己去求得进身的机会，实在是太难了！如此将诗人的一腔忠愤而抑郁之情表达得淋漓尽致，令人忍不住随之愤慨时世艰难。

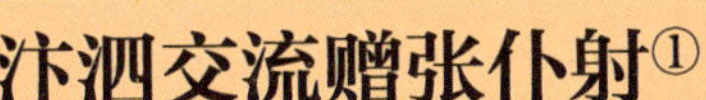

汴泗交流赠张仆射[1]

【原文】

汴泗交流郡城角，筑场千步平如削[2]。

短垣三面缭逶迤[3]，击鼓腾腾树赤旗。

新雨朝凉未见日，公早结束来何为[4]？

分曹决胜约前定，百马攒蹄近相映。

球惊杖奋合且离，红牛缨绂黄金羁[5]。

侧身转臂着马腹，霹雳应手神珠驰。

超遥散漫两闲暇，挥霍纷纭争变化。

发难得巧意气粗[6]，欢声四合壮士呼。

此诚习战非为剧，岂若安坐行良图？

当今忠臣不可得，公马莫走须杀贼！

【注释】

①汴泗交流：指徐州。因古汴河与泗水在徐州汇合入淮。张仆射（yè）：指武宁节度使张建封。仆射：当时大臣的荣誉称号。韩愈当时在张建封的徐州府署做幕僚。

②筑场千步：筑起方圆千步的球场。步：旧制长度单位，一步等于五尺。

③短垣：短墙。逶迤（wēi yí）：形容道路、山、河等弯弯曲曲、延续

不绝。

④结束：指张建封早早装束齐备来到球场。何为：为何，为什么。

⑤红牛缨绂黄金羁：意谓用染红的牛毛为璎珞，以黄金为马勒头，形容饰物贵重华丽。缨绂（yīng fú）：亦作“缨黻”。冠带与印绶，泛指官位的象征。此指马颈上佩戴的珠玉饰品。

⑥发难：指发球很刁钻，难度很大。得巧：得球很机巧。意气粗：形容意壮气豪的样子。

【译文】

汴水和泗水交汇流过彭城郡的一角，在那附近修筑了一个能有千步方圆的球场，场地平整如刀削。

那里的矮墙蜿蜒围绕在场地的三面，随着腾腾的鼓声被猛敲，红色的旗帜也都随之竖立起来。

昨天刚刚下过一场小雨，早晨的天气还很凉，眼下太阳还没有升起，仆射张公早早就装束整齐来到场上是为什么呢?

原来是按照预先约定的比赛规则，今天要分队比赛以决胜负，只见百马扬蹄奔驰而来，闪电一般齐整整地站到近前，相互映衬。

球在急驰，棍棒在挥舞，相互追逐打球的队伍，时而奋力飞驰到一起，时而瞬间分离，那些装饰着红色牛毛缨绂、佩戴黄金笼头的名马在场地内飞奔狂追。

只见击球手侧转身子，翻转手臂，敏捷地附身于马腹之下，只听随手响起霹雳般的打击之声，随后神珠般的马球早已应声飞驰而去。

马球被抛出去很远，两队人马也迅速散开，此刻两队人马看上去都很悠闲，就像没有发生过激战一般，忽然马球飞来时人们又迅疾聚集争抢，动作轻捷，队形变化多端。

发球之高妙与得球之巧捷，都是意气风发，此刻四周的呼声雷动，到

处是一片壮士的欢呼声。

虽然这种打球确实是为了习武备战而不仅仅是游戏，但又怎能比得上安坐在军营之中谋划制敌良策呢？

如今像仆射张公您这样的忠臣实在是难得，所以您千万不要轻易去跑马伤神，一定要养精蓄锐去斩杀那些朝廷的叛贼！

【赏析】

此诗作于唐德宗贞元十五年（799年），韩愈为张建封节度推官之时。面对各地叛军动乱，韩愈强烈反对藩镇割据，一心维护国家统一。他认为徐州距离叛军驻地最近，身为节度使不该沉湎于游猎与玩乐之中，而应该练兵讨伐叛军，为此他写下了这首诗。诗中主要描绘了节度使张建封召集、参与马球游戏的情景与比赛场面，继而又从国家利益的角度出发，用缓和而讽刺的口吻，对张仆射提出劝谏，借以抒发自己忧国忧民之心。

开篇前六句为第一部分，正面描写了马球赛前的情景。“筑场千步平如削”，介绍了这个马球场场地的面积之阔，地面平整如刀削，充分表达了张仆射为了这个游戏场所不惜花费人力、财力、物力，暗讽他奢华玩乐的行为。接下来的“公早结束来何为？”是作者的明知故问，引起读者的注意，引出下文。

第七句到第十六句为第二部分，是关于打马球的起因以及一派酣战的精彩场面描写。原来这场马球比赛是预约好的，是为了在此决一胜负。众多装饰豪华的骏马在急速奔驰，彼此映衬，好不气派！击球的军士更是技艺高超，令人叹为观止。在奔跑的马背上，他们侧斜身体，转过臂膀，马球飞来飞去，队形随之变化多端，观赛的士兵们爆发出响彻云霄的欢呼声，此情此景，不禁令人眼花缭乱。

最后四句为第三部分，讽劝张仆射，即使击球比赛确实是为了训练打仗而不是玩乐，但身为主帅，也不应将精力用于玩耍作乐，而要用在谋划

全局、杀敌立功上。

作者有意突出张仆射，不仅是为了扣住题目，更是为了转换诗意，从赞颂其出众的击球本领，不动声色地转换到对张仆射提出严肃诚恳忠告的层面，表达了韩愈关心国事的爱国情怀。

杏花

【原文】

居邻北郭古寺空，杏花两株能白红[①]。
曲江满园不可到，看此宁避雨与风。
二年流窜出岭外，所见草木多异同。
冬寒不严地恒泄[②]，阳气发乱无全功。
浮花浪蕊镇长有[③]，才开还落瘴雾中[④]。
山榴踯躅少意思[⑤]，照耀黄紫徒为丛。
鹧鸪钩辀猿叫歇[⑥]，杳杳深谷攒青枫。
岂如此树一来玩，若在京国情何穷。
今旦胡为忽惆怅，万片飘泊随西东。
明年更发应更好，道人莫忘邻家翁。

【注释】

①能白红：意思是杏树能开出红白相间的花，借以反衬古寺荒凉之意。

②地恒泄：因冻得不严密，地气多泄出。指土地不冻，易于植物生长。

③浮花浪蕊：指寻常的花草。比喻轻浮的人，含贬义。镇长：二字均

为“常”之意，联用为重言。

④瘴（zhàng）雾：犹瘴气。

⑤踯躅（zhí zhú）：羊踯躅，又名“羊不吃草”，树高三四尺，花似山石榴。

⑥鹧鸪：鹧鸪鸟，生活在有灌木丛的低矮山地，吃昆虫、植物的种子等。钩辀（zhōu）：象声词，鹧鸪的叫声。

【译文】

我的住所靠近城北，附近有一座空荡荒凉的古寺，寺中有两棵杏花树，能开出红白相间的杏花。

长安城曲江池边的满园花树，如今我已不能再去观赏了，那就到这里看这两棵杏花树怎样躲避大雨与狂风吧。

两年前，我被放逐到岭外，所见到的草木跟北方大有不同。

这里的冬天并不寒冷，地气时常泄出，阳气也时常乱发，天地仿佛失去了它健全的功能。

那种随时随地开放的花，常年都有，但都是刚刚绽开花蕊，又马上凋谢在瘴雾之中。

山石榴和羊踯躅也都没有什么意思，开着黄黄紫紫的野花，可怜它们白白地聚结成丛。

这边鹧鸪鸟的鸣叫声响起，那边山猿的哀啼声忽然又停下来，如此来来去去此起彼伏，看那幽暗的深谷中，聚集着青翠的枫树林。

这些景致哪能比得上这两棵杏花树，当我一来此游赏时，就像是在京城里一样，引起无穷情思。

今天晨起，为什么我会忽然惆怅，或许是因为看到这千万片杏花凋落，随风飘散各奔西东。

等到明年杏花再度开放的季节，这杏花一定会开得更加美好，寺中的

道人啊，那时候请您一定不要忘记相邀我这个邻家的老翁。

【赏析】

此诗约于唐宪宗元和元年（806年）二月，韩愈在江陵贬居之时所作。诗人借杏花飘落，抒发自己此刻贬窜南荒、漂泊异乡以及怀念京国、欲归不得的身世感慨。

首句“居邻北郭古寺空，杏花两株能白红”凌空起势，点出客居江陵北郭，临近荒凉冷落的古寺而居的落寞之感，次句以“能白红”衬托出杏花红白相间、鲜艳明媚的色彩与众不同，就此将心中对于杏花的赞赏之情表露无遗。接下来的“曲江满园不可到，看此宁避雨与风”，由眼前古寺中的杏花自然联想到京城曲江满园的杏花，慨叹自己置身荒蛮之乡，如今只能空自怀想，却不能回到长安重睹满园杏花春色的美好，如此又怎能不心生感叹呢？

以下十句，集中笔力描写两年以来贬居岭外的所见所感。这里不见杏花，唯见平庸无奇的“浮花浪蕊”；山榴花、踯躅花虽然或黄或紫，相互照耀，成堆成丛，却了无意趣；深山幽谷之中，只有鸟兽哀鸣的声音，人迹罕至。这对于一个“流窜出岭外”的遭贬谪之人来说，无非是触景生悲甚至是心生无比厌恶之情。接下来的“今旦胡为忽惆怅，万片飘泊随西东”，道明了今日惆怅的原因，其实正是之前观景所感的进一步加深，而将杏花作为自己飘零落寞身世命运的象征。

结尾以“明年更发应更好，道人莫忘邻家翁”收笔，默默将希望寄托在明年，并叮嘱寺中人到时候别忘了自己这位“邻家翁”。口吻中似透出一些乐观的气息和亲切的情调，但细加体味，却又分明包含着明年仍然滞留荒蛮异乡的沉悲。

全诗构思奇妙，情思悠长，嗔痴慨叹，意味无穷。

李花赠张十一署①

【原文】

江陵城西二月尾②，花不见桃惟见李。

风揉雨练雪羞比，波涛翻空杳无涘③。

君知此处花何似？

白花倒烛天夜明，群鸡惊鸣官吏起④。

金乌海底初飞来⑤，朱辉散射青霞开。

迷魂乱眼看不得，照耀万树繁如堆⑥。

念昔少年著游燕，对花岂省曾辞杯。

自从流落忧感集，欲去未到先思回。

只今四十已如此，后日更老谁论哉。

力携一尊独就醉⑦，不忍虚掷委黄埃⑧。

【注释】

①张十一署：张署，当时韩愈与张署同在江陵府任参军。十一：指他在家族弟兄中的行第。

②江陵：今湖北江陵县。二月尾：二月末。

③波涛翻空：李花繁密，似波涛在空中翻动。杳无涘（sì）：无边无际。涘：水边；边际。

④群鸡惊鸣：群鸡见天空发白，误以为天亮，争相打鸣，此为夸张之

词。官吏起：官吏闻鸡鸣，便起床前往官衙，此为夸张之词。

⑤金乌：在后羿射日的神话中，后羿射中太阳后，太阳化为金黄色的三足乌鸦落下，于是古代人就把“金乌”作为太阳的别名，也称为“赤乌”。

⑥繁如堆：形容李花之茂盛，像堆起来的一样。

⑦力：尽力。尊：同“樽”，酒樽，古时一种酒器。独就醉：独自喝醉。

⑧虚掷：虚度光阴。委黄埃：零落到黄土里。

【译文】

到了二月末，在江陵城西郊外，看不见桃花，只能看见雪白的李花盛开。

在春风的抚摸与春雨的洗练下，洁白的李花就连雪花也羞于相比，成片的李花就像波涛在空中翻滚般邈远，无边无际。

您知道这里的李花到底像什么吗?

白色的花儿反照着天空，把夜色中的天空也照亮了，群鸡以为是天明便惊觉而啼，使得官吏都早早应声而起。

太阳刚刚从海底升起来，逐渐红光四射，青霞随之慢慢散开。

千万棵李树花儿盛开，繁密如堆，在阳光的照耀下，令人神魂颠倒，眼花缭乱，简直不敢直视。

我回想起少年时候，喜爱游赏宴乐，对着美丽的花儿，哪里肯推辞过杯中美酒呢。

可自从流离贬逐到此以来，整日落寞忧伤，百感交集，即使想去赏花，人还没到赏花之处就已经盘算着回来了。

现在我才四十岁就已经这样，以后年纪再大一些就更不知跟谁去谈论这些事情。

我用力举起一杯酒独自喝得酩酊大醉，实在不忍心虚度时光，像这眼前的李花一样零落在黄土尘埃中。

【赏析】

此诗约于唐宪宗元和元年（806 年）二月作于江陵。某个夜晚，韩愈约被贬官员张署去江陵城西赏李花，但张署因病未去，韩愈独自赏花回来后，写下这首诗赠与张署。

这首诗可分两部分。前十一句为一部分，描绘了李林繁花盛开的壮美景象。这“风揉雨练雪羞比，波涛翻空杳无涘”两句，让人不禁浮想联翩，宛若站立在海浪面前，陶醉于翻浪惊天的恢宏气势之中。接下来的“君知此处花何似”是在问朋友张署，引领他去遐想。所以“白花倒烛天夜明”至“照耀万树繁如堆”六句，并未回答“花何似”问题，而是承接前面的“波涛翻空”，继续描写李林繁花的圣洁气势，并采用夸张的手法，极言李花之白，同时也是另有感兴寄托。韩愈素来对李花另眼相看，写李花其实也是在写自己。他认为自己的灵魂和人生操守就像圣洁的李花一样，清廉而暗含芬芳，所以对月夜中的李花屡动深情。后八句为一部分，主要借物抒情，表达心中的感怀。

全诗情寓景中，情景交融，表面歌颂月夜李花，实则是对自己精神的一种寄托和勉励，读来引人入胜，余味绵长，堪称咏物佳作。

第四部分

散文

原道

【原文】

博爱之谓仁，行而宜之之谓义①，由是而之焉之谓道②，足乎己无待于外之谓德。仁与义为定名③，道与德为虚位。故道有君子小人，而德有凶有吉。

老子之小仁义，非毁之也，其见者小也。坐井而观天④，曰天小者，非天小也。彼以煦煦为仁⑤，孑孑为义⑥，其小之也则宜。其所谓道，道其所道，非吾所谓道也。其所谓德，德其所德，非吾所谓德也。凡吾所谓道德云者，合仁与义言之也，天下之公言也。老子之所谓道德云者，去仁与义言之也，一人之私言也。

【注释】

①宜：合宜，适宜。

②之焉：向前走去。之：到，往。

③定名：指具有固定意义的名词。

④坐井而观天：坐在井底而去看天。即成语“坐井观天”，比喻眼界小、见识少。这则寓言故事最早出自《庄子·秋水》。文章通过青蛙和小鸟对天的大小的争论，阐明了一个深刻的道理：看问题、认识事物，站得要高远，看得要全面，不能像青蛙那样犯了错误还自以为是。

⑤煦煦：和蔼可亲的样子。这里指小恩小惠。

⑥孑孑：形容琐碎细小。

【译文】

博爱叫“仁”，合宜地去实现“仁”就是“义”，沿着这“仁义”的道路前进就是“道”，使自身具备足够好的行为修养，而不去依靠外界的力量达到完美的就是“德”。仁和义是具有固定意义的名词，道和德是不固定的名词，所以道有君子之道和小人之道，而德有吉德和凶德之分。

老子轻视仁义，并不是诋毁仁义，而是因为他的见识范围狭小。这就好比坐在井里看天的人，他坚持说天很小，其实并不是天小。老子把小恩小惠看作“仁”，把谨小慎微看作“义”，所以说他轻视仁义也就很恰当了。老子所说的“道”，是把他观念里的“道”当作“道”，而不是我所说的“道”。他所说的“德”，是把他观念里的“德”当作“德”，不是我所说的“德”。凡是我所说的道德之说，都是结合仁和义说的，早已都是天下的公论了。老子所说的道德之说，是抛开了仁和义去说的，那只是他一个人的说法而已。

【原文】

周道衰，孔子没[①]，火于秦。黄老于汉[②]，佛于晋、魏、梁、隋之间。其言道德仁义者，不入于杨，则入于墨[③]；不入于老，则入于佛。入于彼，必出于此。入者主之，出者奴之；入者附之，出者污之[④]。噫！后之人其欲闻仁义道德之说，孰从而听之？老者曰：“孔子，吾师之弟子也。”佛者曰：“孔子，吾师之弟子也。”为孔子者，习闻其说，乐其诞而自小也[⑤]，亦曰：“吾师亦尝师之”云尔[⑥]。不惟举之于其口，而又笔之于其书。噫！后之人，虽欲闻仁义道德之说，其孰从而求之？甚矣！人之好怪也！不求其端，不讯其末，惟怪之欲闻。

古之为民者四[⑦]，今之为民者六。古之教者处其一，今之教者处其三。

农之家一，而食粟之家六[8]。工之家一，而用器之家六。贾之家一，而资焉之家六。奈之何民不穷且盗也？

【注释】

①周道：周朝的治国之道。儒家认为治国的根本道理。没：通“殁”，这里指没落消失。

②黄老于汉：西汉初期以黄老之学治国。黄老：指黄帝和老子。

③杨：杨朱。战国时期的哲学家，主张“轻物重生”“为我”论。墨：墨子，名翟（dí）。战国时杨、墨两派学说都很流行，互相对立。

④附：依从，依附。污：污蔑，诋毁。

⑤诞：荒诞。自小：自已轻视自己。

⑥云尔：语气助词，相当于“等等”。

⑦为民者四：士、农、工、商，古称“四民”，后增加了僧、道两家，合称“六民”。

⑧粟：一年生草本植物，子实为圆形或椭圆小粒。北方通称“谷子”，去皮后称“小米”。

【译文】

自从周朝的治国之道衰落，孔子去世以后，后来又发生了秦始皇焚烧诗书之事，黄帝和老子学说就开始盛行在汉代了，佛教也开始在晋、魏、梁、隋之间盛行。那时候谈论道德仁义的人，不纳入杨朱学派，就纳入墨翟学派；不纳入道家学派，就纳入佛家学派。纳入了哪一家，必然就会远离这一家。尊崇所归属的学派，就贬低所排除反对的学派；依从了归入的学派，就去诋毁其他学派。唉！后人很想学听仁义道德学派，谁知道到底应该听从谁的呢？道家说：“孔子是我们老师的学生。”佛家说：“孔子是我们老师的学生。”研究孔学的人，听惯了他们的话，乐于接受他们荒诞的言论而轻视自己，竟然也说“我们的老师也曾向他们学习”这类言辞。不只是放在口头上说，而且还把它写在他们的书上。唉！后世的人即使要想知道关于仁义道德的学说，那又该向谁去请教呢？这简直太过分了！人们真的是好奇怪啊！不去探求事情的发端起源，不去考察事情的结果，只想听那些奇怪荒诞的言论。

古时候的百姓只分为士、农、工、商四类，今天的民众增加了僧、道以后而变成了六类。古代负有教诲意义的学说只有一家，今天却是道、儒、佛三家。务农的一家，要供应六家食用的粮食；务工的一家，要供应六家所用的器具；经商的一家，依靠他服务的有六家。又怎能使人民不因穷困而去偷盗呢？

【原文】

古之时，人之害多矣。有圣人者立，然后教之以相生相养之道。为之君，为之师，驱其虫蛇禽兽而处之中土①。寒，然后为之衣；饥，然后为之食。木处而颠，土处而病也，然后为之宫室②。为之工，以赡其器用；为之贾，以通其有无；为之医药，以济其夭死；为之葬埋祭祀，以长其恩爱；为之礼，以次其先后；为之乐，以宣其湮郁③；为之政，以率其怠倦；为之刑，以锄其强梗④。相欺也，为之符玺、斗斛⑤、权衡以信之。相夺也，为之城郭甲兵以守之。害至而为之备，患生而为之防。今其言曰："圣人不死，大盗不止。掊斗折衡⑥，而民不争。"呜呼！其亦不思而已矣！如古之无圣人，人之类灭久矣。何也？无羽毛鳞介以居寒热也⑦，无爪牙以争食也。

【注释】

①中土：指中原地区。

②宫室：这里指房屋。

③宣其湮郁：宣泄其内心的郁闷。宣：宣泄。湮（yān）郁：意为心情抑郁不畅快。亦作"郁湮"。

④强梗：亦作"彊梗"，指骄横跋扈、胡作非为的人。

⑤符：古代用作凭证的东西，双方各执一半，用时相合以为证。玺：印章。斗斛：古时是指两种用来称量的容器。

⑥掊（pǒu）斗折衡：意思是剖开量物的斗，折断称物的衡。指废除让人争多论少的斗衡。掊：剖开，打破。

⑦鳞介：泛指有鳞和介甲的水生动物。

【译文】

古时候，人类面临的灾害很多。圣人出现之后才教给人类生存要遵循相生相养的道理，做他们的君王或老师，带领他们驱走那些蛇虫禽兽，继而带领人们安居在中原。天冷了，就教他们做衣裳解决寒冷；人饿了，就教他们种粮食解决饥饿。由于长期栖居在树木上容易掉下来，而住在洞穴里因为潮湿又很容易生病，于是教导他们建造房屋居室。教导他们做工匠制作器具，以便用来供应生活用具；教导他们学会经营商业，互相调剂货物有无；教导他们发明医药，用来拯救那些因病夭折而离开人世的人；制定葬埋祭祀的制度，以增长对故去亲人的哀思与恩泽爱戴；制定礼节，以规范他们长幼尊卑等先后次序；创作音乐，用以宣泄人们心中的抑郁不畅；制定政治法令，用来督促那些懒散懈怠的人；制定刑罚，用来铲除那些胡作非为的强暴之徒。为了防止存在相互欺诈，又制作符节、印玺、斗斛、秤尺等作为凭信之物。因为曾经出现过争夺抢劫的事件，所以就开始建筑城池、安置身穿盔甲手执兵器的人来守卫国家。总之，灾害来了就要想办法防备；不等祸患发生就要及早预防。如今道家却说："圣人不死，大盗就不会停止。只要砸烂斗斛、折断秤尺，人民就不会有争夺了。"唉！这都是没有经过思考的话罢了。如果古代没有圣人，那么人类早就灭亡了。为什么呢？因为人们没有羽毛鳞甲以适应严寒酷暑，也没有强硬的爪牙用来争抢夺取食物。

【原文】

是故君者，出令者也；臣者，行君之令而致之民者也；民者，出粟米麻丝，作器皿，通货财，以事其上者也。君不出令，则失其所以为君；臣不行君之令而致之民，则失其所以为臣；民不出粟米麻丝，作器皿，通货财，以事其上，则诛[①]。今其法曰："必弃而君臣，去而父子，禁而相生相养之道，以求其所谓清净寂灭者[②]。"呜呼！其亦幸而出于三代之后，不见黜于禹、汤、文、武、周公、孔子也[③]；其亦不幸而不出于三代之前[④]，不见正于禹、汤、文、武、周公、孔子也。

【注释】

①诛：惩罚，责罚；把罪人杀死。

②清净：指远离恶行与烦恼。寂灭：梵语“涅盘”的意思，指超脱生死的理想境界。

③黜（chù）：贬斥，斥责。

④三代：是对中国历史上的夏、商、周三个朝代的合称。

【译文】

所以说，君王就是发布命令的；作为臣子，就是去执行君王的命令并且将其施行到百姓身上的；身为百姓，就是去生产粮食、丝麻，制作器具，流通商品换取钱币，来供养在他们之上的人。君王不发布命令，就失去了作为君王的权力；臣子不把君王的命令实施到百姓身上，就失去了作为臣子的职责；百姓如果不去种植粮食、生产丝麻、制作器具、流通商品来供应在上级统治的人，就应该受到惩罚。如今佛家的法则却说：“一定要摒弃你们的君臣关系，消除父子关系，违背万物相生相养之道，以追求那些所谓的具有清净超脱境界的人。”唉！他们也幸而出生在三代之后，没有被夏禹、商汤、周文王、周武王、周公、孔子所贬斥；他们也是太不幸没能出生在三代以前，没能受到夏禹、商汤、周文王、周武王、周公、孔子的教诲。

【原文】

帝之与王，其号虽殊[①]，其所以为圣一也。夏葛而冬裘[②]，渴饮而饥食，其事虽殊，其所以为智一也。今其言曰：“曷不为太古之无事[③]？”是亦责冬之裘者曰：“曷不为葛之之易也？”责饥之食者曰：“曷不为饮之之易也？”传曰[④]：“古之欲明明德于天下者，先治其国；欲治其国者，先齐其家；欲齐其家者，先修其身；欲修其身者，先正其心；欲正其心者，先诚其意。”

然则古之所谓正心而诚意者，将以有为也。今也欲治其心，而外天下国家，灭其天常[⑤]，子焉而不父其父，臣焉而不君其君，民焉而不事其事。孔子之作《春秋》也，诸侯用夷礼则夷之[⑥]，进于中国则中国之。《经》曰：“夷狄之有君，不如诸夏之亡。”《诗》曰：“戎狄是膺，荆舒是惩[⑦]。”今也举夷狄之法，而加之先王之教之上，几何其不胥而为夷也[⑧]？

【注释】

①殊：不同。

②葛（gé）：多年生藤本植物，纤维可织葛布。这里指葛布衣服。夏葛：夏衣。裘（qiú）：皮衣。

③曷（hé）：表示疑问的代词。这里可译为怎么、为什么的意思。

④传曰：儒家称经典为经，解释经文的著作为传，这里指《礼记》。

⑤天常：指天性。

⑥夷：中国古代汉族对其他民族的通称。

⑦戎狄：古代西北方的少数民族。膺（yīng）：攻伐，打击。荆舒：古代指东南方的少数民族。

⑧胥（xū）：沦落。

【译文】

五帝和三王，虽然他们的名号有所不同，但他们之所以成为圣人的原因是相同的。就像夏天要穿葛布衣，冬天要穿皮衣，渴了要喝水，饿了就要吃饭，这些事情虽然各不相同，但是它们同样是人类的智慧本能所至。可如今道家却说："为什么不实行远古的无为而治呢？"这也像是责问在冬天穿皮衣的人们："为什么你们此刻不穿简便的葛衣呢？"或者责问饿了要吃饭的人们："为什么不只用喝水去解决饥饿呢？那样做岂不是更简便吗？"《礼记》说："在古代，如果想要发挥他的光辉道德于天下，首先要处理好他的国家事务；要想处理好他的国家事务，首先要使他的家人都能齐心合力；要想使他的家人都能齐心合力，就要先进行自身的修养；要想进行自身的修养，就必须先端正自己的思想；要想端正自己的思想，就要首先拿出诚意来。"可见古代所谓正心而拿出诚意的人，都将能有所作为。如今也有一些所谓修心养性的人，却想抛开天下国家，灭绝天性，诸如做儿子的不把他的父亲当作父亲，做臣子的不把他的君王当作君王，身为百姓的人不去做他们应该做的事。孔子的著作《春秋》，对于采用外族礼俗的诸侯，就把他们列为夷狄；对于使用中原礼俗的诸侯，就可以认为他们是中原人。《论语》说："夷狄虽然有君主，还不如中原没有君主。"《诗经》上说："夷狄应当攻击，荆舒应当惩罚。"如今却尊崇夷礼之法，把它推崇到先王的政教之上，那么我们不也都沦落为夷狄了吗？

【原文】

夫所谓先王之教者，何也？博爱之谓仁，行而宜之之谓义，由是而之焉之谓道，足乎己无待于外之谓德。其文《诗》《书》《易》《春秋》，其法礼乐刑政，其民士农工贾，其位君臣父子师友宾主昆弟夫妇，其服麻丝，其居宫室，其食粟米果蔬鱼肉。其为道易明，而其为教易行也。是故以之

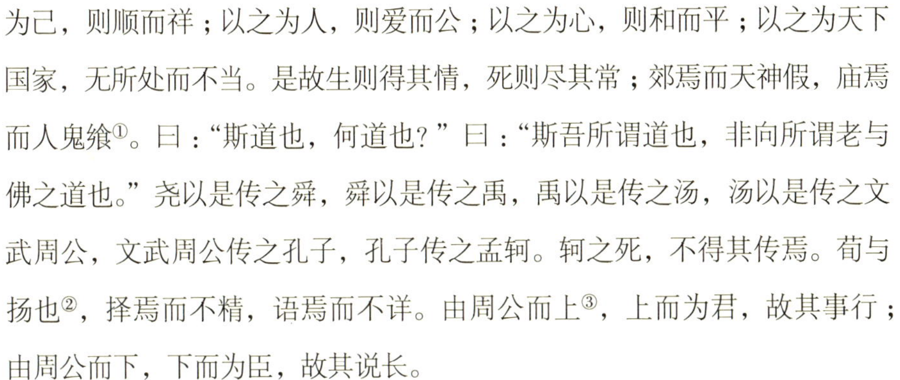
为己，则顺而祥；以之为人，则爱而公；以之为心，则和而平；以之为天下国家，无所处而不当。是故生则得其情，死则尽其常；郊焉而天神假，庙焉而人鬼飨[①]。曰：“斯道也，何道也？”曰：“斯吾所谓道也，非向所谓老与佛之道也。”尧以是传之舜，舜以是传之禹，禹以是传之汤，汤以是传之文武周公，文武周公传之孔子，孔子传之孟轲。轲之死，不得其传焉。荀与扬也[②]，择焉而不精，语焉而不详。由周公而上[③]，上而为君，故其事行；由周公而下，下而为臣，故其说长。

然则如之何而可也[④]？曰：“不塞不流，不止不行。人其人，火其书，庐其居[⑤]，明先王之道以道之，鳏寡孤独废疾者有养也[⑥]，其亦庶乎其可也[⑦]。”

【注释】

①飨（xiǎng）：通“享”，这里指神鬼享用祭品。

②荀：荀况，即荀子。扬：扬雄。

③由周公而上：指尧、舜、禹、汤、周文王、周武王。

④然则：连词，用在句子开头，表示既然这样，那么。

⑤庐：房舍，这里作动词。其居：指佛寺、道观。

⑥鳏（guān）：老而无妻的人。独：孤独，此指老而无子女。

⑦庶乎：差不多、大概。

【译文】

我所说的先王的政教，指的是什么呢？是指具备博爱就可称为仁，能够很好地去履行就可称为义。沿着这样的仁义之路走下去就是道。自身拥有足够的仁义而不依赖外界供给的叫德。而能够传播仁义道德的书有《诗经》《尚书》《易经》和《春秋》。约束仁义道德的方法是礼仪、音乐、刑法、政令。他的子民分为士、农、工、商，他们遵循的伦理次序是君臣、父子、师友、宾主、兄弟、夫妇，他们所穿的衣服是麻布和丝绸，他们的住所是房屋，他们吃的食物是粮食、瓜果、蔬菜、鱼肉。这样规范仁义道德就很容易明白了，而把它们作为教育也是很容易推行的。所以，用它们来约束自己，就能和顺吉祥；用它们来对待别人，就能做到博爱公正；用它们来修养内心，就能宁静而平和；用它们来治理家国天下，就没有不适当的地方。所以，人活着就能感受到人与人之间的情谊，而人死去就只是结束了自然常态而已。祭天则天神降临，祭祖则祖先的灵魂能来享用祭品。有人会问："你这个道，是什么道呀？"我说："我在这里所说的道，不是之前所说的道家和佛家的道。这个道尧传给舜，舜传给禹，禹传

给汤，汤传给文王、武王、周公，后来文王、武王、周公又把它传给孔子，而孔子又传给孟轲。孟轲死后，没能把它继续传承下去。后来荀子和扬雄二人，从中选取了一些，但选取得不够精细，论述过这些，但并不够全面。从周公以上，继承的都是在上做君王的，所以儒道才能够得以推行；从周公以下，继承的都是在下做臣子的，所以他们自家的学说能够源远流长。

既然如此，那么怎样才能使儒道得以推行呢？我认为："不阻止佛老之道，儒道就得不到流传；不禁止佛老之道，儒道就不能得到推行。必须把和尚、道士还俗为民，烧掉佛经道书，把佛寺、道观变成平民的房屋。发扬先王之道以教导人民，使那些老而无子、丧偶独居、残疾以及长年患病的人得到照料，这样做差不多也就可以了！"

【赏析】

本文题为"原道"，是在以多角度探求"道"之本。韩愈一向推崇儒家学说，这便是他主张"复古崇儒、攘斥佛老"的一篇杰出的代表作。

首先，韩愈开宗明义地提出了他对儒道的理解。"博爱之谓仁，行而宜之之谓义，由是而之焉之谓道，足乎己无待于外之谓德。"以此为据，他批评了道家舍仁义而空谈道德的所谓"道德"观，阐述了先秦以来杨墨、佛老等异端思想侵害儒道，使仁义道德之说趋于混乱状态的弊端，对时下"儒道衰、佛老盛"的社会现实深表忧虑，进而以历史的发展为证，赞扬了圣人及其开创的儒道在历史发展中的巨大作用，批评了"佛老思想"不利于"治国平天下"的心性修养论与本该痛斥的悖理，提出了"人其人，火其书，庐其居，明先王之道以道之，鳏寡孤独废疾者有养也"的具体措施。

接下来韩愈在文中又着重提出了一个"道统"的授受体系："斯吾所谓道也，非向所谓老与佛之道也。尧以是传之舜，舜以是传之禹，禹以是传之汤，汤以是传之文武周公，文武周公传之孔子，孔子传之孟轲。"韩愈之所以反对佛老，是从国计民生的角度论述了佛老如何破坏了社会生产，原来由于朝廷过于推崇佛道，所以唐代的僧道可以不纳赋税，不服徭役，致使逃丁避罪者都跑到寺观避祸，或者逃避劳动而放弃农工业生产，这样一来，导致国民生活生产水平严重下降。

最后作者侧重于君王政教方面的论述。直言何为仁义道德，然后分别从“礼仪、音乐、刑法、政令”方面列举这几方面的重要性。文中强调了“君君臣臣”的等级秩序，暗中将矛头指向了藩镇割据的危害性，暗示自己对于安史之乱后藩镇割据局面的深切忧虑。“臣者，行君之令而致之民者也……臣不行君之令而致之民……则诛”，虽然这样似乎有些不近情理，但对于朝廷政令不执行、不缴纳租赋之类的乱臣贼子，是不应该放任自由的。

全文语言犀利，观点鲜明，有破有立，引证古今，层层剖析儒家的“仁义道德”，认为应该继承道统、恢复儒道，排斥“佛老”，抨击藩镇割据，要求加强君主政教之道，以缓解日益加深的社会矛盾。韩愈这篇“曲笔救国”之作，晓之以理，动之以情，有理有据，情真意切，不愧为具有诤谏意义的先锋之作！

原毁

【原文】

古之君子①，其责己也重以周②，其待人也轻以约③。重以周，故不怠；轻以约，故人乐为善。闻古之人有舜者，其为人也，仁义人也。求其所以为舜者，责于己曰："彼，人也；予④，人也；彼能是，而我乃不能是！"早夜以思，去其不如舜者，就其如舜者⑤。

【注释】

①君子：指有道德或有地位的人。指旧时贵族阶级士大夫。

②责：责求，要求。重：严格。周：周密，全面。

③轻：指宽容。约：简约，简要。

④予：同"余"，我。

⑤就：完成，完善。舜：传说中的上古帝王。中国上古时代父系氏族社会后期部落联盟首领，建立虞国，治都蒲阪，被后世尊为帝，列入"五帝"之列。

【译文】

古代的君子，他要求自己严格而且全面，要求别人既宽容又简约。对自己要求严格而全面，所以不会懈怠自身的道德修养；待人宽容而简约，所以这样的人很乐于做好事。听说古代有个叫舜的人，他是恪守仁义的人。探求舜之所以成为圣人的道理，君子就会常常责问自己说："他，是人；

我，也是人；他能这样，可是我却不能这样！”于是，早晨和晚上都会思考反省自己，改掉那些不如舜的地方，完善那些与舜相同的地方。

【原文】

闻古之人有周公者，其为人也，多才与艺人也。求其所以为周公者，责于己曰："彼，人也；予，人也；彼能是，而我乃不能是！”早夜以思，去其不如周公者，就其如周公者。

舜，大圣人也，后世无及焉；周公，大圣人也，后世无及焉。是人也，乃曰："不如舜，不如周公，吾之病也。”是不亦责于身者重以周乎？其于人也，曰："彼人也，能有是，是足为良人矣；能善是，是足为艺人矣。”取其一，不责其二；即其新，不究其旧。恐恐然惟惧其人之不得为善之利[①]。一善易修也[②]，一艺易能也。其于人也，乃曰："能有是，是亦足矣。”曰："能善是，是亦足矣[③]。”不亦待于人者轻以约乎？

【注释】

①恐恐然：惶恐的样子；提心吊胆的样子。

②善：好事。修：学，做。

③是：这。足矣：足够了。

【译文】

我听说古代有位叫周公的人，他算是多才多艺的人了。人们探求周公之所以成为圣人的原因之后，就会自责说："他，是人；我，也是人；他能够这样，而我却不能这样！”于是早上和晚上都会思考和反省自己，改掉那些不如周公的地方，完善那些接近周公的优点。

舜，是一位大圣人，后世的人没有能比得上他的；周公，是大圣人，后世之人也没有谁能比得上他的。于是这些人就说："我不如舜，我比不上周公，这是我的缺点。”这不就是要求自己严格而又全面的表现吗？他们转而对别人说："那样的人啊，能有这样的优点，就称得上是足够善良的人了；能够擅长这一点，就能算得上是足够有才能的人了。"肯定其中一点，就不再苛求他具有第二点；只看他现在的表现，就不去追究他的过去。总是提心吊胆地唯恐他们得不到做了好事应得的利益。其实，一件好事容易做到，一种才能技艺也是很容易学会的。可是他们面对别人时，就会说："能有这些优点，这就足够了。"又说："能够擅长这些，这也足够了。"这不就是要求别人宽容而简约的表现吗？

【原文】

今之君子则不然。其责人也详①，其待已也廉②。详，故人难于为善；廉，故自取也少。己未有善，曰："我善是，是亦足矣。"己未有能，曰："我能是，是亦足矣。"外以欺于人，内以欺于心，未少有得而止矣，不亦待其身者已廉乎？

其于人也，曰："彼虽能是，其人不足称也；彼虽善是，其用不足称也。"举其一③，不计其十；究其旧，不图其新，恐恐然惟惧其人之有闻也。是不亦责于人者已详乎？夫是之谓不以众人待其身，而以圣人望于人，吾未见其尊己也。

【注释】

①也：文言语气助词，表停顿。详：周详，全面。

②廉：少。

③举：列举。

【译文】

如今的君子却不是这样的。他们要求别人严谨而全面，他们要求自己却稀少而宽泛。他们对别人严谨而全面，所以别人很难把事情做好；对自己要求宽泛而简约，所以他们自身所能获得的东西就很少。自己没有什么优点，却说：“我有这些优点，这也就足够了。”自己没有什么才能，却说：“我能有这些本事，这也就足够了。”对外用来蒙骗别人，对内就是欺骗自己的良心，还没有多少收获就停滞不前了，这不也是要求自身太少的表现吗？

他们面对别人时，就这样说：“那人虽然能做到这些，但他不值得称道；那个人虽然把事情做得很好，但这样的本事也没有可称道的价值。”列举人家某一方面去评论，而不去计算人家十个方面的长处；只追究别人过去的不足，却不看别人现在的成就，整日里惶惶不安地唯恐别人有好的名望。这岂不也是指责别人而在周全自己吗？那就是所谓的不用常人的标准来衡量自身，却用圣人的标准去期望别人，我可没看出来这是在尊重自己啊。

【原文】

虽然，为是者有本有原①，怠与忌之谓也。怠者不能修，而忌者畏人修。吾尝试之矣，尝试语于众曰："某良士。某良士。"其应者，必其人之与也；不然，则其所疏远，不与同其利者也；不然，则其畏也。不若是，强者必怒于言，懦者必怒于色矣。又尝语于众曰："某非良士，某非良士。"其不应者，必其人之与也；不然，则其所疏远，不与同其利者也；不然，则其畏也②。不若是，强者必说于言，懦者必说于色矣。是故事修而谤兴③，德高而毁来。

呜呼！士之处此世，而望名誉之光④，道德之行，难已！

将有作于上者⑤，得吾说而存之，其国家可几而理欤⑥！

【注释】

①原：通"源"，根源。

②畏：畏惧。这里指害怕他的人。也：用于句尾，语气助词。

③事修：事业成功，有所成就。谤：诽谤。

④光：光大，昭著。

⑤有作于上：在高位上有所作为。

⑥几：几乎，差不多。理：治理。

【译文】

虽是如此，这样做的人也是有他的思想根源的，那就是怠惰和妒忌。怠惰的人就是不能提高自我修养而妒忌的人，就是害怕别人的修养提高而超过自己。我曾经做过这样的试验，我曾尝试着对众人说："某某是个贤良的人，某某是个有才能的人。"那些随声附和我的人，一定是某某人的同伴好友；否则的话，就是跟他疏远、与他没有共同利害关系的人；如果不是这样的话，那就是畏惧他的人。倘若不是这种情况，强硬的人一定会生气地说出反对的话，懦弱的人也必定会显露满脸怒色了。我又曾在众人面前说："某某人不是贤良的人，某某人不是贤良的人。"那些不理睬我的人，就必定是他的好友；不是这样的话，就是跟他疏远、没有共同利害关系的人；否则，就是畏惧他的人。倘若不是这种情况，强硬的人定会高兴地说出赞同的话，懦弱的人也必定会喜形于色。所以说，当一个人有所成就时，诽谤也就随之产生了，随着德望提高，险恶的毁誉之词也就接踵而至了。

唉！读书人活在这个世上，希望名誉闪烁昭著的光芒，希望仁义道德能够畅行推广，简直太难了！

身居高位而想要有所作为的人，如果听取我所说的这些道理并且能够牢记心中，那么国家差不多也就可以治理好了吧！

【赏析】

这是一篇论述和探究关于毁谤的文章。本文的宗旨在于探索毁谤之根源。作者首先站在君子的角度，先从正面开导，由古到今，从正到反，意在说明如何正确对待自己和对待别人，才符合君子之德、君子之风，然后指出不合乎准则的行为，最后重申了其根源及危害性，借此抒发了心中的愤懑与感慨："士之处此世，而望名誉之光，道德之行，难已！"感慨之余，又寄望于那些身居高位的人要"得吾说而存之，其国家可几而理欤！"从而强调了倘若相互倾轧毁谤，贤能的人不能得以重用，奸佞之人横行，国家何以为兴的道理。

文中先从"古之君子"说起，而古之君子"其责己也重以周，其待人也轻以约"的行事风格，正是"古之君子"的表现特征，也是中心论点。责己、待人是两个方面的并列论题，论证也从此入手逐一铺开。接下来以从古至今一直都被后人尊为圣君、圣贤的舜帝和周公为例，从而增强了说服力和可信性，达到令人信服的目的。

当然，以上所列举论述的关于"古之君子责己待人"的正确态度，并

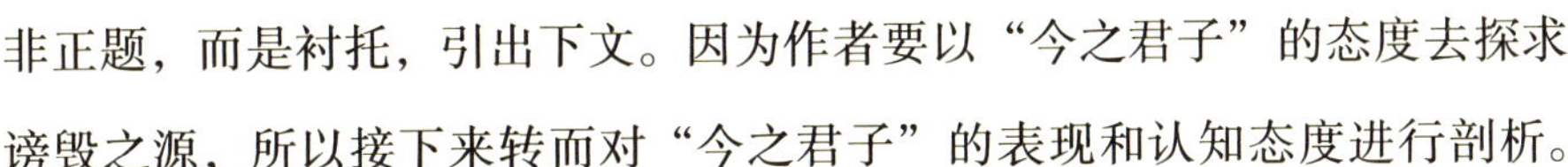

非正题，而是衬托，引出下文。因为作者要以“今之君子”的态度去探求谤毁之源，所以接下来转而对“今之君子”的表现和认知态度进行剖析。

这里值得注意的是，文章谈古之君子的态度时用的是“责己”“待人”；而谈“今之君子”却作了一个颠倒，变为他们是如何“责人”“待己”的。虽是一字之差，表现却恰好相反，同时也给论证提供了鲜明的对比，使论点更加明确。

这篇文章运用“摆事实、讲道理”的严谨的论证方法，结尾用三句话收束论题，简捷有力，既交代了文章的写作目的，呼吁当权者纠正这股毁谤之风，又语重心长地寄托了自己对国家兴旺所寄予的深切期望。

全篇行文严肃而恳切，结构严谨，逻辑严密，语言生动形象，“责于己曰”“早夜以思”等排比句式，真可谓是针针见血，入木三分，发人深省。

师说

【原文】

古之学者必有师。师者，所以传道受业解惑也[①]。人非生而知之者，孰能无惑？惑而不从师，其为惑也，终不解矣。生乎吾前，其闻道也[②]，固先乎吾，吾从而师之；生乎吾后，其闻道也，亦先乎吾，吾从而师之。吾师道也，夫庸知其年之先后生于吾乎[③]？是故无贵无贱[④]，无长无少，道之所存，师之所存也。

【注释】

①道：此指儒家孔子、孟子的哲学和政治原理。受：通“授”，传授。

②闻：听，引申为懂得。道：此为动词，学习、从师之意。

③夫：此为用于句首的助词。庸知其：哪管它。庸：岂，哪里。

④是故：因此，所以。

【译文】

古代求学的人一定有老师。所谓的老师，就是传授道理、讲授学业、解答疑难问题的人。人不是一生下来就懂得道理的，谁能没有可疑惑的问题呢？有了疑难问题却不向老师请教，那些成为疑难问题的，就始终得不到解决。比我先出生的人，他所懂得的道理，固然会比我早些，我应该跟从他去学习；比我后出生的人，如果他懂得的道理比我早，我也应该跟从他并向他学习。我是向他学习道理的，哪管他的年龄比我大还是比我小呢？

因此，不论地位高低贵贱，无论年龄大小，道理所存在的地方，就是老师所存在的地方。

【原文】

嗟乎[①]！师道之不传也久矣，欲人之无惑也难矣。古之圣人，其出人也远矣[②]，犹且从师而问焉；今之众人，其下圣人也亦远矣，而耻学于师[③]。是故圣益圣，愚益愚[④]。圣人之所以为圣，愚人之所以为愚，其皆出于此乎？

爱其子，择师而教之；于其身也，则耻师焉[⑤]，惑矣！彼童子之师，授之书而习其句读者[⑥]，非吾所谓传其道解其惑者也。句读之不知，惑之不解，或师焉，或不焉，小学而大遗，吾未见其明也。巫、医、乐师、百工之人，不耻相师。士大夫之族，曰师、曰弟子云者，则群聚而笑之。问之，则曰："彼与彼年相若也，道相似也，位卑则足羞，官盛则近谀[⑦]。"呜呼！师道之不复可知矣。巫、医、乐师、百工之人，君子不齿[⑧]，今其智乃反不能及，其可怪也欤[⑨]！

【注释】

①嗟乎：语气叹词，相当于"唉"。

②出人：意思是超过常人。矣：了，语气助词。

③下：低，低于。耻：以……为耻辱。

④是故：因此。益：更加。愚：愚笨，愚钝。

⑤耻师焉：意为耻于从师的样子。

⑥句读（dòu）：也作"句逗"，即断句。古代称文辞意尽处为"句"，语意未尽而须停顿处为"读"（逗）。古代书籍上没有标点，老师教学童读书时要进行句逗的教学。

⑦谀（yú）：奉承、谄媚。

⑧不齿：不屑与之同列。齿：原指年龄，引申为排列。

⑨欤（yú）：表示感叹，跟“啊”相同。

【译文】

唉！从师学道的风气没人去传扬已经太久了，所以想要人们没有疑惑也就困难了！古代的圣人，虽然他们超出常人已经很远了，但还要虚心向老师请教；现在的一些人，他们的才智远远低于圣人，却以向老师请教为耻。因此，圣人就更加圣明，愚笨的人就更加愚笨。圣人之所以成为圣人，愚笨的人之所以成为愚笨的人，那都是出于这个道理吧？

人们爱自己的孩子，就选择老师去教授他；而对于自己而言，却以从师学习为耻辱，真是糊涂啊！那些教小孩子的老师，是教他们读书以及教他们学习诵读断句的，并不是我所说的那些能够传授大道理、可以解答疑难问题的老师。读书但不会断句，疑难得不到解决，有的问题向老师请教，有的问题不向老师请教，这样一来，小问题解决了，大问题却被遗漏了，我可没看出他们这是明智。巫师、医师、乐师以及各种工匠，他们不以互相学习为耻。士大夫这类人，一听到有人称呼别人为老师，称自己为学生，就聚在一起讥笑人家。问他们缘由，他们就说：“那个人同那个人年龄差不多，道德学问也不相上下，居然称对方为老师，而称地位低微的人为老师，就觉得是很大的耻辱，称呼官职高的人为老师，那就近乎谄媚了。”唉！古代那种从师学习的好风尚不能得以恢复，这就可以知道其中原因了。巫医、医师、乐师和各种工匠，是所谓的君子们不屑与之为伍的，现在士大夫们的才智反而不如他们，这可真是很奇怪啊！

【原文】

圣人无常师。孔子师郯子、苌弘、师襄、老聃①。郯子之徒，其贤不及孔子。孔子曰：“三人行，则必有我师。”是故弟子不必不如师，师不必贤于弟子。闻道有先后，术业有专攻②，如是而已。

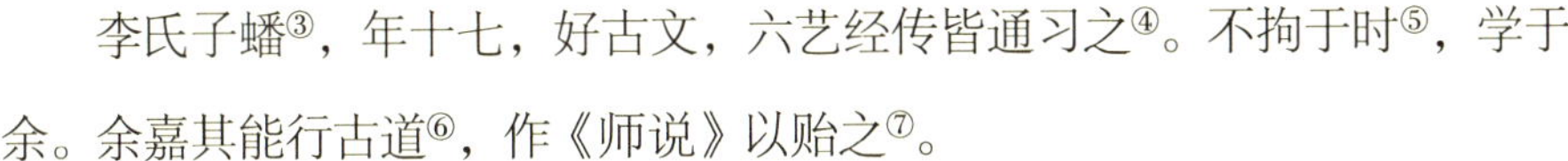

李氏子蟠[3]，年十七，好古文，六艺经传皆通习之[4]。不拘于时[5]，学于余。余嘉其能行古道[6]，作《师说》以贻之[7]。

【注释】

①郯（tán）子：春秋时郯国的国君。苌（cháng）弘：东周敬王时期的大夫。师襄（xiāng）：春秋时鲁国的乐官。师：乐师。老聃（dān）：老子，春秋时楚国人，思想家，道家学派的创始人。

②术业：学术和技艺。攻：研究。

③蟠（pán）：此处用于人名。

④六艺：指六经，即《诗》《书》《礼》《乐》《易》《春秋》六部儒家经典。

⑤不拘于时：指不受时俗束缚。

⑥余：我。嘉：赞许。

⑦贻（yí）：赠送。之：他。

【译文】

圣人没有固定的老师。孔子曾拜郯子、苌弘、师襄、老子为师。郯子这些人，他们的贤能德行都比不上孔子。可孔子却说："三个人同行，其中一定有能做我老师的人。"所以说，学生不一定不如老师，老师不一定比学生贤能。因为懂得道理有先有后，学问和技艺各有专长，不过如此而已。

李家的公子名蟠，今年十七岁，喜欢古文，六经的经文和传文全部研读学习过了，他不受那种耻于从师的时俗束缚，向我请教学习。我赞许他能够遵行古人谦逊的从师之道，因此写了这篇《师说》赠送给他。

【赏析】

这是一篇针对性很强的批驳性论文，是韩愈在古文运动中的又一篇传世佳作，针对当时流行于士大夫阶层中的耻于从师的不良风气，意在阐说从师求学的道理。

韩愈在文中主张，从师学道可以不分年龄高低与身份的贵贱，这对于当时十分重视门第观念、只认功名富贵、不懂尊师重道的官僚士大夫是最有力的讽刺与回击。一篇短文，却传达出非凡的斗争勇气，也体现了作者不顾世俗纷说、独抒己见的可贵精神。

当然，这篇《师说》自有其更为可贵之处，那就是就此提出了三点崭新的、进步的“师道”思想：老师是“传道受业解惑”的人；人人都可以为师，只要具有那样教导他人的能力；老师和弟子的关系是相对的，只要某方面比我好，那么你就是我的老师。这些思想把“为师”的神秘性、权威性大大地减弱了，把老师和弟子的关系更为合理化、平等化了，把古代流传下来的师法与家法中保守的壁垒打破了。这些思想具有一定的进步性。

全文篇幅不长，涵义却很深广，处处闪耀着作者独到的真知灼见；说理透彻，气势磅礴，有极强的说服力和感染力。写作上运用对比的方法，反复论证，并辅之以感叹句和引用圣人之言，来加强文章的说服力。韩愈提倡的这种注重“师道”和“能者为师”的思想理念，至今仍有其积极的教育意义。

龙说

【原文】

龙嘘气成云，云固弗灵于龙也。然龙乘是气，茫洋穷乎玄间①，薄日月②，伏光景③，感震电，神变化，水下土，汩陵谷④，云亦灵怪矣哉！

云，龙之所能使为灵也。若龙之灵，则非云之所能使为灵也。然龙弗得云⑤，无以神其灵矣。失其所凭依，信不可欤⑥！

异哉！其所凭依，乃其所自为也。《易》曰："云从龙"。既曰龙，云从之矣。

【注释】

①玄间：指青天。

②薄：通"迫"，逼近，临近。日月：太阳和月亮。

③伏：掩蔽。景：同"影"。

④汩：形容水流淌的样子。

⑤弗（fú）：不，没有。

⑥欤（yú）：表示感叹语气，相当于"啊"。

【译文】

龙吐出的气形成云，云本来不比龙灵异。然而龙乘着这股云气，可以在碧海蓝天之间尽情遨游，可以逼近日月，遮蔽它的光芒，震撼起雷电，

简直是出神入化，可使雨雪降落洒遍山川大地，滋润万物生灵，形成江河那汩汩流淌之势，使山谷沉沦。这云也够神奇灵异的了！

对于云来说，之所以如此神奇，正是龙的能力才使它富有灵异。若说龙的灵异，却不是云的能力才使它变得那么神奇。但是龙如果没有云的陪衬，就不能那般神奇地展现出它的灵异了。失去它所凭借的云，确实是难以做到啊！

这是多么奇特的现象啊！龙能飞舞云天时借以显示神通的云，竟是它自己创造出来的。《周易》说："云跟随着龙游动。"那么既然说龙，就自然而然地跟着说到云了。

【赏析】

此文是根据典籍和传说一挥而就的。文中以"龙"比喻圣君，以"云"比喻贤臣，说明了圣君与贤臣之间的关系务必要声气相应，才能相得益彰，就是说，明君要依靠贤臣来发展国家稳固基业，而贤臣则要仰仗明君的赏识与提拔才能为国家的兴旺献策献力，甚至心甘情愿地不计个人得失。

文中具体从以下几点进行论述：龙吐纳之气创造了云，并赋予了云的神奇；龙只有凭借云，才能实现其无穷神力；龙若没有云，就不可能腾云驾雾畅游寰宇，又谈何挟雷掣电，行云布雨？云从龙，是上天赋予云的使命。

文章以《易经》中所提到的"云从龙"为结束语，暗寓贤臣良士必须像云那样始终追随龙、忠于龙，并为龙贡献一切，做到以天下为己任，忠君报国。

这篇文章在写作技巧和风格上具有借物抒情、咏物言志的特点，看似直抒胸臆，实则寓意深远，令人百读不厌。

马说

【原文】

世有伯乐[①]，然后有千里马。千里马常有，而伯乐不常有。故虽有名马，祇辱于奴隶人之手[②]，骈死于槽枥之间[③]，不以千里称也。

【注释】

①伯乐：相传是天上的掌马星，此指春秋时秦穆公时人，姓孙，名阳，善于相马。

②祇（zhī）：同“只”，只是。辱：屈辱，埋没。

③骈（pián）：两马并驾，这里指一起。槽枥（lì）：原指喂养牲畜所用的食器，这里指养马的处所。

【译文】

世上有了伯乐，然后才有了被发现的千里马。千里马是世代常有的，可是伯乐却不常有。所以，虽然世上有很多名贵的好马，却只能忍辱负重，在马夫的手下而被埋没，最后跟普通的马一样老死在马厩之中，终生没有机会获得千里马的称呼了。

【原文】

马之千里者，一食或尽粟一石，食马者不知其能千里而食也[①]。是马也，虽有千里之能，食不饱，力不足，才美不外见[②]，且欲与常马等不可得，安求其能千里也？

策之不以其道③，食之不能尽其材，鸣之而不能通其意，执策而临之④，曰："天下无马。"呜呼！其真无马耶⑤？其真不知马也⑥！

【注释】

①食：同"饲"，饲养，喂养之意。也：用于句末的语气助词。

②才美不外见：才能和长处不能表现出来。见：同"现"，表露。

③策：马鞭，此处用作动词"驾驭"。之：指千里马，代词。以其道：使用对待它的办法。

④执策：拿着马鞭。策：马鞭。

⑤其：语气助词，加强反问语气。耶：语气助词，表示疑问。

⑥不知：不识。也：用在句末表示判断或肯定语气，相当于"啊"。

【译文】

能日行千里的马，大约一顿能吃尽一石粮米，可是喂马的人不知道它能日行千里而依据千里马的食量去喂养它。所以这样的马，虽然有日行千里的本领，却由于吃不饱，导致力气不足，它们的特长和矫健的骨力就不能表现出来，现在想让它与普通马的能力相当都不可能，又怎么能够要求它日行千里呢？

驾驭它却不能掌握正确的方法，喂养它却不让它吃饱而使它充分发挥自己的才能，听到它的嘶鸣声却不懂得它所要表达的意思，反而拿着鞭子来到近前，对它说："普天之下竟然没有千里马。"唉！难道真的没有千里马吗？其实是他们真的不识千里马啊！

【赏析】

这是一篇借物寓意的杂文，属于论说文体，原为韩愈所作《杂说》的第四篇，"马说"是后人所加的标题。此处的"说"是"谈谈"的意思，是古代文学当中的一种议论文体裁。

这篇文章逻辑严谨，观点明确，暗寓题旨，极具说服力。文中虽然以马为喻，所说的却是人才被发现与否的问题，流露出作者愤世嫉俗、怀才不遇的感慨与愤懑之情，表达了作者对封建统治者不能识别人才、不知重用人才、无端埋没人才的强烈愤慨。

从开篇提出“世有伯乐，然后有千里马。千里马常有，而伯乐不常有”的观点开始，就暗示了千里马与伯乐之间至关重要的内在关系；然后写出了千里马被埋没在庸马之中而得不到重视的遭遇；最后，作者高声慨叹“呜呼！其真无马耶？其真不知马也！”这无不是发自心底的悲呼，是向封建统治者发出了强烈愤怒的斥责以及强大的讽刺。

本文虽然短小，但阐释的道理却极为深刻。文中有反问、有慨叹，可谓抑扬反复，淋漓尽致，看似随性奔放，实则内涵丰富，不愧为脍炙人口的传世佳作。

答李翊书

【原文】

六月二十六日，愈白李生足下[①]：

生之书辞甚高，而其问何下而恭也[②]。能如是，谁不欲告生以其道？道德之归也有日矣[③]，况其外之文乎[④]？抑愈所谓望孔子之门墙而不入于其宫者[⑤]，焉足以知是且非邪[⑥]？虽然，不可不为生言之。

【注释】

①白：启，说。李生：李翊（yì）。足下：古代对他人的尊称。

②下而恭：谦虚而恭敬之意。下：指为人态度谦逊。

③归：归属。有日：指日可待，为期不远的意思。矣：了。

④其：指道德。其外之文：是指作为道与德之外表现形式的文章。乎：呢，表疑问语气助词。

⑤抑：文言虚词，此处表示转折，相当于“可是”“不过”之意。宫：宫室。此处借宫室比喻孔子道德文章之高深。

⑥焉：哪里；怎么。表疑问代词。

【译文】

六月二十六日，韩愈启。李生足下：

李生您的来信中文辞立意很高，而您提问的态度是那么谦虚和恭敬。能像您这样，谁不愿意把自己懂得的仁义之道告诉您呢？可见儒家仁义道

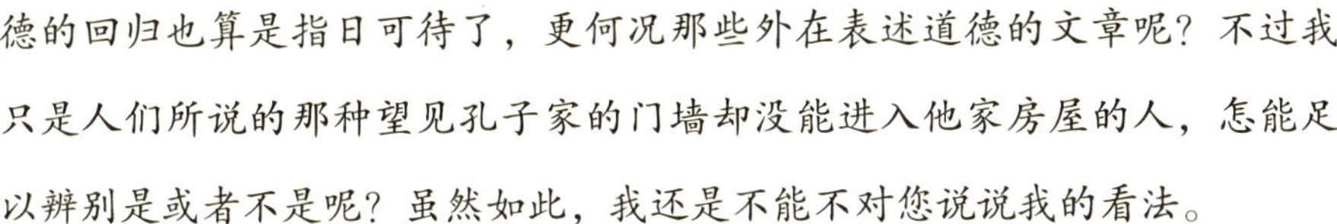
德的回归也算是指日可待了，更何况那些外在表述道德的文章呢？不过我只是人们所说的那种望见孔子家的门墙却没能进入他家房屋的人，怎能足以辨别是或者不是呢？虽然如此，我还是不能不对您说说我的看法。

【原文】

生所谓“立言”者[①]，是也；生所为者与所期者，甚似而几矣。抑不知生之志，蕲胜于人而取于人邪[②]？将蕲至于古之立言者邪？蕲胜于人而取于人，则固胜于人而可取于人矣。将蕲至于古之立言者，则无望其速成，无诱于势利，养其根而俟其实[③]，加其膏而希其光。根之茂者其实遂[④]，膏之沃者其光晔[⑤]。仁义之人，其言蔼如也。

抑又有难者。愈之所为，不自知其至犹未也。虽然学之二十余年矣。始者，非三代两汉之书不敢观，非圣人之志不敢存。处若忘，行若遗，俨乎其若思[⑥]，茫乎其若迷。当其取于心而注于手也，惟陈言之务去[⑦]，戛戛乎其难哉[⑧]！其观于人，不知其非笑之为非笑也。如是者亦有年，犹不改，然后识古书之正伪，与虽正而不至焉者，昭昭然白黑分矣[⑨]，而务去之，乃徐有得也。

【注释】

①立言：著书立说。

②蕲（qí）：同“祈”，祈求。取于人：才华被人取而用之。邪：同“耶”，语气助词，此处用于句末表示疑问。

③俟（sì）：等待。实：结果。

④遂：完成。此指果实成熟、饱满。

⑤膏（gāo）：油。沃：此为浓厚之意。晔（yè）：明亮。

⑥俨乎：矜持、庄重的样子。这几句话的意思是学习的时候需专心致志、忘掉一切。

⑦陈言：陈腐的观点和言辞。务：务必，力求。

⑧戛戛（jiá jiá）乎其难：形容极其困难。戛戛：困难的样子。哉：表示感叹，相当于“啊”。

⑨昭昭：明白；清楚。

【译文】

您所说的要著书立说的想法，是正确的；您所写的和所期望的，非常相似并已经很接近了。只是不知道您的“立言”之志，是希望超过别人而被人所取用呢？还是希望达到古代著书立说之人的境界呢？如果您只是希望胜过别人而被他人所取用，那么您现在就已经胜过别人并且可以被他人所取用了。如果您只是期望能达到古代著书立说之人的境界，那么就不要希望它能快速成功，不要被权势和功名利禄所诱惑，而应该像培养植物的根一般耐心地等待它结果，要像给灯添加油脂等待它放出光芒那样有耐心。根系长得旺盛果实就能顺利成熟，油脂充足的灯光才会明亮。具备仁义道德的人，他的言辞自然就和蔼可亲了。

或许还是有为难之处。我所写的文章，自己也不知道它达到了还是没达到“立言”那样的境界。尽管这样学习古代之人著书立说已有二十多年了。开始的时候，不是夏、商、周三代和两汉的书就不敢翻阅，不是圣人的思想志向就不敢铭记于心，安静的时候像忘掉了什么，出行的时候又好像遗失了什么，矜持的样子像在思索，茫茫然像是有所迷失。当想把心里所想的用手写出来的时候，力求要把那些陈腐的观点和言辞去掉，忽然觉得竟是那么艰难啊！把文章拿给别人看时，不在意别人的非议和讥笑。像这样也有好多年，我依旧没有改变自己写文章的态度和方法，然后逐渐识别了古书中关于仁道的真与假以及古书中那些虽然立意纯正但还达不到完美境界的地方，才清清楚楚地黑白分明了，我自己所写的文章务必要去除那些不正确和不完善的部分，这才渐渐地有所收获了。

【原文】

当其取于心而注于手也，汩汩然来矣。其观于人也，笑之则以为喜，誉之则以为忧，以其犹有人之说者存也①。如是者亦有年，然后浩乎其沛然矣②。吾又惧其杂也，迎而距之，平心而察之，其皆醇也③，然后肆焉④。虽然，不可以不养也，行之乎仁义之途，游之乎诗书之源，无迷其途，无绝其源，终吾身而已矣。

气⑤，水也；言，浮物也；水大而物之浮者大小毕浮⑥。气之与言犹是也，气盛则言之短长与声之高下者皆宜。

【注释】

①说：意见，指时人的观点。

②浩乎、沛然：都是形容水势浩大、汹涌的样子。这里比喻文笔流畅奔放。

③察：考虑，推敲。醇：同“纯”，纯粹之意。

④肆：肆意，此为无所拘束写文章的意思。

⑤气：指文章的思想、内涵等。

⑥毕：全部，都。浮：漂浮。

【译文】

当把心里所想的倾注于手上而写出来的时候，文思流畅得就像泉水一样喷涌而来了。再拿这些文章给别人看时，他们讥笑我的文章我就高兴，别人称赞它我就会感到担忧，因为文章里还存在很多时人的不同观点和看法。像这样又有好多年，然后才真的像水势浩荡一般文思奔涌了。然后我又开始担心文章杂乱而不纯正，于是就像阻拦泉水一样迎上去截住思路，平心静气地审视推敲它，直到文风都纯正了，才开始无所拘束地放手去写了。即使这样，我还是不能不继续加深自己的修养，告诫自己要在仁义的道路上行进，在《诗经》《尚书》经典的源泉中游弋，不迷失道路方向，不阻断它的思想源流，我终生都要这样做下去。

文章的思想内涵，就像水；言辞，就像漂浮在水上的物体；如果水势大，那么凡是能漂浮起来的东西不论大小都能漂浮起来。文章的思想内涵和言辞的关系也是这样的，思想内涵充沛，那么长长短短的词句和抑扬顿挫的音律就会体现得恰到好处了。

【原文】

虽如是，其敢自谓几于成乎？虽几于成，其用于人也奚取焉？虽然，待用于人者，其肖于器邪？用与舍属诸人。君子则不然，处心有道[①]，行己有方；用则施诸人，舍则传诸其徒，垂诸文而为后世法[②]。如是者，其亦足乐乎？其无足乐也？

有志乎古者希矣[③]。志乎古必遗乎今[④]，吾诚乐而悲之。亟称其人[⑤]，所以劝之，非敢褒其可褒，而贬其可贬也。问于愈者多矣，念生之言不志乎利，聊相为言之。愈白。

【注释】

①处心：考虑问题。道：方法。

②垂诸文：把自己的“道”写成文章留传下来。垂：留传。

③希：同“稀”，稀少。矣：了。

④遗：遗弃，冷落。

⑤亟（qì）：屡次，每每。其人：此指有志于效法古人立言的人。

【译文】

虽然如此，难道就敢说自己的文章几乎接近成功了吗？即使接近成功了，但被人取用时，又哪有什么可取之处呢？尽管如此，等待被人采用的见解，难道就可以像器具那样吗？使用或者丢弃都要取决于别人。君子就不是这样，他们思考问题本着仁义原则，自己行事有一定规范；被任用就把自己的才学都传给别人，不为人所用就把自己的学说传给弟子，把自己的“道”写成文章留传下来并成为后世效法的榜样。像这样的情况，是足以值得高兴呢？还是不足以值得高兴呢？

有志于学习古代立言著说的人太稀少了。有志学习古道的人，一定会被当代的人所冷落，我实在为有志于研学古道的人而高兴，但同时也为他们而感到悲伤。我屡次称赞那些有志学习古道的人，以此来勉励他们，这样做并不是敢随意赞美那些可以赞美的人，而去贬斥那些可以贬斥的人。向我问道的人有很多了，念及你的言辞主旨不在于功名利禄，姑且对你说说这些观点。韩愈诚告。

【赏析】

韩愈自从考取进士后，未能顺利步入理想的仕途，满腹才能无所施展，但他以儒道和“古文”自负的志向一直并未衰减。这是韩愈在长安写给李翊的一封书信，在韩愈的古文理论中极具代表性。

本文可分为四部分。首先，借回答李翊问题而谈写作之道。先称赞来信文辞立意高而且态度谦恭，接着宕开一笔，感叹世人久已不讲仁义道德，而仁义道德之外的“文”更无人讲求，借此抒发了自己内心的感慨，暗示自己所说的“文”不是一般文章，而是与道德联系在一起的。其次，正面揭示有关创作态度的论点。希望李翊不要满足于文章胜过一般人，就自以为可被世人取用止步不前了，而应树立宏大志向。同时指出要写好文章，要从根本做起、加强道德修养，使自己成为“仁义之人”，那么自然能够“其言蔼和”。再次，先说写作古文确实很难，不过自己写作已二十余年了，言外之意是自己潜心体会圣贤立身处世之道已经很多年了，所以自身道德修养与文采气势才有此成就。最后，论说不敢“自谓几于成”，表明了写作古文之难。

文中所论述的学为古文的每个阶段，都扣紧“道”与“文”的内在关系运笔，指出了若想学有所得，务必剔除人云亦云的陈词滥调，阐发不同于流俗的独特见解。行文落笔之间应如滔滔江河奔涌，抑或起伏跌宕、回环往复荡气回肠。总之，学习古文要有极为严谨的道德修养。

全文充满了对自己主张的强烈自信和不为流俗所动的气势，读之令人振奋不已。

讳辩

【原文】

愈与李贺书[①]，劝贺举进士。贺举进士有名，与贺争名者毁之曰："贺父名晋肃，贺不举进士为是，劝之举者为非。"听者不察也，和而倡之，同然一辞。皇甫湜曰[②]："若不明白，子与贺且得罪。"愈曰："然。"

律曰："二名不偏讳[③]。"释之者曰："谓若言'徵'不称'在'，言'在'不称'徵'是也[④]。"律曰："不讳嫌名[⑤]。"释之者曰："谓若'禹'与'雨''丘'与'蓲'之类"是也[⑥]。今贺父名晋肃，贺举进士，为犯二名律乎？为犯嫌名律乎？父名晋肃，子不得举进士。若父名"仁"，子不得为人乎？

【注释】

①愈：我，此为韩愈自指。李贺：字长吉，唐代诗人，因避父讳，不能应试。

②皇甫湜（shí）：唐代文学家，曾跟从韩愈学古文。

③律：这里指《礼记》。不偏讳：意为姓名中有两个字，只讳一字。偏：一半。一说"偏"即"遍"，全部，普遍的意思。

④"谓若……是也"二句：孔子的母亲名"徵（zhēng）在"，孔子在说"徵"时不连用"在"，在说"在"时不连用"徵"。意为只要不连用，就用不着避名讳。

⑤嫌名：与人名中发音相近的字。

⑥蓲（qiū）：古汉字，同“丘”。是也：就是这样的。

【译文】

我写了一封信给李贺，勉励他去参加进士考试。李贺的才华名声很大，此次前去应试进士很可能榜上有名，于是，同李贺争名的人出来诋毁他说：“李贺的父亲名叫晋肃，李贺不参加进士考试才对，劝说他去赶考的人是不对的。”听到这种议论的人不加辨析，随声附和他的提议，竟然众口同说一词。皇甫湜对我说：“如果不辩明这件事，那么您和李贺都会因此获罪。”我回答说：“是的。”

《律》中规定说：“凡双名不专讳一个字。”解读这句话的人说：“孔子的母亲名‘徵（征）在’，所以孔子说‘徵’的时候不说‘在’，说‘在’的时候不说‘徵’。”《律》中又规定说：“不避讳声音相近的字。”解读这句话的人说：“譬如‘禹’之与‘雨’，‘丘’之与‘蓲’之类就是这种情况。”现在李贺的父亲名叫晋肃，李贺去考进士，是违背了“二名律”呢？还是违背了“嫌名律”呢？父亲名叫晋肃，儿子就不可以参加进士考试，那么倘若父亲名仁，儿子就不能做人了吗？

【原文】

夫讳始于何时[①]？作法制以教天下者[②]，非周公、孔子欤？周公作诗不讳，孔子不偏讳二名，《春秋》不讥不讳嫌名。康王钊之孙，实为昭王。曾参之父名皙，曾子不讳“昔”。周之时有骐期，汉之时有杜度，此其子宜如何讳？将讳其嫌，遂讳其姓乎？将不讳其嫌者乎？汉讳武帝名“彻”为“通”，不闻又讳“车辙”之“辙”为某字也；讳吕后名“雉”为“野鸡”，不闻又讳“治天下”之“治”为某字也。今上章及诏[③]，不闻讳“浒、势、秉、机”也[④]。惟宦者宫妾[⑤]，乃不敢言“谕”及“机”，以为触犯。士君

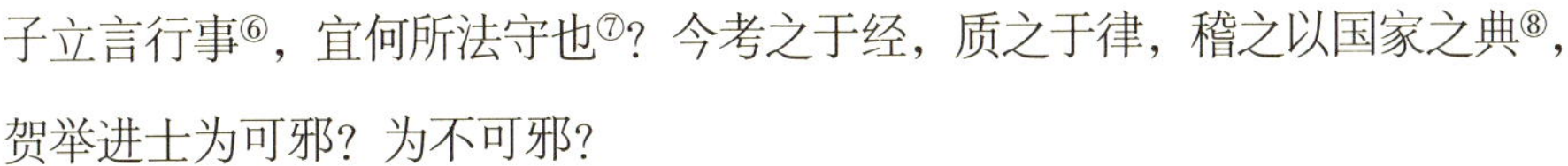
子立言行事⑥，宜何所法守也⑦？今考之于经，质之于律，稽之以国家之典⑧，贺举进士为可邪？为不可邪？

【注释】

①夫：用在句首，表示阐发议论的语气。讳：名讳。

②法制：礼法制度。教：教化，教导。

③章：奏章。诏：诏书。

④浒、势、秉、机：此四字分别与唐代帝名同音。唐高祖名虎，唐太宗名世民，李渊之父名昞，唐玄宗名隆基。

⑤惟：只有。宦：宦官。俗称“太监”，是中国古代专供皇帝、君主及其家族役使的官员。宫妾：泛指宫女。

⑥士君子：指有节操和学问的人。

⑦法守：效法和遵守。

⑧稽：检核，考查。国家之典：记录国家纪事的典籍。此指历代皇帝名讳所忌以及一些诏令不避讳的事例。典：此指文献典籍。

【译文】

试问遵守“避讳”这种规定是从什么时候开始的呢？制定礼法制度用来教化天下众生的人，不就是周公、孔子吗？而周公作诗吟赋不避名讳，孔子不避讳母亲名字中所单独出现的任何一个字，《春秋》中对人名字发音相近不进行避讳的事例也从未加以讥讽。周康王钊的孙子，谥号是昭王。曾参的父亲名皙，而曾参不避讳“昔”字。周朝时有一个人名叫骐期，汉朝时有一个人叫杜度，像这样的名字让他们的儿子怎样去避讳呢？难道为了要避讳与父名发音相近的字，就连他们的姓也要避讳了吗？还是就无须避讳那些发音相近的字了呢？汉代忌讳汉武帝的名“彻”，遇到“彻”字就改为“通”字，但没听说为了避讳“车辙”的“辙”字而将其改为别的什么字；避讳吕后名字中的“雉”，遇到“雉”字就改称“野鸡”，但没有听说当时国人为了避讳“治理天下”的“治”字而改为别的什么字。当今臣僚上送奏章、皇帝下传诏书，也没听说要避“浒、势、秉、机”这些字。只有宦官和宫女，才不敢说“谕”和“机”这些字，以为这样说出来是触犯皇帝的避讳了。士大夫、众君子著书立说的言论和行事，究竟应该遵照什么礼法制度呢？如今经过考据经典、质正律文以及查核国家典章以后，但不知，李贺参加进士应试，到底是可以呢？还是不可以呢？

【原文】

凡事父母，得如曾参，可以无讥矣①。作人得如周公、孔子，亦可以止矣。今世之士，不务行曾参②、周公、孔子之行，而讳亲之名，则务胜于曾参、周公、孔子，亦见其惑也。夫周公、孔子、曾参，卒不可胜③，胜周公、孔子、曾参，乃比于宦官宫妾。则是宦官宫妾之孝于其亲，贤于周公、孔子、曾参者邪？

【注释】

①讥：讥笑，非议。矣：了。

②务行：致力于实行。务：致力于。

③卒：终究，到底。

【译文】

凡是孝敬父母，能像曾参那样，就能免遭别人讥讽了；做人得像周公、孔子那样，也可以说是达到境界的顶点了。而当今世上的读书人，不致力于学习曾参、周公、孔子的品行去做事，却要在避讳亲人的名字上，一定要去超越曾参、周公、孔子，这也足以看出他们真是太糊涂了。周公、孔子、曾参，终究是无法超越的，若真的在名讳上超越了周公、孔子、曾参，那么就是跟宦官、宫女相比了。那么你说，这些宦官、宫女对亲人的孝顺，真的比周公、孔子、曾参还要好吗？

【赏析】

在封建社会中，统治者过度宣扬君主与尊长的名字避讳，反而成为限制人们言行的精神桎梏，而这种不良风气所造成的负面影响时常殃及无辜。当时的著名诗人李贺因其父亲名为晋肃，因而不能参加进士科的考试，原因是有人恶意说他触犯了古代名讳制度的规定，“晋”与“进”同音，必须忌讳，而不能参加科考，就会影响李贺的前途。对于这种陈腐风气，韩愈为此深恶痛绝，所以劝勉李贺不要因为名讳而放弃科考，以免耽误大好前途。谁料想，韩愈却因为劝说李贺参加进士科考的事情而遭到众人的非议。韩愈对此十分愤慨，于是写下这篇文章来论述此事，表达他反对“避讳”之说过于死板与泛滥成灾的见解。

对于自古流传下来的规定，当然不好轻易推翻，自然也不能直言如何反对避讳，必须有充分的理由，提出对于一些无足轻重的规定应该适当绕开的看法，达到驳斥不同见解的目的。于是韩愈只能巧妙地引用经典和法律依据，找出《律》法规定中的矛盾冲突，从而达到说服那些坚持古法的迂腐之人。全文没有一句从正面说出作者自己的主张，却可以从容不迫地引经据典，从中找出有力的论据，顺理成章地让对方顺服自己的见解。

文章最后一段以“今世之士，不务行曾参、周公、孔子之行，而讳亲之名，则务胜于曾参、周公、孔子，亦见其惑也”“乃比于宦官宫妾”这几句幽默的讽刺笔调，狠狠地斥责了那些有意“毁之者”。

韩愈的这篇散文，层层设问，一波三折，语言辛辣，据理相争，字里行间无不流露出一身凛然正气、刚毅风骨以及坚决对这种陈规陋习挑战到底的决心。韩愈为了保护人才，无所畏惧，逐次设疑反诘，把文题所确定的思想表现得更加鲜明。全文笔锋犀利，有理有据，有序有节，令人折服。

进学解

【原文】

国子先生晨入太学①，招诸生立馆下，诲之曰："业精于勤，荒于嬉；行成于思，毁于随②。方今圣贤相逢，治具毕张③。拔去凶邪，登崇畯良④。占小善者率以录，名一艺者无不庸⑤。爬罗剔抉⑥，刮垢磨光⑦。盖有幸而获选，孰云多而不扬？诸生业患不能精，无患有司之不明⑧。行患不能成，无患有司之不公。"

【注释】

①国子先生：对国子博士的称呼，本文指韩愈自己。唐代设国子监，是国家的最高学府。太学：古代的大学，此指国子监。

②毁：毁坏，败坏。随：因循盲从。

③治具：指法律政令。毕：全。张：施行。

④登崇：被提拔。畯（jùn）良：贤能优良之士。畯：通"俊"，才智出众。

⑤名一艺者：有一技之长的人。庸：通"用"。采用、录用。

⑥爬罗剔抉：指搜罗选拔人才。爬罗：爬梳搜罗。剔抉：剔除挑选。

⑦刮垢磨光：指训练、造就人才。

⑧无：通"毋"，不要。患：担心。有司：主管的官吏。

【译文】

清晨，国子先生走进太学，召集各位学生站立在学舍下方，教导他们说："学业的精进在于勤奋，而荒废是由于嬉戏玩乐；德行的成就在于能够独立思考，德行败坏由于因循盲从。如今正是由于圣君与贤臣相遇合，所以各种法制健全，能够得以全部施行。能够及时除掉凶恶奸邪之人，提拔任用贤能优秀的人才。就算是具备微小优点的人也全都被录取，拥有一技之长的人没有不被任用的。搜罗选拔人才，精心培养，去除思想污垢，把他们打磨得光彩照人。大概也有人是才华不高而被侥幸录用的，谁说人才多了就没有出头之日呢？你们只需忧虑学业不能精进，不要担心主管部门的官吏不英明。只需担心德行不能有所成就，无须担心主管部门的官吏不公正。"

【原文】

言未既。有笑于列者曰："先生欺余哉！弟子事先生，于兹有年矣。先生口不绝吟于六艺之文，手不停披于百家之编。记事者必提其要，纂言者必钩其玄①。贪多务得，细大不捐。焚膏油以继晷②，恒兀兀以穷年③。先生之于业，可谓勤矣。牴排异端，攘斥佛老④。补苴罅漏，张皇幽眇⑤。寻坠绪之茫茫，独旁搜而远绍。障百川而东之，回狂澜于既倒。

先生之于儒，可谓劳矣。沉浸醲郁，含英咀华⑥，作为文章，其书满家。上规姚姒⑦，浑浑无涯；周《诰》殷《盘》，佶屈聱牙⑧；《春秋》谨严，《左氏》浮夸；《易》奇而法，《诗》正而葩；下逮《庄》《骚》，太史所录，子云相如，同工异曲。

【注释】

①纂言者：搜集材料编写理论性的著作。纂：搜集材料编书。钩其玄：

钩取其中深奥微妙的义理。

②膏油：指灯烛。晷（guǐ）：日影，指白昼。

③兀兀：勤勉不懈的样子。穷年：一年到头。

④牴（dǐ）排：排斥。异端：儒家称儒家以外的学说、学派为异端，这里指佛教和道家。攘：排除。

⑤苴（jū）：鞋底中垫的草，此为动词，是填补的意思。罅（xià）：裂缝。皇：大。幽：深。

⑥醲（nóng）郁：原指酒味浓厚，此指内容醇厚的著作。含英咀华：细嚼体味文章的精华。咀：含在嘴里细细玩味。英、华：此指典籍中的精华。

⑦姚姒（sì）：相传虞舜姓姚，夏禹姓姒。

⑧佶屈：曲折。聱（áo）牙：拗口。

【译文】

国子先生的话还没有说完，有人就在队列里笑道："先生您是在欺骗我们吧！我们侍奉先生，到现在已经好几年了。先生嘴里不断地诵读六经的文章，两手不停地翻着诸子百家的书籍。对史学记事之文必然会提取它的纲要，编写理论性的著作，必定探寻汲取其中深奥微妙的义理。总是不知满足地广泛学习，力求有所收获，无论大小学问都不舍弃。点燃灯烛夜以继日地研学，年复一年地总是勤勉不懈地学习。先生对于研修学业方面，可以说是够勤奋的了。而且还去抵制、批驳异端邪说，排斥佛教与道家，弥补儒学的缺漏，对于那些精深隐奥的义理进行探究并且发扬光大。探寻那些茫茫然失传的儒家学说，独自四处搜求钻研并积极去传承它们。指导异端邪说就像疏堵纵横奔流的各条川流，引导它们东注大海；挽救儒家学说就像挽回将要倾泻泛滥的狂涛巨澜。

先生您对于儒家学说，可以说是大有功劳了。身心沉浸在意味醇厚的书香里，细细咀嚼体味历代典籍中的精华，写出来的文章无数，书卷堆满了家屋。向上力求效法虞、夏时代的典章其中蕴味的无限深远博大；规范周代的诰书和殷代艰涩拗口难读的《盘庚》；使《春秋》的语言精练准确，《左传》的文辞铺张夸饰；《易经》变化奇妙而有法则，《诗经》思想端正而且辞采华美；往下一直到《庄子》《离骚》，太史公的记录，扬雄、司马相如的著作，同样巧妙而风格各异。

【原文】

先生之于文，可谓闳其中而肆其外矣①！少始知学，勇于敢为。长通于方，左右具宜。先生之于为人，可谓成矣。然而公不见信于人，私不见助于友②，跋前疐后③，动辄得咎④。暂为御史，遂窜南夷⑤。三年博士，冗不见治⑥。命与仇谋⑦，取败几时。冬暖而儿号寒，年丰而妻啼饥。头童齿豁⑧，竟死何裨⑨？不知虑此，反教人为？”

【注释】

①闳（hóng）其中：指文章的内容博大。肆其外：指文章的气势雄伟奔放。

②见信：被信任。见助：被帮助。“见”在动词前表示被动。

③跋（bá）前疐（zhì）后：意思说，狼向前走就踩着颔下的悬肉（胡），后退就绊倒在尾巴上。形容进退都有困难。跋：踩。疐：绊，绊倒。一作“踬”。语出《诗经·豳风·狼跋》：“狼跋其胡，载疐其尾。”

④辄：总是，常常。咎（jiù）：指过失，罪过，处分等。

⑤遂窜：贬谪，流放。南夷：地名，今广东阳山。

⑥冗（rǒng）：闲散。见：通“现”。表现，显露。

⑦命与仇谋：命运使自己经常与仇人打交道。形容命运不好，常遇挫折。仇：仇敌。

⑧头童齿豁：头颓齿落。头童：头上秃顶无发。因为山无草木而称为“童山”，故称“头童”。齿豁：牙齿脱落，露出豁口。

⑨裨（bì）：补益。

【译文】

先生的文章可以说是内容宏大而外表气势奔放。您少年时代就开始懂得学习，敢于践行真理。长大后通达道理，举止行为无不合宜得体。先生做人处世，可以说是很完美了。可是在朝廷方面不能被君王信任，在私下里得不到朋友的帮助，常常处于进退两难的境地，稍有一点举动就会惹祸受罚。刚官升御史就被贬谪到南方边远地区。做了三年博士，职务闲散表现不出治理的业绩。似乎您命中注定经常与仇人打交道，而且随时可能遭受挫败。冬天里就算是暖和的天气，您的儿女们依旧为缺衣少穿而哭着喊冷，即使是丰收年，您的夫人却仍为食粮不足而哭哭啼啼地对您说饥饿。

您的头顶已经秃发，牙齿逐渐脱落，恐怕一直到死也得不到什么补益吧？您不知道思考这些问题，反而来教导别人做什么呢？”

【原文】

先生曰：“吁，子来前！夫大木为宲，细木为桷，欂栌、侏儒，椳、闑、扂、楔[1]。各得其宜，施以成室者，匠氏之工也。玉札、丹砂，赤箭、青芝，牛溲、马勃，败鼓之皮[2]，俱收并蓄[3]，待用无遗者，医师之良也。登明选公，杂进巧拙，纡馀为妍[4]，卓荦为杰[5]，校短量长，惟器是适者，宰相之方也。昔者孟轲好辩，孔道以明，辙环天下，卒老于行。荀卿守正，大论是弘，逃谗于楚，废死兰陵。是二儒者，吐辞为经，举足为法，绝类离伦[6]，优入圣域，其遇于世何如也？

【注释】

①宲（máng）：屋梁。桷（jué）：屋椽。欂栌（bó lú）：斗栱，柱顶上承托栋梁的方木。侏（zhū）儒：梁上短柱。椳（wēi）：门枢臼。闑（niè）：门中央所竖的短木，在两扇门相交处。扂（diàn）：门闩之类。楔（xiē）：门两旁长木柱。

②玉札：地榆。丹砂：朱砂。赤箭：天麻。青芝：龙芝。以上四种都是名贵药材。牛溲（sōu）：牛尿，一说为车前草。马勃：马屁菌。以上两种及“败鼓之皮”都是贱价药材。

③俱收并蓄：比喻吸收、招拢多方面的人才或事物。俱收：多方面吸收。并蓄：一并保存。

④纡（yū）馀：形容有才气而从容不迫的样子。妍：美。

⑤卓荦（luò）：突出，超群出众。

⑥绝、离：都是超越的意思。类、伦：都指一般人。

【译文】

国子先生说："唉，你到前面来！要知道那些大的木材是做屋梁的，小的木材用来做瓦椽，做斗栱，做短椽的，做门臼、门橛、门闩、门柱的，这些都是在量材使用。它们都要各适其宜，才能施工建成房屋，这是工匠的技巧啊！贵重的地榆、朱砂，天麻、龙芝，牛尿、马屁菌，坏鼓的皮等，只有平时进行全面收集，储藏齐备，等到需用的时候就没有遗缺的，这是良医的高明之处啊！提拔选用人才，公正贤明，灵巧的人和看似笨拙的人都要引进，从容有才气的人能体现出他们的美好，超群出众的人可以表现突出，衡量各人的长处和短处，只是按照他们的才能分配适当的职务，这是宰相的用人之道啊！从前孟轲爱好辩论，孔子之道才得以阐明，他周游列国，车辙的印记遍布天下，最后在不受重用中老去。荀况恪守正道，弘扬博大精深的理论，却被谗言所害不得不逃到了楚国，最后被罢官而老死在兰陵。这两位大儒士，说出的话都能成为经典，举手投足都能成为他人效法的法则，他们远远超越寻常人，德行功业足以达到圣人的境界，可是他们在世上的遭遇又是什么呢？

【原文】

今先生学虽勤而不繇其统[①]，言虽多而不要其中，文虽奇而不济于用，行虽修而不显于众。犹且月费俸钱、岁靡廪粟[②]；子不知耕，妇不知织；乘马从徒，安坐而食，踵常途之促促[③]，窥陈编以盗窃[④]。然而圣主不加诛，宰臣不见斥，兹非其幸欤？动而得谤，名亦随之。投闲置散，乃分之宜。若夫商财贿之有亡，计班资之崇庳[⑤]，忘己量之所称，指前人之瑕疵，是所谓诘匠氏之不以杙为楹[⑥]，而訾医师以昌阳引年[⑦]，欲进其豨苓也[⑧]。"

【注释】

①繇（yóu）：通“由”，顺随，听从。

②靡：浪费，消耗。廪（lǐn）：粮仓。

③踵：脚后跟，这里指跟随。促促：拘谨局促的样子。

④窥：从小孔、缝隙或隐僻处察看。陈编：古旧的书籍。

⑤庳（bēi）：通“卑”，低微。

⑥杙（yì）：小木桩。楹（yíng）：柱子。

⑦訾（zǐ）：毁谤非议，诋毁。昌阳：菖蒲的别名。引年：延年。

⑧豨（xī）苓：又名猪苓，利尿药。这里比喻自己小材不宜大用，不应计较待遇的多少、高低，更不该埋怨主管官员的任使有什么问题。

【译文】

现在的先生我学习虽然勤奋却不能完全顺随道统，言论虽然很多却不切合要旨，文章虽然写得奇妙却无益于实用，行为虽然有修养却并不出众。况且还每月浪费国家的俸禄，每年消耗粮仓里的粮食；儿子不会种地，妻子不懂织布；乘着车马出行，后面跟着仆人，只知道安安稳稳地坐着吃饭。时常拘谨局促地按常规行事，目光短浅地在古书中窃取抄袭一些陈言旧礼之语。然而圣明的君主并不加以责罚，也没有被宰相大臣所贬斥，这难道不是很幸运吗？有所举动就遭到毁谤，名誉自然也跟着受到影响。然后被放置在闲散的职位上，也是十分适宜的。至于你所谈到的度量财物的有无，计较品级俸禄的高低，是忘记了自己的才能要与什么相称，指责前人的缺点，就等于所谓的责问工匠为什么不用小木桩做柱子，毁谤医师用菖蒲延年益寿，其实却是想引进他的猪苓啊！

【赏析】

这是一篇对增进学行问题进行辨析的文章，约作于唐宪宗元和八年

（813 年），当时韩愈在长安任国子学博士。全文通过先生劝学、学生质问、先生再予解答三大部分，阐述了关于学习与学业有成之间的关系以及走上社会所遭遇的不同命运。此中暗含了对于古往今来这种不合理社会现象的愤慨，同时也是他感叹自己怀才不遇、自抒愤懑之作。

文章可分为三部分。第一部分写出了国子先生劝勉学生的一番肺腑之言。意思是说，当今皇上圣明，励精图治，非常注重选拔和造就人才。所以他教导学生只须在“业”和“行”两方面刻苦努力，就不愁不被录用，无须担忧用人官吏的不明与不公。韩愈认为这“业”和“行”二者是主观修养的重要方面。

第二部分写出了其中有一位学生对上述教诲提出质问。大意是说，国子先生您的“业”“行”都已经很有成就了，可这一路仕途至今却遭际坎坷，如此看来，这所谓的“业精于勤”又有什么用处呢？并且列举了韩愈这一生为学非常勤勉，六经诸子无不熟读精研，夜以继日，孜孜不倦；又说他为了挽救儒道丧失，不惜批判佛老之道，可谓是有功于传承儒道；再说先生写作古文已得心应手，又通晓治道，可谓学有所成了。可是仕途并不顺遂，甚至是“跋前疐后，动辄得咎”，可见处境是何其坎坷窘迫。

第三部分写出了先生对学生的解答。他先以工匠、医师为喻，说明“宰相之方”在于用人能兼收并蓄，量才录用。次说孟轲、荀况这样的圣人尚且不遇于世，何况自己呢？这些显然不是韩愈的由衷之言，应该是他对自己处境的反语泄愤之词。

全文结构虽简单，但内容极为丰富，善用“以自嘲为夸，以反语为讽”的形式表达情怀，并且还有“业精于勤，荒于嬉，行成于思，毁于随”这样的格言流传于世。另有许多创造性的语句，后代沿用为成语。如“提要钩玄”“细大不捐”“同工异曲”“动辄得咎”等，如此可见，韩愈才华底蕴可见一斑。行文整体具有典型意义，故而传诵不绝。

送孟东野序

【原文】

大凡物不得其平则鸣。草木之无声，风挠之鸣①。水之无声，风荡之鸣。其跃也，或激之②；其趋也，或梗之③；其沸也，或炙之④。金石之无声，或击之鸣。人之于言也亦然，有不得已者而后言，其歌也有思，其哭也有怀。凡出乎口而为声者，其皆有弗平者乎？

【注释】

①挠：摇动，搅乱。鸣：发出声音。

②或：也许，有时。激：阻遏水势。后世也称石堰之类的挡水建筑物为激。

③趋：快走，此指水流迅速。梗：堵塞。

④炙：烧，烤。

【译文】

一般来讲，各种物体处在不平静的时候就会发出声音。草木本身是没有声音的，风摇动它时才能发出声音。水本身没有声音，但只要有风震荡它时就会发出声音。水浪翻涌飞溅，有时是因为有东西阻遏了水势；水流湍急，有时是因为有障碍物阻塞了它；水沸腾，也许是有火在烧煮它。金属石器本来没有声音，有时是有人敲击它才发出声响。至于人在说话这方面也是如此，往往是有不得不说的时候才发声，人们唱歌是为了寄托情思，人们哭泣是因为有所怀恋。一切从口中所发出而成为声音的，大概都有其不能平静的原因吧？

【原文】

乐也者，郁于中而泄于外者也，择其善鸣者而假之鸣[①]。金、石、丝、竹、匏、土、革、木八者[②]，物之善鸣者也。维天之于时也亦然，择其善鸣者而假之鸣。是故以鸟鸣春，以雷鸣夏，以虫鸣秋，以风鸣冬。四时之相推敚[③]，其必有不得其平者乎？

其于人也亦然。人声之精者为言，文辞之于言，又其精也，尤择其善鸣者而假之鸣。其在唐、虞，咎陶[④]、禹，其善鸣者也，而假以鸣。夔弗能以文辞鸣[⑤]，又自假于《韶》以鸣。夏之时，五子以其歌鸣。伊尹鸣殷，周公鸣周。凡载于《诗》《书》六艺，皆鸣之善者也。周之衰，孔子之徒鸣之，其声大而远。《传》曰："天将以夫子为木铎[⑥]。"其弗信矣乎？

【注释】

①假之鸣：借助其他物体而发出鸣声。假：借助。

②金、石、丝、竹、匏（páo）、土、革、木：我国古代用这八种质料制成的各类乐器的总称，也称"八音"。如钟属金类，磬属石类，瑟属丝类，箫属竹类，笙属匏类，埙（xūn）属土类，鼓属革类，柷（zhù）属木类。

③推敚（duó）：推移变化。敚：同"夺"。

④咎陶：也作咎繇、皋陶，是舜帝的大臣，主管刑狱之事。

⑤夔（kuí）：传说是舜帝时的乐官。弗能：不能。

⑥木铎（duó）：金属制成的大铃，铃中有舌，舌为木制。古时以摇木铎作为召集民众的信号。

【译文】

音乐，是人们心中郁闷而借以向外抒发出来的心声，人们借助音乐来发声常常会选择那些最善于发出声音的物体。金、石、丝、竹、匏、土、革、木这八种材质，是各类物体中发音最好听的。自然界的时令也是这样，往往选择最善于发声的物体来借助它发出声音。所以就让百鸟争鸣表示春天，让雷声轰鸣代表夏天，让虫声唧唧代表秋天，而以寒风呼啸来显示冬天。一年四季互相推移变化，也一定有其不能平静的原因吧？

这对于人类来说也是如此。人类声音的精华是语言，文辞对于语言来说，也是语言的精华，所以尤其要选择善于表达的人，借助他们的文辞来表达意见。在唐尧、虞舜时期，咎陶、禹是最善于用言辞表达的人，因而借助他俩的文辞去发声。夔不能用文辞来发出声音，所以他就借助创作《韶》这类乐曲来表达。夏朝的时候，太康的五个弟弟用他们的歌声来发出声音。伊尹是代表殷商朝发声的人，周公是代表周朝发声的人。凡是记载在《诗经》《尚书》等儒家六种经典书籍中的著述，都是文辞发音发得高明的。周朝衰落时，孔子和他的弟子挺身而出表达看法，他们的声音洪大而且传承悠远。《论语》上说：“上天将让孔子成为宣扬教化天下的人。”这难道不是真的吗？

【原文】

其末也，庄周以其荒唐之辞鸣[1]。楚，大国也，其亡也，以屈原鸣。臧孙辰、孟轲、荀卿，以道鸣者也。杨朱、墨翟、管夷吾、晏婴、老聃、申不害、韩非、慎到、田骈、邹衍、尸佼、孙武、张仪、苏秦之属，皆以其术鸣。秦之兴，李斯鸣之。汉之时，司马迁、相如、扬雄，最其善者也。其下魏晋氏，鸣者不及于古，然亦未尝绝也。就其善者，其声清以浮，其节数以急[2]，其词淫以哀，其志弛以肆[3]。其为言也，乱杂而无章。将天丑其德莫之顾耶？何为乎不鸣其善鸣者也？

唐之有天下，陈子昂、苏源明、元结、李白、杜甫、李观，皆以其所能鸣；其存而在下者，孟郊东野始以其诗鸣。其高出魏晋，不懈而及于古，其他浸淫乎汉氏矣[4]。从吾游者，李翱、张籍其尤也。三子者之鸣信善矣，抑不知天将和其声而使鸣国家之盛耶？抑将穷饿其身，思愁其心肠，而使自鸣其不幸耶？三子者之命，则悬乎天矣。其在上也奚以喜[5]？其在下也奚以悲？东野之役于江南也[6]，有若不释然者[7]，故吾道其命于天者以解之。

【注释】

①荒唐之辞：指其文辞汪洋肆意，荒诞不经。《庄子·天下》篇说庄周文章有“以谬悠之说、荒唐之言、无端崖之辞，时恣纵而不傥”的特色。

②清以浮：清淡而浮夸。节数（shuò）以急：节奏繁杂而短促。

③弛以肆：松弛而放纵。引申为颓废。

④浸淫：逐渐渗透，渐次接近。

⑤奚以喜：有什么值得高兴的呢？

⑥役：服役，此指“供职”。

⑦释然：舒畅、开心。

【译文】

周朝末年，庄周用他那荒诞不经的文辞发出声音。楚国是大国，它灭亡时的情景，是屈原用他所作的《楚辞》发出声音。臧孙辰、孟轲、荀卿等人用他们各自的学说发出声音。杨朱、墨翟、管夷吾、晏婴、老聃、申不害、韩非、慎到、田骈、邹衍、尸佼、孙武、张仪、苏秦这些人，都用他们各自的学术发出声音。秦朝的兴盛，因有李斯用言辞来发声。汉代时，司马迁、司马相如、扬雄，是其中最善于用言辞发出声音的人。汉代以后的魏、晋两代，善于言辞发声的人虽然不及古代，但并没有绝迹。就以这些人当中比较优秀的人来说，他们用文辞发出的声音清淡而浮夸，节奏繁杂而短促，辞藻轻浮而哀怨，思想颓废而放纵。他们做文章的言论文辞，杂乱而没有章法。这大概是上天厌弃他们的丑德败行而不愿照顾他们吧？为什么不让那些发声最好的人出来发出声音呢？

唐朝建立自己的天下以后，陈子昂、苏源明、元结、李白、杜甫、李观，都以他们各自的才华表达心声；而那些存活在当下的人中，孟郊（孟东野）开始以他的诗文发出声音。他的诗高出魏、晋两朝人的水平，经过不懈努力已达到了上古诗作的水平，其他作品也都渐次接近了汉代的水平。同我交往的人当中，李翱和张籍的才华是其中比较突出的。这三人的文辞确实是很出色的，但不知上天成就他们和谐的声音，是想让他们去为国家的强盛而发出声音呢？还是想让他们遭受贫穷饥饿，整日愁肠百结，而让他们为自身的不幸发出声音呢？他们三个人的命运，早就都掌握在老天爷的手里了。那么，如果他们身居高位，有什么值得高兴的呢？如果屈居低下之位，又有什么值得悲哀的呢？东野这次到江南偏僻县去赴任，心中好像有想不开的地方，因此我说了那些命运取决于天意的话来安慰他。

【赏析】

这是韩愈为孟郊而作的一篇赠序文。孟郊是一位苦吟诗人，四十六岁才中进士，四年后才任溧阳县尉，深感怀才不遇，故而心情抑郁。在他即将上任之际，韩愈写此文对他的文才加以赞扬，并且给予精神宽慰。在本序中韩愈谈古论今，列举诸多人物的文辞与遭遇，鼓励他在文学上要继续奋进，对他的遭遇深表同情，同时也讲出了“不平则鸣”的人生道理，对后世颇有影响。

文章运用比兴手法，紧扣一个“鸣”字发表言论。首先从自然界的“物不得其平则鸣”谈起，列举了草木、水受外力的激动而发出声音，又谈及人的言论、唱歌、哭泣，都是有所不平的缘故；接下来又写了能发出各种声音的乐器，而且上天也安排了为它发出声音的物体：鸟鸣、雷鸣、虫鸣、风声来告诉人类一年四季的推移变换；然后又论证人也如此，不平则鸣。文章承接上文，历数古往今来“善鸣者”的不同际遇和他们文辞所体现的思想境界、风格，论述了文学与时代和社会环境的密切关系，说明只有表现出真情实感才能写出好作品。这些正是韩愈“文以载道”，提倡古文运动的宗旨。最后列举前朝当世的文人，指出他们也都有过怀才不遇的遭际，但又能如何呢？于是，最终点明题旨，“东野之役于江南也，有若不释然者，故吾道其命于天者以解之”，至此以最大的宽慰结束全文。

虽然本序文仅仅在篇末采用少量笔墨直接提到孟郊，但实际上是暗中紧紧围绕孟郊其人其事，旁征博引，沉郁含情，借谈古论今之笔，抒发自己对孟郊怀才不遇的同情与无限感慨。

送杨少尹序

【原文】

昔疏广、受二子以年老①，一朝辞位而去。于是公卿设供张②，祖道都门外③，车数百辆；道路观者，多叹息泣下，共言其贤。汉史既传其事，而后世工画者，又图其迹，至今照人耳目，赫赫若前日事④。

国子司业杨君巨源⑤，方以能诗训后进，一旦以年满七十，亦白相去，归其乡。世常说古今人不相及，今杨与二疏，其意岂异也？

予忝在公卿后⑥，遇病不能出，不知杨侯去时，城门外送者几人，车几辆，马几匹；道旁观者，亦有叹息知其为贤与否？而太史氏又能张大其事为传，继二疏踪迹否？不落莫否？见今世无工画者，而画与不画，固不论也。

【注释】

①疏广、受：疏广、疏受，西汉人。疏广为太傅，其侄疏受为少傅。年老同时辞官，百官盛会欢送，一度在封建时代传为美谈。

②设供张：设供帐。陈设供帐举行酒宴。

③祖道：原指古代为出行者祭祀路神和设宴送行的礼仪。此指饯行。

④赫赫（hè）：显著盛大的样子。

⑤国子司业杨君巨源：杨少尹，名巨源，蒲州（今山西永济市）人。国子司业：国子监的司业。国子：唐代最高学府。

⑥忝（tiǎn）：惭愧，愧于。自谦之词。在公卿后：当时韩愈任吏部侍郎，故言“在公卿后”。

【译文】

古时候疏广、疏受叔侄二人，因为已经年老，同一天辞官回乡定居。因而在他们离去当天，朝廷中的公卿们共同摆设宴席，在京都门外为他们饯行，当时车驾有数百辆之多；那时在道路两旁围观的人，多数人都感叹万分并流下了热泪，交口称赞他们清正贤明。汉代的史书记载了他们的事迹以后，后世中有擅长绘画的人，后来又画下了他们的画像，流传到今天依旧光彩照人，当时显著盛大的场面清清楚楚，仿佛是前几天发生的事情。

国子监司业杨巨源君，正以自己善于写诗的才华教导国子监学生，一旦到了七十岁的时候，也禀告丞相辞职回归故乡。世上常说古代的人和现今的人是不能相比的，而今杨巨源与疏氏二人相比，难道他们的思想境界有什么差异吗？

很惭愧的是我官职位居公卿之后，又恰逢生病不能前去送行，不知道杨侯爷离京的时候，到城门外前去送行的人有多少，车驾有多少辆，马有多少匹；在道路两边旁观的人，是不是也有知道杨侯爷是清正贤明的人而赞叹不已的呢？而史官是不是也大张旗鼓地宣扬他的事迹并为他立传，以此来作为记录当年二疏风光事迹的延续呢？会不会感到失落寂寞呢？我看现在世上没有擅长绘画的人，因而画与不画，就不必去谈论它了。

【原文】

然吾闻杨侯之去，相有爱而惜之者，白以为其都少尹，不绝其禄，又为歌诗以劝之。京师之长于诗者，亦属而和之。又不知当时二疏之去，有是事否？古今人同不同，未可知也。

中世士大夫[①]，以官为家，罢则无所于归。杨侯始冠[②]，举于其乡，歌《鹿鸣》而来也[③]。今之归，指其树曰：“某树，吾先人之所种也；某水、某丘，吾童子时所钓游也。”乡人莫不加敬，诫子孙以杨侯不去其乡为法。古之所谓乡先生没而可祭于社者[④]，其在斯人欤[⑤]？其在斯人欤？

【注释】

①中世：这里指殷、周时期。

②冠：古时男子二十岁成年加冠。始冠：指刚成年。

③《鹿鸣》:《诗经·小雅》中的篇名。《鹿鸣》是周朝国君举行宴会时的乐歌。唐代宴请举子亦奏《鹿鸣》，又称鹿鸣宴。歌《鹿鸣》而来：是说以乡贡进士的资格而来到京城。

④乡先生：古时对辞官归故里的老者的尊称。社：祭祀用的乡贤祠之类的场所。

⑤欤（yú）：文言助词，表示疑问、感叹、反诘等语气。

【译文】

我听说杨侯辞官离去时，丞相中有爱护而怜惜杨侯的，奏明皇上让杨侯担任家乡河中府的少尹，从而不断绝杨侯享受朝廷的俸禄，而且还亲笔写诗来加以劝慰。京城中擅长作诗的人，也跟着和了诗。还真不知道当年二疏辞归返乡时，是否也有这样的情景呢？古人和现在的人相同还是不相同，就不得而知了。

殷周以后的士大夫，往往以官府为家，罢官后就没有归宿之地了。杨侯刚成年之际，就在乡试中被录取，参加了《鹿鸣》宴并以乡贡进士的身份来到京城任职。现在回到故乡，就可以指着乡间的树说："那些树是我的先人种的；那条溪流，那座山丘，是我小时候钓鱼、游戏的地方。"故乡的人对杨侯没有不加以敬重的，人们告诫子孙要以杨侯不舍弃故土的美德作为榜样。古人所说的告老还乡之人逝去后可以在乡贤祠中享受祭祀的，大概就是杨侯这样的人吧？大概就是杨侯这样的人了吧？

【赏析】

这是韩愈为送别同僚杨巨源告老还乡而写的一篇赠序。因当时韩愈有病在身没能前去饯行，于是作序相送，意在张扬其事，以振古风，表达对杨巨源的赞赏之情。

文章先略述汉朝贤臣疏广、疏受叔侄二人，因年老同时辞官出京城时，朝廷官员和百姓送行的盛况，当时不仅送行场面热烈，连路旁观看的人也都感动于二人为官清正贤明，甚至"叹息泣下，共言其贤"，而且为了记录这盛大场面，"汉史既传其事，而后世工画者又图其迹"，所以至今耀人耳目。就此为下文的对照埋下伏笔。

杨少尹和二疏一样，也是年满七十，然后主动求归故里，这是二者相同之处。作者首先肯定其相同之处，不仅是为了提高杨君的地位，突出他归乡的意义，也是为了批驳时人"古今人不相及"的错误观点。

接下来开始展开联想，肯定杨少尹的贤明。因为韩愈当时"遇病不能出"，所以只能想象当天杨少尹主动辞官回乡时的送别情形。显然杨君离

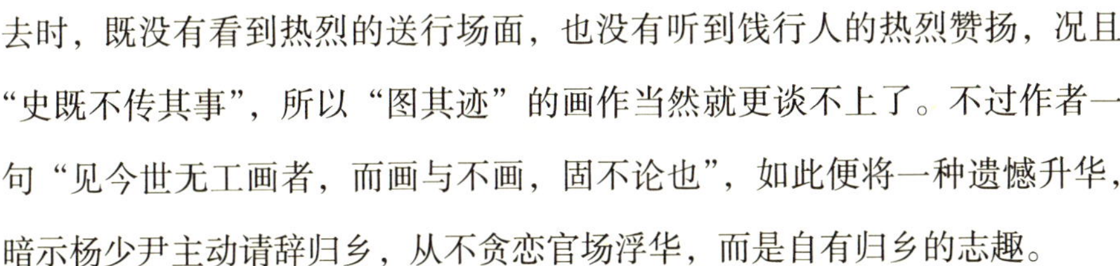

去时，既没有看到热烈的送行场面，也没有听到饯行人的热烈赞扬，况且“史既不传其事”，所以“图其迹”的画作当然就更谈不上了。不过作者一句“见今世无工画者，而画与不画，固不论也”，如此便将一种遗憾升华，暗示杨少尹主动请辞归乡，从不贪恋官场浮华，而是自有归乡的志趣。

最后又设想杨少尹回乡之后的情景，体现了他对乡人的潜移默化之功，从而突出了杨巨源功成身退、不恋名利的美德，这与某些士大夫以做官为终身职业形成鲜明的对比。

本文在写法上主要是以古鉴今，在映衬之中阐发自己的观点，在流畅分明的叙述中表达含蓄的思想感情，前后照应，言婉情深，令人读之赞不绝口。

应科目时与人书

【原文】

月日，愈再拜：天池之滨[①]，大江之濆[②]，曰有怪物焉，盖非常鳞凡介之品汇匹俦也[③]。

其得水，变化风雨，上下于天不难也。其不及水，盖寻常尺寸之间耳，无高山大陵之旷途绝险为之关隔也。然其穷涸，不能自致乎水。为獱獭之笑者[④]，盖十八九矣[⑤]。如有力者哀其穷而运转之，盖一举手一投足之劳也。然是物也，负其异于众也，且曰："烂死于沙泥，吾宁乐之。若俯首帖耳，摇尾而乞怜者，非我之志也。"是以有力者遇之，熟视之若无睹也。其死其生，固不可知也。

【注释】

①天池：指寓言中的南海。语出《庄子·逍遥游》。滨：水边；靠近水的地方。

②濆（fén）：水边。

③鳞：指鱼龙之类。介：指龟鳖之类。品汇匹俦（chóu）：指同一类。汇：类。俦：同伴，伴侣。

④獱（biān）獭：小水獭。

⑤十八九：十之八九，指多次。矣：了。

【译文】

某月某日，韩愈再拜：南海之畔，大江的水岸边，传说那里有怪物存在，它不是一般鳞甲类水族和水兽之类能比得上的。

它得到水，就能千变万化呼风唤雨，上天入地也能来去自由。如果它得不到水，便只能蜷缩蠕动，就像尺寸大小的平常之物罢了，无须高山险阻、旷野绝壁就能把它困住。然而它困在干涸无水的环境时，却不能自己到水中去汲水。因此，它们经历十次得有八九次被水獭类小兽嘲笑。如果能碰到力气大的人，可怜它们的困境而把它们搬到有水的地方，大概只不过是举手之劳而已。但是这种怪物，很自负地认为自己有多么与众不同，却说：“就算是烂死在沙泥里，我也宁愿这样。假如让我俯首帖耳，摇尾乞怜，那不是我的志向。”因此有能力相帮的人遇到它，往往看见它就像没看见一样。它的死活，固然就无法知道了。

【原文】

今又有有力者当其前矣，聊试仰首一鸣号焉。庸讵知有力者不哀其穷①，而忘一举手一投足之劳，而转之清波乎？其哀之，命也；其不哀之，命也；知其在命而且鸣号之者，亦命也。

愈今者实有类于是，是以忘其疏愚之罪②，而有是说焉。阁下其亦怜察之③。

【注释】

①庸讵（jù）：怎么，何以，哪里。表示反问。

②疏愚：疏忽、愚笨。

③察：体察。这里是明白、了解的意思。

【译文】

如今又有有能力的人来到它的面前，它便聊且试着抬头鸣叫一声。哪里知道有能力的人并没有可怜它的窘境，反而忘记了只须举手之劳就能把它转运到碧清的水里之事呢？别人可怜它，是它的命运使然；别人不可怜它，也是它的命中注定；而知道一切都是命中注定还要鸣叫求助的，也是它的命啊。

我目前处境确实有点类似于它这种状况，所以不顾及自己肤浅愚鲁之罪过而说了这些话。希望阁下您怜惜并体察我的心思。

【赏析】

这是一篇托物喻志的书信。韩愈中进士后，于贞元九年（793 年）参加了博学宏词科的考试。在考试之前，他给韦舍人写了这封信，希望得到对方的引荐，也好实现自己济世为民的远大抱负。

文中首先点出“怪物”的怪异之处。以“天池之滨，大江之濆”，点明了这个怪物的出身非比寻常之地；然后以“盖非常鳞凡介之品汇匹俦也”，说明这个怪物气质不凡，不是一般水中之物所能相比的；随后“其得水，变化风雨，上下于天不难也”，说明了它富有才能，可以呼风唤雨、上天入地。接下来笔锋一转，写怪物也有处境困窘之时，“然其穷涸，不能自致乎水，为獱獭之笑者，盖十八九矣”，说明这个怪物虽然本事很大，但也有无法施展的时候，那就是一旦失去水的助力，连又笨又丑的獱獭之徒也敢嘲笑它。然而它深陷困境也不是没有脱离的办法，就是有人肯出手“转运之”，而这不过是有力气之人的举手之劳罢了。

至此暗中流露出自己希盼援引的信号，虽言辞卑中有亢，但又不失情真意切。这既为转入下文做过渡，又巧妙地流露了怪物的心态。但是这个怪物怪就怪在不肯轻易摇尾乞怜，此时依旧说“烂死于沙泥，吾宁乐之。若俯首帖耳，摇尾而乞怜者，非我之志也”，继而突出表现了这个怪物的硬骨气，为下文的“聊试仰首一鸣号焉”做转折铺垫。

然而有些事情错过了，就有可能一生尽失。当又有大力气之人来到它的面前时，它万万没有想到“有力者不哀其穷，而忘一举手一投足之劳，而转之清波”，从此它彻底失去了生还的机会。最后作者连用三个不同的“命也”，加深了对命运的慨叹，感情深沉而凄切，从而借“怪物”将自己的内心世界充分表达出来，使题旨更加鲜明。

全文托物喻志，含蓄深沉，字里行间渗透着一种倔强凛然的气概，寄寓了自己怀才不遇的悲愤和盼望得到贵人援引的迫切心情，深刻反映了封建时代有识之士身陷困境、才华得不到施展的悲哀。

后十九日复上宰相书

【原文】

二月十六日，前乡贡进士韩愈，谨再拜言相公阁下[①]：

向上书及所著文后，待命凡十有九日，不得命。恐惧不敢逃遁，不知所为。乃复敢自纳于不测之诛[②]，以求毕其说，而请命于左右。

愈闻之：蹈水火者之求免于人也，不惟其父兄子弟之慈爱[③]，然后呼而望之也。将有介于其侧者，虽其所憎怨，苟不至乎欲其死者[④]，则将大其声，疾呼而望其仁之也。彼介于其侧者，闻其声而见其事，不惟其父兄子弟之慈爱，然后往而全之也。虽有所憎怨，苟不至乎欲其死者，则将狂奔尽气，濡手足，焦毛发[⑤]，救之而不辞也。若是者何哉？其势诚急，而其情诚可悲也。

【注释】

①相公：此为对宰相的称呼，“公”是推尊之辞。宰相必然封为“公”，故称“相公”。

②自纳：自己招惹。不测之诛：指预测之外的惩罚。诛：责备、责罚。

③不惟：不仅，不但；不思虑，不考虑。

④苟：假如。

⑤濡：沾湿。焦：烧焦，被火烧。焦毛发：烧焦毛发。

【译文】

二月十六日，前乡贡进士韩愈，恭敬地再次禀告相公阁下：

前些天我呈上一封书信和所写的文章，等候您的指示已经十九天了，一直没有得到回音。我惶恐不安不敢离去，又不知道该怎么办才好。于是我宁愿再次遭受无法预测的责罚，请求您让我在此说尽我的心里话，然后静候在您的左右请您指教。

我听说：身陷水火之中的人，求人帮忙免除灾难时，不仅仅是因为那人和自己有父子兄弟一样的慈爱之情，然后才大声呼喊并指望他赶快来帮助自己的。同时还希望这期间能有在他旁边路过的人听到呼喊，即使与自己有怨恨，假如还不至于希望自己死去的，那么只要能大声呼喊出来，就有希望得到那人施行仁义相救。那些在他旁边的人，听见他的呼声和看见这种情形，不会考虑是否和他有父兄子弟一样的慈爱之情，然后才跑过去保全他的生命。在这危难时刻，即使与他有怨恨，如果还不至于希望他死去的人，那么都将竭尽全力跑过去，不惜沾湿手脚，烧焦毛发，奋力救起他而不是躲避不管。这样做是为什么呢？是因为状况确实危急，况且情形确实令人伤心而忍不住去可怜他。

【原文】

愈之强学力行有年矣①，愚不惟道之险夷②，行且不息，以蹈于穷饿之水火。其既危且亟矣③，大其声而疾呼矣。阁下其亦闻而见之矣，其将往而全之欤？抑将安而不救欤？有来言于阁下者曰：“有观溺于水而爇于火者④，有可救之道而终莫之救也。”阁下且以为仁人乎哉？不然，若愈者，亦君子之所宜动心者也。

【注释】

①强学力行：奋发学习，努力实践。有年：已有多年。

②惟：想，考虑。险夷：危险和安全。

③亟（jí）：急迫。

④爇（ruò）：点燃，焚烧。

【译文】

我一直身体力行地强迫自己发奋学习已有好多年了，我从不考虑道路的艰险与平坦，一直向前行进而且从没有停止过，以至于已经陷入穷困饥饿的水深火热之中，那种情形既危险又急迫，我已经开始大声急切呼喊了。您大概也听到了和看见了，不知您准备前来保全我呢？还是安稳地坐着不来营救我呢？如果有人对您说：“有人看见被水淹和被火烧的人了，虽然当时有可以救人的办法，但那个人始终没有去救他。”阁下您认为他是个仁义之人吗？如果不是，那么像我这样的人，也就是君子应该动心同情的人了。

【原文】

或谓愈：“子言则然矣，宰相则知子矣，如时不可何？”愈窃谓之不知言者①，诚其材能不足当吾贤相之举耳②。若所谓时者，固在上位者之为耳，非天之所为也。前五六年时，宰相荐闻，尚有自布衣蒙抽擢者③，与今岂异时哉？且今节度、观察使及防御、营田诸小使等，尚得自举判官，无间于已仕未仕者，况在宰相，吾君所尊敬者，而曰不可乎？古之进人者，或取于盗④，或举于管库。今布衣虽贱，犹足以方乎此。情隘辞蹙⑤，不知所裁，亦惟少垂怜焉。愈再拜。

【注释】

①窃：私下。不知言者：不了解情况的人。

②材：同“才”，才能。举：举荐，推荐。

③尚：尚且。布衣：平民。抽擢（zhuó）：选举，提拔。

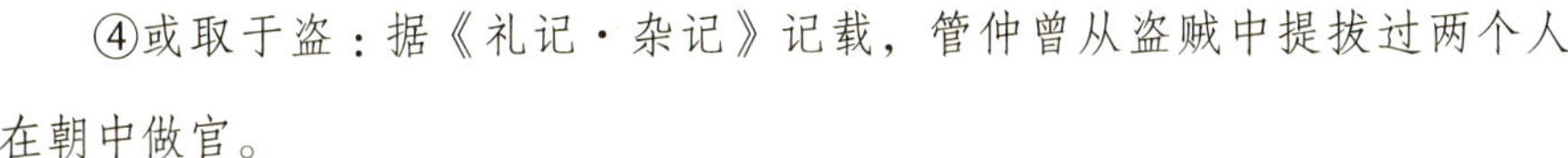

④或取于盗：据《礼记·杂记》记载，管仲曾从盗贼中提拔过两个人在朝中做官。

⑤隘（ài）：窘迫。蹙（cù）：紧迫、急促。

【译文】

有的人对我说："虽然你说的也对，宰相也很了解你了，但如果时机不允许又有什么办法呢？"我私下认为他是不了解实情的人，实在是他的才能不值得我们贤明的宰相举荐罢了。至于他所说的时机，本来就是由居处在上层地位的人所掌控的，并不是上天安排的。五六年前，宰相向上举荐人才，尚且还有从平民百姓中选举提拔的情况呢，难道这与今天的时机有什么不同吗？况且时下节度使、观察使和防御使、营田使等地位较低的小官员，尚且都能自己荐举判官，而且还不区分是已经做过官还是没有做过官的，更何况宰相，您是我们君主所尊敬的人，又怎能说办不到呢？古时候推荐人才，有的从盗贼中选取，有的从管理仓库的人中提拔。今天我这个平民虽然地位低贱，但和这些人相比还是绰绰有余的。我现在的境况窘迫，言辞略显急切，实在是不知道该怎样斟酌才是，只希望您能稍加垂爱和怜惜我。韩愈再次叩拜。

【赏析】

这是韩愈第二次给宰相写信，因为在十九天前就曾给宰相写过第一封信，所以文题命名为"后十九日复上宰相书"。

韩愈已考取进士四年，一直没有得到朝廷授官于他，尽管他想要进仕为官、想要大展宏图的意愿特别强烈，但又无可奈何。因此在一个月内，再一次上书宰相，想以文章打动他，希望能够得到宰相的引荐和提拔。信中以动人之笔，比喻自己处境艰难如同陷于水深火热之中。除了向宰相陈述困境之外，又列举一般地方小官员尚有举荐人才为官的事实，并直言，更何况是堂堂当朝宰相呢？进一步说明了封建社会选拔制度的不严谨性，致使很多像韩愈这样德才兼备的有识之士流落民间，甚至一生不得志，于穷困潦倒中毁了前途。

文中这句“若所谓时者，固在上位者之为耳，非天之所为也”，阐明了当时提拔后进之士并不因时而异，人才能否被任用，大多是由身在高位的掌权人决定的，从而进一步揭示了封建统治下扼制人才的社会环境和人情冷暖，同时也展现了封建社会文人乞求出仕的困窘状态。

一封书信虽短小，却涵盖了无穷大的内涵。行文跌宕起伏，含而不露，情感真切，不卑不亢。全文紧扣“势”“时”着笔，运用了比喻、设问、反驳等艺术手法，极其恳切的言辞磅礴而出，将迫切的请求援引之情表达得淋漓尽致，感人至深。

与于襄阳书

【原文】

七月三日，将仕郎守国子四门博士韩愈，谨奉书尚书阁下：

士之能享大名，显当世者，莫不有先达之士，负天下之望者为之前焉。士之能垂休光①，照后世者，亦莫不有后进之士，负天下之望者为之后焉。莫为之前，虽美而不彰；莫为之后，虽盛而不传。是二人者，未始不相须也，然而千百载乃一相遇焉。

岂上之人无可援，下之人无可推欤？何其相须之殷，而相遇之疏也？其故在下之人负其能，不肯谄其上②；上之人负其位，不肯顾其下。故高材多戚戚之穷③，盛位无赫赫之光④。是二人者之所为，皆过也。未尝干之⑤，不可谓上无其人；未尝求之，不可谓下无其人。愈之诵此言久矣，未尝敢以闻于人。

【注释】

①休光：盛美的光华，也用来比喻美德或勋业。

②负：仗恃。谄：讨好，巴结。

③戚戚：忧虑的样子。

④赫赫：显著盛大的样子。

⑤干之：拜谒他。干（gān）：干谒、拜见。

【译文】

七月三日，将仕郎、守国子监四门博士韩愈，恭谨地呈书给尚书阁下：

读书人能够享有大名声，显扬于当代的，无不是依靠已经率先成功的人士，或者是仗恃那些地位名望显达的前辈去引荐的。读书人能够将美德与勋业盛美的光华流传下来，照耀后世，也无不是因为有后辈中人为其发扬光大，或者是借助天下有名望的后辈做他的歌颂者。如果没有前辈引荐他，即使有美好的德才也不会彰显出来；如果没有后辈中人做他的歌颂者，即使成就卓著也不会得到长久流传。这两种人，未尝不是相互需要和期待的，然而这种情况要经过千百年才能相遇一次的。

难道是居于上位的人中没有可以攀援的，居于下位的人中没有值得推举的人吗？为什么相互期待这样殷切，而相逢的机会却那样少呢？其中原因在于身居下位的人依仗自己的才华，不肯巴结地位高的人请求援引；身居高位的人仗恃自己的权位，不肯眷顾位居他下面的人。因此有才能的人往往会因为不得志而忧愁，身居高位的人也没能因为荐举后辈而发出显赫盛大的光辉。这两种人的行为，都是不对的。不曾向上去拜谒求索，就不能说上面没有肯于提携后进的人；不曾向下去寻找，就不能说下面没有值得推举的人。我默念这些话好久了，没敢把它讲给别人听。

【原文】

侧闻阁下抱不世之才，特立而独行，道方而事实①，卷舒不随乎时②，文武唯其所用。岂愈所谓其人哉？抑未闻后进之士，有遇知于左右③，获礼于门下者④。岂求之而未得邪？将志存乎立功，而事专乎报主，虽遇其人，未暇礼邪⑤？何其宜闻而久不闻也？

【注释】

①特立而独行：才能杰出而德行出众。道方而事实：道德方正而且做

事讲究实际。

②卷舒：卷缩舒展，此为进退的意思。

③遇知：指受到赏识。

④获礼：得到尊敬，获得礼遇。

⑤未暇：没有闲暇时间顾及。

【译文】

我从侧面听说阁下怀有非凡的才能，才华出众并有独到的见解，道德方正而且办事讲究实际，进退有度而不同流俗，对于文武官员都能量才任用。难道这不正是我所说的那种人吗？可是还没有听到哪个后辈晚生，因为得到您的赏识而留在身边，或者被您收在门下获得重用礼遇的。难道是您求取人才没能得到吗？还是您志在建功立业以及只为专心做事报答君主，虽然遇到可以推举的人，但没有空闲时间施以礼遇呢？为什么应该听到您举荐人才的事，却久久没有听到呢？

【原文】

愈虽不才，其自处不敢后于恒人。阁下将求之而未得欤？古人有言："请自隗始[①]。"愈今者，惟朝夕刍米仆赁之资是急[②]，不过费阁下一朝之享而足也。如曰："吾志存乎立功，而事专乎报主，虽遇其人，未暇礼焉"，则非愈之所敢知也。世之龊龊者[③]，既不足以语之；磊落奇伟之人[④]，又不能听焉，则信乎命之穷也！

谨献旧所为文一十八首，如赐览观，亦足知其志之所存。愈恐惧再拜。

【注释】

①隗（wěi）：指郭隗，战国人。据记载，燕昭王求贤，他站出来说："请自隗始。"

②刍（chú）米仆赁（lìn）：指柴米和雇用仆人的费用。刍：喂牲口

的草。

③龊龊（chuò）者：形容气量狭小、拘于小节的人。本文指拘谨狭隘的人。

④磊落奇伟：心胸坦白，品德卓绝。

【译文】

我虽然没有什么才能，但要求自己立身处世从来不敢落后于常人。阁下想要寻求的人才还没有得到吧？古人有句话说："纳贤士请从我郭隗开始。"如今的我，每天都为早晚的柴米、草料、雇仆人和租赁房屋的费用而着急，而这些只不过花费您一天享受的费用就足够了。如果您说"我的志向倾注在建功立业，专心做事只为报答君主，虽然遇上可推举的人，但还没有空闲时间去以礼相待"，既然这样，那就不是我韩愈敢去知道的了。既然世间那些拘谨狭隘的人，不值得向他们倾诉这些话；而那些胸怀磊落并且才识卓越的人，又不肯听我的诉说，那我只好相信自己的命运真是恶劣到极致了！

我恭谨地呈上过去写的十八篇文章，如果承蒙您过目，也就足以了解我的志向所在了。韩愈诚惶诚恐地再次拜呈。

【赏析】

这是韩愈写给节度使于襄阳的一封信，当时的于襄阳位高权重，所以韩愈两次写书信给他，希望他能够引荐或者直接提拔自己。可以说，这封书信立意明了，情真意切。

文中首先阐明了"先达之士和后进之士"相互依存的道理，说明了社会上的读书人求仕常常需要有名望地位的人作引荐，而有名望地位的人也需要后进之士成为自己的门生，从而使自己声名显赫。他们二者之间利害相关，甚至是荣辱相连。

紧接着作者又分析了造成士子怀才不遇，而在上之人得不到贤才辅佐

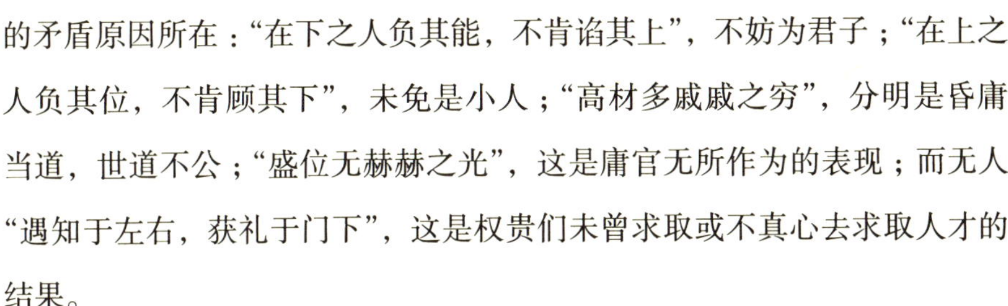

的矛盾原因所在："在下之人负其能，不肯谄其上"，不妨为君子；"在上之人负其位，不肯顾其下"，未免是小人；"高材多戚戚之穷"，分明是昏庸当道，世道不公；"盛位无赫赫之光"，这是庸官无所作为的表现；而无人"遇知于左右，获礼于门下"，这是权贵们未曾求取或不真心去求取人才的结果。

接下来作者开始着意称颂于襄阳具有"抱不世之才"的旷世才华，有"特立而独行，道方而事实，卷舒不随乎时"的个性，还具有"文武唯其所用"的贤德，从整体上赞美于襄阳就是开篇所提到的"莫为之后，虽盛而不传"之人。而自己正是那"莫为之前，虽美而不彰"之人，在此隐约透露出自己希望得到援引之意。所以顺势引用"请自隗始"的典故，大胆地吐露出毛遂自荐的要求。这样的说法既能恭维对方，也表白了自己求人引荐之心。既少了几分被拒的尴尬，又保住了自己的几分尊严，同时离抵达此番写信请求援引的目的更进一步。

全文结构严谨，笔力刚健，语气委婉，感情沉郁而余味不尽，不愧是一篇文情并进的好文章。

与陈给事书

【原文】

愈再拜：

愈之获见于阁下有年矣。始者亦尝辱一言之誉①。贫贱也，衣食于奔走，不得朝夕继见。其后阁下位益尊，伺候于门墙者日益进②。夫位益尊，则贱者日隔；伺候于门墙者日益进，则爱博而情不专。愈也道不加修，而文日益有名。夫道不加修，则贤者不与③；文日益有名，则同进者忌。始之以日隔之疏，加之以不专之望，以不与者之心，而听忌者之说。由是阁下之庭，无愈之迹矣。

【注释】

①辱一言之誉：曾得到您称赞我的话。辱：此为谦词。

②伺候：等候，此处有依附的意思。门墙：原指师门，此处泛指尊者的门下。

③贤者：贤德的人。此指陈给事。

【译文】

韩愈再次恭拜阁下：

我有幸得以拜会您已有好多年了。开始时也曾受到您一些称赞。后来由于我太过于贫贱，只好为了衣食而四处奔波劳碌，所以我才不能继续早晚都来拜见您。后来，您的地位越来越尊贵，依附伺候在您门下的人一天

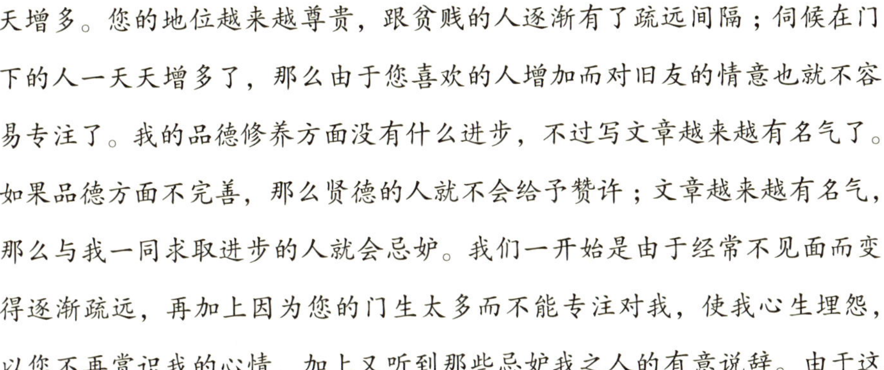

天增多。您的地位越来越尊贵，跟贫贱的人逐渐有了疏远间隔；伺候在门下的人一天天增多了，那么由于您喜欢的人增加而对旧友的情意也就不容易专注了。我的品德修养方面没有什么进步，不过写文章越来越有名气了。如果品德方面不完善，那么贤德的人就不会给予赞许；文章越来越有名气，那么与我一同求取进步的人就会忌妒。我们一开始是由于经常不见面而变得逐渐疏远，再加上因为您的门生太多而不能专注对我，使我心生埋怨，以您不再赏识我的心情，加上又听到那些忌妒我之人的有意说辞。由于这些原因，您的门庭之中，自然就没有我的踪迹了。

【原文】

去年春，亦尝一进谒于左右矣①。温乎其容，若加其新也；属乎其言，若闵其穷也②。退而喜也，以告于人。其后如东京取妻子③，又不得朝夕继见。及其还也，亦尝一进谒于左右矣。邈乎其容④，若不察其愚也；悄乎其言，若不接其情也。退而惧也，不敢复进。

【注释】

①进谒（yè）：前去拜见。

②若：你，汝；您。闵：同“悯”，怜恤，同情。

③妻子：指妻子和子女。

④邈：远。此处形容脸上表情冷漠。

【译文】

去年春天，我也曾前去拜见过您一次。您面色温和，就好像是在接待一位新朋友；接连不断热情地问询嘱咐，您很同情我穷困落魄的处境。我告辞回来后非常高兴，便把这些情况告诉了别人。从那以后，我便到洛阳接来妻子、儿女，由于琐事缠身又不能继续早晚前去拜访您了。我从洛阳回来后，曾经又拜见过您一次。当时您表情冷漠，似乎没有体察我的愚衷；

您沉默寡言，好像不理会我对您的情意。我告辞回来后便惶惶不安，不敢再去登门拜见您了。

【原文】

今则释然悟①，翻然悔，曰：其邈也，乃所以怒其来之不继也；其悄也，乃所以示其意也。不敏之诛②，无所逃避。不敢遂进，辄自疏其所以③，并献近所为《复志赋》以下十首为一卷，卷有标轴。《送孟郊序》一首，生纸写，不加装饰，皆有揩字注字处④。急于自解而谢，不能俟更写⑤，阁下取其意而略其礼可也。愈恐惧再拜。

【注释】

①释然：指疑虑、嫌隙等消失后心中平静、愉快的样子。悟：醒悟，明白。

②不敏：不明达，不敏捷。诛：责备。

③辄（zhé）：就。疏：陈述，说明。此为分条陈述。

④生纸写一句：意为表示失礼和歉意。揩：涂抹。注：添加。

⑤俟（sì）：等待。

【译文】

现在我心情平静下来，不禁恍然大悟，也非常懊悔，心里说：您的冷漠表情，那是因为在责怪我不常去拜访您啊；您沉默少语，也是在暗示我这种意思。对我生性愚钝不明事理的责怪，我是无法逃避的。我不敢立刻就去拜见您，于是就自己写出来逐条梳理这件事的原因，同时献上近日写的《复志赋》等十篇文章整理成一卷，卷有标记。《送孟郊序》一文，用生纸写成，没有加以装饰，并且有涂改和加字的地方。因为急于向您阐明我的误解和道歉，所以来不及等到重新誊写清楚再呈给您，希望您接受我的心意而不要计较我礼节上的不周之处。

韩愈诚惶诚恐敬呈，再拜。

【赏析】

韩愈因为上书奏请皇上减免徭役租赋，因此得罪了权贵，由监察御史贬谪为阳山县令。而陈给事正好是在同一年得到了升迁为朝中重职，并深得皇上宠信，可谓是宦海扬帆，春风得意。唐代的给事中，是中央机构门下省的重要官员，仅次于门下省的长官侍中、副长官侍郎，主要掌管驳正政令的得失。韩愈因为爱护人民而遭到贬谪，心中愤懑不已，可又无可奈何，但他在失望之中又对仕途转机仍充满幻想，希望能够有人荐举，重返朝廷复职。思来想去，想到曾经与陈给事有过旧交，所以就寄望于他能够替自己说一番好话。于是在离京之前，怀着极其复杂的心情，给新迁任给事中的陈京写了这封信，意在加深自己和陈给事的关系，以期得到对方的赏识，获得举荐。

信中围绕一个“见”字，从见说到不见，又从不见说到要见，往复回还之中，委婉地叙述了自己几次拜见陈给事的情形，并且针对二人之间那段不愉快的交往，陈述了自己的苦衷，请求对方谅解，同时表示自己消除了疑虑，希望陈给事重新了解自己，早日恢复从前的友谊。

信中运用对比和转折的手法，波澜层叠，摇曳多姿，含蓄婉转地道出了自己复杂的思想感情，不经意间又微微流露出一丝不甘低眉伏首的直爽性情。

送董邵南序

【原文】

燕、赵古称多感慨悲歌之士①。董生举进士，连不得志于有司②，怀抱利器③，郁郁适兹土。吾知其必有合也。董生勉乎哉！

夫以子之不遇时，苟慕义强仁者，皆爱惜焉。矧燕赵之士④，出乎其性者哉？然吾尝闻，风俗与化移易，吾恶知其今不异于古所云邪⑤？聊以吾子之行卜之也⑥。董生勉乎哉！

【注释】

①燕赵：战国时期，燕国在今河北、辽宁等地，赵国在今河北省南部及山西北部。慷慨悲歌之士：用悲壮的歌声抒发内心悲愤的人，多指有抱负而不得施展的人。

②董生：指董邵南。有司：这里指礼部主管考试的官吏。

③利器：比喻杰出的才能。

④矧（shěn）：况且。

⑤吾恶知其今不异于古所云邪：我怎么能知道那里的风气跟古时说的有什么不同呢？恶：怎么。

⑥聊：姑且。吾子：您，古时对别人的尊称。卜：测验、判断。

【译文】

自古就流传说燕、赵一带有很多慷慨仗义、悲壮可歌的豪杰之士。董生参加科考进士，接连几次都没被主考官录取，董生怀有杰出的才能，却不得志，心情郁闷地要到燕赵之地去。我知道董生您此去定会有所遇合，受到赏识。董生努力吧！

像您这样怀才不遇的时候，如果能够遇到仰慕正义、力行仁道的人，都会同情怜惜您的。何况是燕、赵一带的豪杰之士，行侠仗义是出于他们的本性呢？然而我曾听说，风俗习惯是随着教化的改变而变化的，我们怎能知道如今那里的风气跟古时候所说的有没有不同呢？姑且只能靠您此行去证实一番了。董生努力吧！

【原文】

吾因之有所感矣。为我吊望诸君之墓[①]，而观于其市，复有昔时屠狗者乎[②]？为我谢曰："明天子在上，可以出而仕矣[③]。"

【注释】

①望诸君：乐毅，战国时期燕国名将，晚年在燕不得志归赵。赵封其于观津（今河北武邑东南），称"望诸君"。

②屠狗者：指战国时荆轲的朋友高渐离。本文指不得志的豪侠义士。

③出而仕：出来做官。

【译文】

我因您的此次出行而有所感想了。请您替我前去凭吊一番"望诸君"乐毅之墓，并且到那里的街市上去看看，还有像以前高渐离一类的侠义之士吗？替我向他们殷勤致意说："现在有圣明的天子在上执政，你们可以出来做官为国家效忠了。"

【赏析】

本篇又名为《送董邵南游河北序》。

唐宪宗元和年间，安徽寿县的董邵南到长安应进士举，多次参加考试都没能得中，他认为是有司故意刁难，所以愤懑之下，准备去河北托身藩镇幕府。因为韩愈一贯反对藩镇割据，得知这个消息以后，立刻作此序赠送朋友。既同情他仕途的怀才不遇，又委婉地劝阻他不要前去藩镇，以免走上歧途，所以极力劝说他。毕竟时过境迁，那里或许已不再是施展抱负的理想之地了。

这篇短文的构思相当奇巧，可谓欲擒故纵，欲留故送。文章开头先以“吾知其必有合也。董生勉乎哉”鼓励董生，替他燃起希望，以此作为陪衬之笔；然后将笔锋一转，写古今风俗早已不同，故此行未必“有合”，在此虽然没有点透，但主旨已流露出来。最后借用典故来感化董生。这里的“为我吊望诸君之墓”一句，体现了韩愈用事说理的特色。他不以直言喷薄来表达辞意，而借乐毅事迹蕴含深意，希望董生能有所感悟而去做一个忠志之士。韩愈以史例今，通过燕赵之地多豪杰的社会背景，托请乐毅这样一个典型的人物出场，通过赞颂他磊落坦白的胸襟，从而达到劝诫挽留的目的，使文章的韵味和思想内涵更加深刻、有意义、耐人寻味。

全文措辞深婉，借古喻今，既有慰勉之情，也有暗讽之意，篇幅虽短，却波澜起伏，婉转含蓄。

送石处士序[1]

【原文】

河阳军节度御史大夫乌公，为节度之三月，求士于从事之贤者。有荐石先生者。公曰："先生何如？"曰："先生居嵩、邙、瀍、谷之间[2]，冬一裘，夏一葛[3]；食朝夕，饭一盂，蔬一盘。人与之钱，则辞；请与出游，未尝以事免；劝之仕，不应。坐一室，左右图书。与之语道理，辩古今事当否，论人高下，事后当成败，若河决下流而东注；若驷马驾轻车就熟路，而王良、造父为之先后也；若烛照数计而龟卜也[4]。"

【注释】

①石处士：石洪，洛阳人，辞去黄州录事参军后，退居洛阳，十年不曾外出做官，所以称处士。后来得到河阳节度使乌大夫的重用。

②嵩（sōng）：嵩山。邙（máng）：洛阳北邙山。瀍（chán）、谷（gǔ）：瀔河和涧水，皆是洛水支流。

③裘：皮衣服。葛：本是一种植物，古代用葛织布做夏衣。此处指粗布衣服。

④烛照数计：用烛光照，用数理推算。比喻见事之明，料事精准。龟卜：用龟壳占卜吉凶。此处借喻料事如神。

【译文】

河阳军节度使、御史乌大夫，在担任节度使的三个月后，在幕府的士人中招纳贤能人士。有人举荐石先生。乌公问："石先生的为人怎样？"那个人回答说："石先生深居在嵩邙山、瀍谷河之间，冬天穿一件皮衣，夏天穿一件麻布葛衣；早晚吃饭，只是一盂米饭，一盘蔬菜。别人给他钱，他就立即谢绝；请他一道出去游玩，他从不借故推辞拒绝；劝他出来做官，他不肯答应。坐卧休息的只有一间屋子，屋内左右两边全是书籍。如果跟他谈道论理，辩论古今事物的正确与否，评论人物德才的高下，讨论事态发展的成功与失败，就好像河流决堤而下注入东海一般滔滔不绝；好像四匹马驾驶着轻车走熟路，若让他与传说中的驾驭高手王良、造父相比，简直不相上下啊；听他分析事物，就像是在烛光照耀下查数计量一样清晰明了，而且如用龟甲占卜般料事如神。"

【原文】

大夫曰："先生有以自老，无求于人，其肯为某来邪？"从事曰："大夫文武忠孝，求士为国，不私于家。方今寇聚于恒，师环其疆①。农不耕收，财粟殚亡②。吾所处地，归输之涂③，治法征谋，宜有所出。先生仁且勇，若以义请而强委重焉，其何说之辞？"于是撰书词，具马币，卜日以授使者，求先生之庐而请焉。

【注释】

①寇聚于恒，师还其疆：唐元和四年（809年），成德节度使王士真死，其子王承宗叛乱，宪宗派人统兵讨伐，但未能成功。次年被迫任命王承宗为成德节度使。此处指受其威胁。恒：州名，治所在今河北正定县。

②殚（dān）：尽。

③归输之涂：指粮饷转运之地。

【译文】

乌大夫说："看来石先生有隐居终老的心愿，如此与世无争，他愿意为我而出来为官吗？”那个手下人说：“大夫您文武全才忠孝兼备，一心为国家访求贤士，而不是为自家谋得私利，当今反贼聚集在恒州地带，敌军环布在疆界周围虎视眈眈。造成我朝农田不能耕种而没有收成，钱财粮草几乎耗尽。我们所处的地段，是回归中原粮饷转运要道，无论是治理措施还是军事谋略，都应该有出色的人来出谋划策。石先生仁义并且勇敢，如果以仁义之道相请并坚决委以重任，他还有什么可拒绝的言辞呢？”于是乌大夫亲笔撰写邀请函，备好车马和礼物，选择吉日派遣使者带上礼物，找到石先生的住处并以礼请石先生出山。

【原文】

先生不告于妻子，不谋于朋友，冠带出见客，拜受书礼于门内。宵则沐浴，戒行李①，载书册，问道所由，告行于常所来往。晨则毕至，张上东门外②。酒三行，且起，有执爵而言者曰③：“大夫真能以义取人，先生真能以道自任，决去就，为先生别。”又酌而祝曰：“凡去就出处何常？惟义之归。遂以为先生寿。”又酌而祝曰：“使大夫恒无变其初，无务富其家，而饥其师；无甘受佞人④，而外敬正士；无昧于谄言，惟先生是听。以能有成功，保天子之宠命！”又祝曰：“使先生无图利于大夫，而私便其身图。”先生起拜祝辞，曰：“敢不敬蚤夜以求从祝规⑤？”

于是东都之人士，咸知大夫与先生果能相与以有成也⑥。遂各为歌诗六韵，遣愈为之序云。

【注释】

①戒：准备。

②张：供张。为饯别而在郊野设置的宴席。

③爵：古代饮酒的器皿，三足，以不同的形状显示使用者的身份。

④佞（nìng）人：指善以巧言献媚的人。

⑤蚤夜：朝夕。祝规：祝贺和劝诫的话。

⑥咸：全，都。

【译文】

石先生没有告之妻儿，也没同朋友商量，整理好衣冠就出来会见客人，在门内恭敬地接受了聘书和礼物。然后当天晚上就沐浴更衣，准备行囊，装好所需的书籍，问清路上所经过的地方，并向经常往来的朋友道别。次日清晨，得知消息的亲友们都来到东门外设宴为石先生饯行。酒过三巡，菜过五味，石先生将要动身的时候，有人端起酒爵说："乌大夫果真是以大义访求人才之人，石先生也确实是能以道义作为自己责任之士，既然已经决定前去就职，就请饮下这为先生饯行的爵酒吧。"又有人敬酒祝贺说："凡是隐居或做官，哪有什么一成不变的常理呢？恒久不变的只有以道义为依归。现在我就用这爵酒祝福先生。"又有人斟了一爵酒祝愿说："希望乌大夫永远不要改变他的初衷，不要做那种只为自家富足充裕而苛扣军饷使军士忍饥挨饿的事；不要内心喜欢那些善于阿谀奉承的人，而在表面上假意敬重正直之士；不要被那些搬弄是非的谗言所蒙蔽，只多多听取先生您的意见，从而能取得胜利，保全皇上的恩宠与神圣使命！"又有人举酒祝愿说："希望石先生不要从乌大夫那里牟取私利，而有营私利己的打算。"石先生起身拜谢诸位朋友的祝辞，说道："我怎敢不朝夕恭谨行事、尽职尽责地遵从诸位的祝愿和劝诫呢？"

就这样，东都人士都知道乌大夫和石先生果然能相互配合而成就大业之事了。于是他们分别为此作了歌诗六韵，派人来请我为此写下这篇序文。

【赏析】

本文是为石处士出山赴任而写的序。石处士是一位德高望重、颇具才略的贤士，曾出任黄州录事参军，后归隐洛北十年之久，不问世事。当乌大夫邀请他共同为国家大义担当重任之时，石洪欣然出山就任乌大夫幕府参谋。东都人士听说这件事以后纷纷前来为他饯行，并请韩愈写了这篇序文记述当时的情景。

文章首先叙述事情的起因经过，并且设计通过乌公与从事之间的两问两答，巧妙地将石洪的人品和才能展现出来，其中“于是撰书词，具马币，卜日以授使者，求先生之庐而请焉”，表达了乌公是一个礼贤下士之人，能够尊重人才，同时高度赞扬了乌公是一个“求士为国，不私于家”的朝中贤臣。

接下来叙说了洛阳人士前来为石处士送别的情景。主要描述了送行者的祝词，其中有称颂的、赞美的、劝勉的、告诫的，都是发自肺腑之言。虽然全篇都在转述别人的话，没有作者的直接议论，但是作者的态度却自然明朗。既赞扬了石处士的以道义为己任，又肯定了乌大夫的知人善用，同时从两人品格着眼立论，既对他们的不谋私利，能够真心合作寄予了热切的希望，也流露出些许的忧虑和劝勉。

本文的写作很有特色，全篇都是通过人物对话手法表现出来，如此善于运用比喻等修辞来塑造人物，使人物形象更为突出，委婉而得体。

送温处士赴河阳军序

【原文】

“伯乐一过冀北之野①，而马群遂空②。夫冀北马多天下，伯乐虽善知马，安能空其群邪③？”解之者曰：“吾所谓空，非无马也，无良马也。伯乐知马，遇其良，辄取之④，群无留良焉。苟无良⑤，虽谓无马，不为虚语矣。”

【注释】

①伯乐：传说是春秋中期秦穆公时人，以善相马著称。冀：冀州的北部，今河北、山西一带地方，相传冀州出产良马。

②遂：于是，就。

③安能：怎能。邪：用于句尾，表疑问语气助词。

④辄（zhé）：就。

⑤苟：如果，假如。

【译文】

“伯乐一经过冀北的原野，马群立即就空了。那冀北是天下产马最多的地方，伯乐虽然善于识马，但怎能选空那里的马群呢？”解释这个问题的人说：“我看所说的空，并不是没有马了，而是没有好马了。伯乐善于识马，一遇到好马，就把它们选走，马群中就无法留住好马了。假如一匹好马都没有，即使说没有马，也不算是虚夸的假话了。”

【原文】

东都[①]，固士大夫之冀北也。恃才能深藏而不市者，洛之北涯曰石生，其南涯曰温生。大夫乌公以𫓧钺镇河阳之三月[②]，以石生为才，以礼为罗，罗而致之幕下[③]；未数月也，以温生为才，于是以石生为媒，以礼为罗，又罗而置之幕下。东都虽信多才士，朝取一人焉，拔其尤[④]；暮取一人焉，拔其尤。自居守、河南尹，以及百司之执事，与吾辈二县之大夫，政有所不通，事有所可疑，奚所咨而处焉？士大夫之去位而巷处者，谁与嬉游？小子后生，于何考德而问业焉？缙绅之东西行过是都者[⑤]，无所礼于其庐[⑥]。若是而称曰："大夫乌公一镇河阳，而东都处士之庐无人焉。"岂不可也？

【注释】

①东都：指洛阳。

②𫓧钺（fū yuè）：同"斧钺"，斫刀和大斧，是古代两种兵器。此处指代节度使的身份。

③罗：网。借喻招纳贤士的手段。幕下：幕府中。军队出征，施用帐幕，为此将帅的官署叫"幕府"。

④拔：选拔。尤：突出的，优秀的。

⑤缙绅（jìn shēn）：古代称有官职的或做过官的人。也作"搢绅"。

⑥礼：此处指依礼拜访。庐：茅庐，此指贤士的家。

【译文】

东都洛阳，固然算是士大夫的"冀北"了。拥有真才实学而隐居不仕的人中，洛河北岸有一个叫石生的，洛河南岸的那一位叫温生。御史大夫乌公以节度使身份在河阳镇守的三个月，认为石生是个人才，于是依照礼仪招募，将石生招入到幕府之中留用；没过几个月，又认为温生是个人才，于是就通过石生从中作媒介，以礼前去招募，又把温生招入幕府中安置下来。尽管东都确实有很多真才实学之士，但是如果早晨来选取一个人，就这样把其中最好的人带走；晚上到那里去挑选一个，然后就把其中最优秀的那个人带走了。这样一来，从东都留守、河南尹起，直到各部门的主管，连同我们洛阳、河南两县的官吏，如果政务上遇到难以通达的问题，处理事务上遇到疑难问题，又到哪里找人咨询、商讨并去妥善解决问题呢？那些辞官回乡闲居里巷的士大夫们，和谁一起娱乐郊游呢？年轻的后辈晚生，又到哪里去考究德行的高低和请教学业呢？东来西往路过这里的洛阳官员，也无法依礼到他们的家中去拜访了。像这样就可以称作是："御史大夫乌公一到洛阳镇守，那么洛阳贤士的家中就没有人了。"难道不可以这样说吗？

【原文】

夫南面而听天下①，其所托重而恃力者，惟相与将耳。相为天子得人于朝廷，将为天子得文武士于幕下。求内外无治，不可得也。愈縻于兹②，不能自引去③，资二生以待老。今皆为有力者夺之，其何能无介然于怀邪？

生既至，拜公于军门，其为吾以前所称，为天下贺；以后所称，为吾致私怨于尽取也！留守相公首为四韵诗歌其事④，愈因推其意而序之。

【注释】

①南面：此处指皇帝。

②縻（mí）：系住，羁留。兹：这里。

③引去：引退，辞去。

④留守相公：指东都留守郑馀庆。相公：指宰相。四韵：旧体诗一般为隔句押韵，四韵为八句。

【译文】

皇上处理天下大事，他所能委以重任而且可以依靠其能力的人，只有宰相和将军而已。宰相为皇帝搜罗人才用于朝廷理政，将军为皇帝选拔文才武将，到幕府中以备国家任用，这样一来，要使国家内外不安宁，那是不可能的了。我被羁留在这里任职，不能自己引退而去，想依赖石、温二位处士的关照安度晚年。现在，二位都被有权力的人抢先带走了，这又怎能不使我耿耿于怀呢？

温生前往军营就职以后，能拜在乌公军门之下，那正是我前面所说的，成为天下值得祝贺之事；而后面我所说的，是我私下里对选尽人才这等事情的抱怨罢了！东都留守相公朱馀庆最先写成一首四韵诗来赞美此事，我便推敲他的诗意而写了这篇序文。

【赏析】

石处士和温处士都隐居在洛阳一带，韩愈和他们都是关系密切的好友。石处士因大义而被征召，温处士同样被选拔出仕。这篇文章就是韩愈为温处士出仕而写的。虽然与《送石处士序》为姊妹篇，但是文章立意和构思却大为迥异。

本文开篇便以“伯乐一过冀北之野，而马群遂空”这个新奇的比喻，赞扬了乌大夫慧眼识贤、善于荐拔人才的美德；接着又用“私怨于尽取”反衬乌大夫“为天子得文武士于幕下”的难能可贵，看似报“怨”，实为称颂，这样的笔法，其实远比正面直接称赞更为有力。

因为文章的中心在于乌公之取士，所以必须推开一步，进而阐明了求治与得人的密切关系。乌公能够“唯贤是举”，这正是为国求治之举。如此颂扬赞美，了无谄媚奉承之嫌，使文章更为朴实自然。

文中虽然没有直接描写温处士的贤能，但是先以石处士作为陪衬，赞美其才学深厚，卓尔不群。然后又从多个方面叙说温处士出仕后给东都带来的如同“良马”被选空般的“不良”影响，十分含蓄而巧妙地从反面衬托出他的过人才能，使整篇文章能够凌空翻越，不落俗套，从而进一步赞扬了温处士出众的才能和乌大夫善于识人、用人的德行，表达了作者为朝廷能够广泛得到人才而欣慰，流露出一种送别远行的朋友时淡淡的感伤之情。

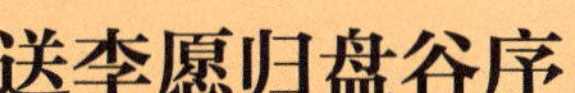

送李愿归盘谷序

【原文】

太行之阳有盘谷[①]。盘谷之间，泉甘而土肥，草木丛茂，居民鲜少[②]。或曰："谓其环两山之间，故曰盘。"或曰："是谷也，宅幽而势阻，隐者之所盘旋[③]。"友人李愿居之。

【注释】

①阳：通常山的南面为阳。盘谷：在今河南济源北二十里。

②草木丛茂：草木葱茏丰茂的样子。鲜少：很少。

③盘旋：同"盘桓"。流连，逗留之意。

【译文】

太行山的南面有个地方叫盘谷。盘谷的中间地段，泉水甜美而且土地肥沃，草木葱茏繁茂，居住的人口很少。有人说："因为它处在两山环抱之间，所以叫盘。"有人说："这个山谷啊，所处位置幽静而山势险阻，正是隐居人愿意逗留的地方。"偏巧我的朋友李愿就隐居在这里。

【原文】

愿之言曰："人之称大丈夫者，我知之矣。利泽施于人，名声昭于时。坐于庙朝[①]，进退百官，而佐天子出令。其在外，则树旗旄[②]，罗弓矢，武夫前呵，从者塞途，供给之人，各执其物，夹道而疾驰。喜有赏，怒有刑。

才畯满前[3]，道古今而誉盛德，入耳而不烦[4]。曲眉丰颊，清声而便体，秀外而惠中[5]，飘轻裾[6]，翳长袖[7]。粉白黛绿者，列屋而闲居，妒宠而负恃[8]，争妍而取怜。大丈夫之遇知于天子，用力于当世者之所为也。吾非恶此而逃之，是有命焉，不可幸而致也。”

【注释】

①庙朝：宗庙和朝廷。坐于庙朝：指大官居于朝廷高位，发号施令。

②旗旄（máo）：旗帜。

③才畯（jùn）：才能出众的人。畯：同“俊”。

④入耳而不烦：形容爱听阿谀奉承的话。

⑤便（pián）体：美好的体态。惠中：内在有聪慧的资质。惠：同“慧”，聪慧。

⑥裾（jū）：衣服的前后襟。

⑦翳（yì）：遮蔽，掩映。

⑧负恃：依靠，此指依靠自己的色艺而藐视他人。

【译文】

用李愿的话说：“人们称之为大丈夫的，我现在明白其中缘由了。一种人是表面上把利益恩泽布施给别人，让自己的名声卓著而显扬于世，这样一来，他们就可以出入宗庙和朝廷之上参议国事，选任和罢退文武百官，辅佐天子发布诏令。他们在朝堂之外，则树立旗帜，罗列弓箭，有勇猛的武士在前面大声吆喝着为其开道，簇拥而行的随从多得把路都堵塞了，左右仆役各自拿着物品，在道路的两边快速奔驰随行。他们高兴时就给予赏赐，发怒时就给予处罚。身边聚集着很多才华出众的人，经常称道过去，谈论今朝，赞扬他们盛大的功德，对于这些阿谀奉承的话，他们总是听起来顺耳而不感到厌烦。此外，家妓成群，她们个个都是眉毛弯弯、面颊娇媚、身材丰润的美人，声音清婉而体态轻盈，外貌秀美而内在聪慧，轻歌曼舞时裙带飘扬，长长的衣袖半遮面容，真是舞尽妩媚。至于那些白粉扑面、青黛画眉的姬妾们，被他舒适地豢养在一列列的后院房中，她们常常自恃貌美而相互忌妒争宠，为了博取主子怜爱而争香竞妍。这就是那些被天子赏识、为当代出力的大丈夫每天所做的事啊。我并不是厌恶这些而避开他们，这是命中注定的，是不可能侥幸得到的。

【原文】

穷居而野处，升高而望远，坐茂树以终日，濯清泉以自洁。采于山，美可茹；钓于水，鲜可食。起居无时，惟适之安。与其有誉于前，孰若无毁于其后；与其有乐于身，孰若无忧于其心。车服不维[①]，刀锯不加，理乱不知，黜陟不闻[②]。大丈夫不遇于时者之所为也[③]，我则行之。伺候于公卿之门，奔走于形势之途，足将进而趑趄[④]，口将言而嗫嚅[⑤]，处污秽而不羞，触刑辟而诛戮[⑥]。徼幸于万一[⑦]，老死而后止者，其于为人，贤不肖何如也[⑧]！”

【注释】

①车服不维：没有官职的束缚。车服：代指官职。古时车子和服饰代表官职的品级高低。维：束缚。

②理：治。避唐高宗李治的名讳，以“理”代替“治”。黜陟（chù zhì）：指官吏的进退或品级的升降。陟：晋升官级。闻：听，打听。

③不遇：不得志；不被赏识。

④趑趄（zī jū）：踌躇不前，犹豫不决。

⑤嗫嚅（niè rú）：欲言又止的样子。

⑥刑辟（bì）：刑法，法律。诛戮：诛杀，杀戮。

⑦徼（jiǎo）幸：指作非分企求，亦指希望获得意外成功；由于偶然的原因而得到成功或免去灾害。徼：通“侥”。

⑧不肖：指不才，不正派；品行不好。

【译文】

另一种人是住在山野之间过着清贫的隐居生活，登高可以望远，可以整日在繁茂的树荫下悠然闲坐，可以汲取清澈的泉水洗涤性灵。从山上采来的果子，甜美可食；从水中钓来的鱼虾，鲜嫩可口。日常作息没有定时，只要感到安然舒适就行。与其当面受到别人赞誉，不如背后不受他人诽谤诋毁；与其肉体享受安乐，不如内心无所忧虑。既不受官职的束缚，也不会无故遭受刀锯刑戮的惩处。无须知道天下的治理是否混乱，官吏的贬谪与升迁一概不去打听。这些都是时运不济而不被赏识的大丈夫所为啊，而我就是在走这样的路呢。还有一种人是侍候在达官贵人的门下，在权势利益的道路上奔走，想要抬脚前进却又犹豫不决，想要开口说话却又欲言又止，处于污秽之中却不知羞耻，一旦触犯了刑法就会遭到残酷的诛杀。总是幻想万一能侥幸飞黄腾达，直到老死以后才停止这种追求的人，真不知道他在为人处世方面，品质的贤德与不肖该如何评断！”

【原文】

昌黎韩愈闻其言而壮之。与之酒，而为之歌曰："盘之中，维子之宫①。盘之土，可以稼②。盘之泉，可濯可沿。盘之阻，谁争子所？窈而深，廓其有容③。缭而曲，如往而复。嗟盘之乐兮，乐且无央④。虎豹远迹兮，蛟龙遁藏⑤。鬼神守护兮，呵禁不祥。饮且食兮寿而康，无不足兮奚所望？膏吾车兮秣⑥吾马，从子于盘兮，终吾生以徜徉⑦！

【注释】

①维子之宫：你居住的房室。维：句首助词，无意义。宫：室、房屋。

②稼：指播种五谷。

③窈：幽远。廓其有容：广袤而有所兼容。其：而。

④无央：没有穷尽。央：尽、完。

⑤遁藏：逃避隐藏。

⑥膏（gāo）：把油涂在车轴上。秣（mò）：喂牲口。

⑦徜徉：形容安闲自得的样子。

【译文】

昌黎韩愈听了他所说的这番话而心头为之一振。给他斟上酒，并为他作了一首歌，歌中唱道："盘谷之中，有你的家园。盘谷的土地上，可以播种五谷。盘谷的溪泉，既可以濯洗，又能沿着溪岸盘桓。盘谷的山势险阻，有谁能与你争夺住所？这里幽静而深远，空阔广大而足以容身。盘谷缭绕蜿蜒，就像走出去又回到原处一般。可赞这盘谷中的乐趣啊，快乐久长没有穷尽。虎豹的足迹都远去了啊，蛟龙逃遁慌忙藏身。鬼神守护着你啊，呵叱阻挡所有的不祥。吃喝不愁啊，长寿而安康，没有不满足的事啊，还有什么可奢望？给我的车轴加好油吧，喂好我的马，跟随你留在盘谷吧，终我一生与你在这里安闲游赏！"

【赏析】

韩愈在长安等候调官期间，因为仕途的不顺而心情抑郁。其实韩愈求仕，不只是为了求得衣食温饱，更重要的是为了实现自己救世济人的伟大志愿。所以在这种境遇下，只能借李愿归隐盘谷一事，发出不遇之叹、不平之鸣。

文章节奏明快，可谓是别具一格。首段简洁叙述盘谷环境之美以及得名由来，接下来三个段落假借李愿之口，运用两宾夹一主的手法，生动地描述了三种人的行为和处世态度：一是“坐于庙朝，进退百官”的达官贵人；二是“穷居而野处，升高而望远，坐茂树以终日，濯清泉以自洁”的山林隐士；三是“伺候于公卿之门，奔走于形势之途”的趋炎附势、投机钻营的谄媚小人。甄选这三种典型的人生加以映衬、对比，表达了作者对那种志得意满、穷奢极欲的大官僚以及卑躬屈膝、攀附权贵之徒辛辣的嘲讽，同时对友人李愿幽居“窈而深，廓其有容。缭而曲，如往而复。嗟盘之乐兮，乐且无央”这样无与伦比的隐居之志大加赞赏，继而委婉地表达了作者的内心所想，令人不禁为造成如此命运而深切叹息。

文章最后用“壮之”赞美李愿的话，表明“愿之言”即“愈之意”，然后以一首歌赋的形式，饱蘸浓郁的抒情笔调，发自肺腑地咏叹，夹杂高度赞美，送上真诚祝福，面对友人此时的隐居生活，隐隐流露出钦羡之意。

这篇文章在文体上，采用散体与歌赋韵文相结合的方式，部分段落采用了铺叙手法和排偶句式，形成了独特的章法和气势。相传苏轼最爱此文，对此文评价极高。

祭鳄鱼文

【原文】

维年月日[①]，潮州刺史韩愈，使军事衙推秦济，以羊一、猪一，投恶溪之潭水[②]，以与鳄鱼食，而告之曰：昔先王既有天下，列山泽[③]，罔绳擉刃[④]，以除虫蛇恶物为民害者，驱而出之四海之外。及后王德薄，不能远有，则江汉之间，尚皆弃之，以与蛮夷楚越[⑤]。况潮，岭海之间，去京师万里哉？鳄鱼之涵淹卵育于此[⑥]，亦固其所。

【注释】

①维：文言助词，用于句首或句中。

②恶溪：古水名。在潮州境内。一作“恶水”，又名鳄溪、意溪，韩江经此，合流而南。

③列：同“烈”，焚烧。山泽：山岭和沼泽。

④罔：同“网”。擉（chuò）：同“戳”。刺。

⑤蛮：古时对南方少数民族的贬称。夷：古时对东方少数民族的贬称。楚、越：泛指东南方偏远地区。

⑥涵淹：潜伏居留。卵育：产卵生育，此指繁衍生息。

【译文】

这年的某月某一天，潮州刺史韩愈，派遣部下军事衙推秦济，把一头羊、一头猪投入恶溪的潭水中，将它们送给鳄鱼吃，同时告诫鳄鱼说：古时候的帝王夺得天下后，放火焚烧山岭和沼泽平地上的草木，然后用绳索去网捉并举起利刃大肆刺杀，以此来灭除那些给人民带来危害的虫、蛇等可恶的害人动物，并把其余危害人类的统统驱逐到四海之外。到了后来，帝王的德义力量不足，没有能力统治远方，于是，长江、汉水之间的大片土地只得放弃，将它们给蛮夷、楚越等各方少数民族。更何况，潮州地处五岭和南海之间，距离京城有万里之遥呢？所以让你们鳄鱼选择留在这里安家筑巢繁衍生息，也就很自然了。

【原文】

今天子嗣唐位，神圣慈武①。四海之外，六合之内，皆抚而有之。况禹迹所揜②，扬州之近地，刺史、县令之所治，出贡赋以供天地宗庙百神之祀之壤者哉？鳄鱼其不可与刺史杂处此土也！

刺史受天子命，守此土，治此民。而鳄鱼睅然不安溪潭③，据处食民畜、熊、豕、鹿、獐，以肥其身，以种其子孙；与刺史亢拒④，争为长雄。刺史虽驽弱⑤，亦安肯为鳄鱼低首下心。伈伈睍睍⑥，为民吏羞，以偷活于此邪？且承天子命以来为吏，固其势不得不与鳄鱼辨。

【注释】

①嗣：继承。慈武：仁爱勇武。

②况：何况，况且。禹迹：大禹的足迹。大禹是传说中古代部落联盟的领袖。曾奉舜之命治理洪水，足迹遍及九州。故称九州大地为“禹迹”“禹域”。揜（yǎn）：古同“掩”，捕取；袭取。

③睅（hàn）然：瞪起眼睛，很凶狠的样子。

④亢拒：抗拒。古代“抗”与“亢”相通。

⑤驽（nǔ）：劣马。

⑥伈伈（xǐn xǐn）睍睍（xiàn xiàn）：小心害怕或低声下气的样子。伈

伈：恐惧的样子。睍睍：眯起眼睛看，形容胆怯的样子。

【译文】

如今天子继承了大唐帝位，神明圣伟而又仁慈英武。四海之外，天地四方之内，都在皇帝的安抚统辖之下。更何况这里是大禹足迹所覆盖的扬州这么近的地方，既是刺史、县令所治理的地方，又是交纳贡品、赋税以供应皇上祭天地、祭祖宗、祭神灵的地方呢？所以鳄鱼，你是不可以同刺史在这块土地上一起居住的！

刺史受天子之命，镇守这块土地，在这里治理民众。可你这瞪着大眼睛的鳄鱼却不安分守己地居留在溪潭水中，反而出来行凶，竟然占据一方水土，吞食民众的牲畜、熊、猪、鹿、獐，以此来养肥自己的身体，以便繁衍自己的后代；你竟然胆敢与刺史抗衡，争当统率一方的英雄。刺史我虽然像劣马一样软弱无能，但岂肯胆小怯懦地向你鳄鱼低头屈服，我低头胆怯的样子一定会被平民和下属嘲笑，这样怎能在此地苟且偷生？况且刺史是奉天子的命令来这里当官的，故而势必不得不与你这鳄鱼争辩一番。

【原文】

鳄鱼有知，其听刺史言！潮之州，大海在其南。鲸鹏之大①，虾蟹之细，无不容归，以生以食，鳄鱼朝发而夕至也。今与鳄鱼约：尽三日，其率丑类南徙于海，以避天子之命吏。三日不能，至五日；五日不能，至七日；七日不能，是终不肯徙也。是不有刺史，听从其言也；不然，则是鳄鱼冥顽不灵②，刺史虽有言，不闻不知也。夫傲天子之命吏，不听其言，不徙以避之，与冥顽不灵而为民物害者，皆可杀。刺史则选材技吏民③，操强弓毒矢，以与鳄鱼从事④，必尽杀乃止⑤。其无悔！

【注释】

①鲸鹏：鲸鱼与大鹏鸟。鹏：传说中的巨鸟，由鲲变化而来，也能在水中生活。见《庄子·逍遥游》。

②冥顽不灵：愚钝无知顽固不化。顽：愚昧无知。

③材技吏民：有才能、有技艺的官吏和百姓。

④从事：谓战斗。这里指对鳄鱼的惩罚。

⑤乃止：才停止。

【译文】

鳄鱼你如果还有知觉的话，那就听刺史告诉你！潮州这地方，大海在它的南面，不论是庞大的鲸鱼和大鹏，还是弱小的虾和蟹，没有大海所不能归顺和收容的，可以给它们提供生存的环境，给它们食物，鳄鱼你想去的话，早上从潮州出发，晚上就能到达。现在我就与你鳄鱼约定：最多给你三天时间，你务必率领你们这些丑众南迁到海里去，以便回避天子任命的官员；三天不行，就放宽到五天；五天不行，就放宽到七天；七天还办不到，那就表明你们最终是不想迁徙了。这就是不把刺史放在眼里，不肯听从刺史的话了；不是这样的话，就是你们鳄鱼愚昧无知顽固不化了，虽然刺史已经有言在先，但你们鳄鱼还是不听从吩咐，故意听不

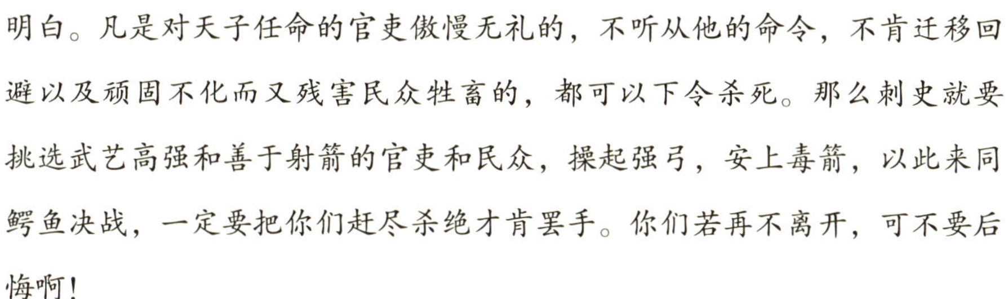
明白。凡是对天子任命的官吏傲慢无礼的，不听从他的命令，不肯迁移回避以及顽固不化而又残害民众牲畜的，都可以下令杀死。那么刺史就要挑选武艺高强和善于射箭的官吏和民众，操起强弓，安上毒箭，以此来同鳄鱼决战，一定要把你们赶尽杀绝才肯罢手。你们若再不离开，可不要后悔啊！

【赏析】

唐宪宗元和年间，韩愈因谏“迎佛骨”之事而触怒了唐宪宗，差点被杀死，多亏裴度出面救援才被贬为潮州刺史。据《新唐书·韩愈传》，韩愈刚到潮州，就听说境内的恶溪中有鳄鱼为害，把附近百姓的牲口都吃光了，韩愈听说此事大为震惊，决定驱走鳄鱼，甚至准备射杀鳄鱼，以保一方平安。于是写下了这篇痛斥鳄鱼为非作歹的文章，劝诫鳄鱼搬迁，据说时隔不久，恶溪之水西迁六十里，潮州境内永远消除了鳄鱼之患。这一传说固然不可信，但这篇文章无疑体现了韩愈为民除害的思想，表明了他与鳄鱼势不两立的态度，侃侃愤慨之词，气势雄浑，一度发泄了心中的愤恨之情。

文章虽名为祭文，实际是一篇檄文，大有兴师问罪声讨气势。从行文手法来看，作者采用了欲擒故纵的方式。首先交代了祭鳄鱼的时间、地点、人物等，然后借助回顾历史，先后加以比较，同时揭示了鳄鱼虐民害物的罪行，指出其长期肆虐的原因是先王能为民除害，后王浅薄，不能统治远方；然后笔锋一转，以今非昔比之势警告鳄鱼，意在极力宣扬天子、刺史、天地、宗庙、百神的声威，以此来震慑鳄鱼；最后作者对鳄鱼晓之以理、动之以情之后，又以命令的口吻，施之以威、绳之以法，义正词严地宣布了驱逐鳄鱼的命令。这篇“讨战书”写得宽严有度，恩威并施，仁至义尽的劝说之后，以“操强弓毒矢”“必尽杀乃止”结束全文。而一个“杀”字看似单薄，却暗含着雷霆万钧之力。一

句“必尽杀乃止”，表明了作者疾恶如仇的一身正气以及敢于斗争到底的精神。

这篇祭文表面是对鳄鱼的痛斥，实则是鞭笞当时祸国殃民的藩镇大帅、贪官污吏，同时表达了作者对一切危害百姓的恶势力的满腔愤慨，使文章寄寓了鲜明的主题和严峻的现实意义，读来发人深省，令人不禁掩卷长叹。

获麟解

【原文】

麟之为灵[①]，昭昭也。咏于《诗》[②]，书于《春秋》[③]，杂出于传记百家之书，虽妇人小子皆知其为祥也。

然麟之为物，不畜于家[④]，不恒有于天下。其为形也不类[⑤]，非若马牛犬豕豺狼麋鹿然。然则虽有麟，不可知其为麟也。

角者，吾知其为牛；鬣者吾知其为马[⑥]；犬、豕、豺、狼、麋、鹿，吾知其为犬、豕、豺、狼、麋、鹿；惟麟也不可知。不可知，则谓其不祥也亦宜。

【注释】

①麟：麒麟（qí lín），古代传说中的一种动物，状如鹿，牛尾，狼额，马蹄，五彩腹。其性柔和，古人把它当作仁兽，作为吉祥的象征。灵：灵异祥瑞之意。

②咏于《诗》:《诗经·国风》有《麟之趾》篇。

③书于《春秋》：指《春秋》上有关于获麟的记载。《春秋》：本为周代史书的通称，后来孔子根据鲁史材料修成一部《春秋》时，成为六经之一的《春秋经》，为我国最早的一部编年体断代史。

④畜：饲养。

⑤不类：不像，不类似。

⑥鬣（liè）：某些哺乳动物颈上生长的又长又密的长毛。

【译文】

麒麟是灵异祥瑞的动物，这显然是众所周知的。在《诗经》中曾被歌颂过，在《春秋》中也有记载，它还间杂出现在众多传记百家之书当中，就连妇人和儿童也都知道它是祥瑞之物了。

但是麒麟是野生动物，不能在家里庭院中豢养，自然界中也不常有。它的外形跟什么动物都不相似，不像马、牛、犬、猪、豺狼、麋鹿那样一目了然。所以，即使有麒麟出现，人们也不认识它是麒麟。

看到它的角，我就以为它是牛；看到它细密的鬣毛，我就以为它是马；看到狗、猪、豺、狼、麋、鹿，我一眼就能认出它是狗、猪、豺、狼、麋、鹿；只有麒麟无法辨识。如果不能辨识它，那么看见麒麟的时候，说它是不祥之物也是恰当合宜的。

【原文】

虽然，麟之出，必有圣人在乎位，麟为圣人出也。圣人者，必知麟。麟之果不为不祥也①。

又曰："麟之所以为麟者，以德不以形。"若麟之出不待圣人②，则谓之不祥也亦宜。

【注释】

①果：确实，果然。

②不待圣人：不等圣人在位时就出世。比喻生不逢时。

【译文】

既然这样，那么麒麟的出现，就必然有圣人在世谋政，麒麟就是因为

有圣人才现形于世的。圣人，一定能辨识麒麟。这样看来，麒麟果然不是不祥之物。

还有人说："麒麟之所以被称作麒麟，是依照德行而不是依照外形去界定的。"倘若麒麟不等圣人在位时就自己出现，那么麒麟就不会被凡人所知晓，所以它被视为不祥之物也就理所当然了。

【赏析】

这是一篇借物喻人的小短文。韩愈在文中以麒麟自喻，意在说明自己的情志以及分析贤才出仕的时机和意图，借此抒发自己怀才不遇、生不逢时的感慨。

文中首句"麟之为灵，昭昭也"，开篇就给麒麟的身价定位，肯定了麒麟是人所共知的祥瑞之兽，并且列举《诗经》《春秋》以及诸子百家，都曾有记载，甚至是妇孺皆知了。接下来详细介绍麒麟，以其天性"不畜于家，不恒有于天下"、外形"其为形也不类"，说明了麒麟的与众不同，并以调侃的口吻，站在"我"的角度去评说此物。韩愈认为麒麟之所以称为祥瑞之物，是由于出现在圣人在位的时候；如果不等圣人在位的时候麒麟就出现，因为凡人并不能认出麒麟来，所以自然也就被称为不祥之兽了。

韩愈抓住"祥"与"不祥"、"知"与"不知"这两组对立的字眼，以此为基点，在行文过程中，通过这两对词语的转换，强调麒麟作为灵兽具有的象征意义远大于本身，借此抒发了自己心中的愤愤不平以及无以言表的自怜自重而又自怨自艾的情结。如此做足了文章的意绪，除抒发自己的怀才不遇的情怀之外，苦于不为圣主所知才是文章的真意。所以说，文章虽短，却意蕴深远。

圬者王承福传

【原文】

圬之为技，贱且劳者也①。有业之②，其色若自得者。听其言，约而尽③。问之，王其姓，承福其名，世为京兆长安农夫④。天宝之乱⑤，发人为兵，持弓矢十叁年，有官勋⑥，弃之来归。丧其土田，手镘衣食⑦，余叁十年。舍于市之主人⑧，而归其屋食之当焉⑨。视时屋食之贵贱，而上下其圬之佣以偿之；有余，则以与道路之废疾饿者焉。

又曰："粟，稼而生者也；若布与帛⑩，必蚕绩而后成者也⑪；其他所以养生之具，皆待人力而后完也；吾皆赖之。然人不可遍为，宜乎各致其能以相生也⑫。故君者，理我所以生者也⑬；而百官者，承君之化者也。任有大小，惟其所能，若器皿焉。食焉而怠其事⑭，必有天殃⑮，故吾不敢一日舍镘以嬉⑯。夫镘易能，可力焉，又诚有功⑰，取其直⑱，虽劳无愧，吾心安焉，夫力易强而有功也，心难强而有智也。用力者使于人，用心者使人，其亦宜也。吾特择其易为无愧者取焉。

【注释】

①圬（wū）：泥瓦工用的抹（mǒ）子，此为动词，抹灰，粉刷。贱：低贱，卑微。

②业之：把它当作职业。

③约而尽：简约而透彻。约：简约。尽：详尽。

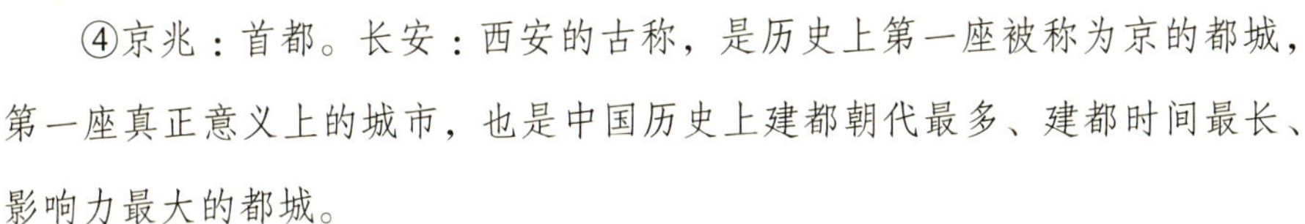

④京兆：首都。长安：西安的古称，是历史上第一座被称为京的都城，第一座真正意义上的城市，也是中国历史上建都朝代最多、建都时间最长、影响力最大的都城。

⑤天宝之乱：指历史上有名的“安史之乱”。

⑥官勋：官阶勋位，没有实职的荣誉官称。唐制勋官有十二级。

⑦手镘（màn）衣食：操持抹泥板谋取衣食温饱。镘：泥瓦工的工具。

⑧舍：居住。

⑨屋食之当：居屋和饮食的价值。当：指相当的价值。

⑩稼：种植。布与帛：布指麻布。帛是丝织品的总称。

⑪蚕绩：养蚕纺织。蚕：养蚕。绩：缉麻。

⑫各致其能：各尽所能。

⑬理：治。因为唐朝人避唐高宗李治讳，改“治”为“理”。

⑭怠（dài）其事：荒废他的职务。

⑮天殃：天降的灾祸。

⑯舍镘以嬉：放下手中的抹泥板去游乐。

⑰诚有功：确实有成效。

⑱直：同“值”，文中指工钱。

【译文】

粉刷墙壁作为一种手艺，是卑贱而且辛苦的。有一个人以这手艺作为职业，看他的神色好像很自在满意的样子。听他所说的话，言词简明而透彻。我询问他的身世状况，他说他姓王，承福是他的名，祖祖辈辈都是京都长安的农民。天宝年间发生安史之乱的时候，官府发动百姓去当兵，他也被征召入伍，手持弓箭在沙场上战斗了十三年，有官府授给他的勋级，但他却放弃官勋回到了家乡。由于丧失了土地田园，就靠双手拿着镘子维持生活的衣食所需，这样已经有三十多年了。他寄居在集市街上的屋主家里，而回来时要付给屋主人相当的房租费、餐食费。根据当时房租费、餐食费的高低，用他上下粉刷墙壁的工钱来交付房屋主人；如果有剩余的钱，他就拿去给流落在道路上的残废、贫病、饥饿的人。

他又说："粮食，是人们种植才长出来的；若是布匹和丝绸，一定要靠养蚕、纺织才能制成的；其他用来维持生活的物品，都是等到人们劳动之后才完备的；我都离不开它们。但是人们不可能样样都亲手去制造，最合适的做法是各人尽各人的能力，相互协作来求得生存。所以，国君的责任是治理我们，使我们能够赖以生存；而各级官吏的责任，则是秉承国君的旨意来教化百姓。责任有大有小，只有各尽自己的能力去做，好像放在那里的器皿一样，虽然大小不一，但是各有各的用途。如果光吃饭而懒于去做自己应该做的事，那么一定会遭到天降灾祸的，所以我一天也不敢丢下我的泥镘子去游玩嬉戏。粉刷墙壁是比较容易掌握的技能，既可以努力做好，又确实有成效，还能取得应有的工钱，虽然辛苦，却问心无愧，因此我心里十分坦然，力气也就容易用劲使出来，并且取得了成效，不过心里很难强大而使脑子变得聪明有智慧了。所以说，干体力活的人常被人役使，用心机脑力的人常役使别人，这也是应该的。我只是选择那种容易做而又问心无愧的事情来取得报酬罢了。

【原文】

"嘻！吾操镘以入富贵之家有年矣[①]。有一至者焉，又往过之，则为墟矣[②]；有再至、叁至者焉，而往过之，则为墟矣。问之其邻，或曰：'噫！刑戮也[③]。'或曰：'身既死，而其子孙不能有也。'或曰：'死而归之官也[④]。'吾以是观之，非所谓食焉怠其事，而得天殃者邪？非强心以智而不足[⑤]，不择其才之称否而冒之者邪？非多行可愧[⑥]，知其不可而强为之者邪？将富贵难守，薄功而厚飨之者邪[⑦]？抑丰悴有时[⑧]，一去一来而不可常者邪？吾之心悯焉，是故择其力之可能者行焉。乐富贵而悲贫贱，我岂异于人哉？”

又曰：“功大者，其所以自奉也博[9]。妻与子，皆养于我者也；吾能薄而功小，不有之可也。又吾所谓劳力者，若立吾家而力不足，则心又劳也。一身而二任焉[10]，虽圣者不可为也。”

【注释】

①有年：很多年。

②墟：废墟。

③刑戮（lù）：受刑罚或被处死。

④归之官：指被官府抄没。

⑤强心以智：勉强心力，自作聪明。

⑥多行可愧：多做愧对于心的事。

⑦薄功而厚飨（xiǎng）：功劳很少而享受丰厚。

⑧丰悴（cuì）有时：意谓盛衰变化于瞬间。悴：衰弱，疲萎。

⑨自奉也博：自己享受丰厚。

⑩一身而二任：一个人担负两方面的任务。

【译文】

“唉！我拿着镘子到富贵人家干活有很多年了。有的人家我只去过一次，再从那里经过时，当年的房屋已经成为废墟了；有的人家我曾去过两次，也有去过那里三次的，而后来再经过那里时，当年的房屋也成为废墟了。向他们的邻居询问，有的说：‘唉！他们家主人被判刑杀掉了。’有的说：‘原主人已经死了，他们的子孙没能守住遗产啊。’也有的人说：‘人死了，财产都让官府拿走了。’我依照这些情况来看，这不正是所说的光吃饭不做事，而遭到天降的灾祸了吗？不正是勉强自己去干自己才智所达不到的事，不选择与自己的才能相称的事，却非要去冒充的结果吗？不正是多做了亏心事，明知自己不行，却非要勉强去做的结果吗？又或许是富贵难以保住，功绩少却享受丰厚造成的结果吧？抑或是盛衰贵贱都有一定的时运，一来一去而不能经常保有吧？我的心怜悯这些人，所以选择力所能及的事情去干。喜爱富贵，悲伤贫贱，我哪里与一般人不同呢？”

他还说：“功劳大的人，他用来供养自己的东西多。妻室儿女都由我自己养活，我能力小，贡献少，没有妻室儿女也是可以说得通的。再则我是一个干体力活的人，如果成家而我的能力不足以养活妻室儿女，那么就要既操心又劳力了。一个人既要劳力，又要劳心，即使是圣人也不能做到啊！”

【原文】

愈始闻而惑之，又从而思之，盖贤者也，盖所谓“独善其身①”者也。然吾有讥焉②，谓其自为也过多，其为人也过少，其学杨朱之道者邪③？杨之道，不肯拔我一毛而利天下，而夫人以有家为劳心④，不肯一动其心以蓄其妻子⑤，其肯劳其心以为人乎哉？虽然，其贤于世者之患不得之而患失之者⑥，以济其生之欲，贪邪而亡道以丧其身者⑦，其亦远矣！又其言，有可以警余者⑧，故余为之传而自鉴焉。

【注释】

①独善其身：原指独自修养身心，保持个人的节操。后指只顾自己，不管他人的个人主义处世哲学。

②讥：批评，非议。

③杨朱之道：杨朱主张为自己，即使拔一根毫毛而有利于天下，他都不肯干。出自《孟子·尽心上》。杨朱：中国战国初期伟大的思想家、哲学家。杨朱主张“贵己”“重生”“人人不损一毫”的思想，是道家杨朱学派的创始人。

④夫（fú）人：那个人。

⑤畜（xù）：养。妻子：古指妻子与子女。

⑥患不得之而患失之：未得到时忧虑得不到，得到时又忧虑失去。

⑦贪邪而亡道：贪婪邪恶而没有道义。亡：通“无”，没有。

⑧警余：警醒自己。

【译文】

我听了他所说的话，起初还很疑惑不解，随后又进一步跟着他的说法思考一下，或许他应该算是一个有贤德的人，大概就是那种所谓“独善其身”的人吧。但是我对他还是有些批评的话要说，觉得他为自己打算得太多，为别人打算得又太少，难道他是学了杨朱的处事之道了吗？杨朱之道，他主张为了自己，不肯拔自己一根毫毛去做有利于天下的事，而那个王承福把有家当作劳心费力的事，不肯操点心来养活妻子儿女，难道会肯操劳心智为其他人吗？尽管如此，王承福的贤德比起世上那些一心唯恐得不到富贵，得到后又害怕失去的人；比起那些为了满足生活上的欲望，甚至贪婪奸邪而没有道义以致丧命的人，又好太多了！而且他所说的话，有很多对我大有警醒之处，所以我替他立传，同时也是用来作为自己的借鉴吧。

【赏析】

这是一篇很有特色的传记文，当时韩愈到京城长安调选。一次偶然的机会遇到泥瓦匠王承福，交谈之中被他立身行事的特异之处所吸引，也对他所说的话深有感触，于是为他写下了这篇传记，同时也表达了自己的一些观点。

文中通过一个虽有官勋却放弃军功而自食其力的泥瓦匠王承福向作者口述的方式，讲述了他的人生经历，表达了他所认为的一种处世哲学。在此，韩愈针对王承福所提出的“各人尽他的能力，相互协作来求得生存”的主张以及对他“独善其身”这种处世态度的评断，暗中流露出韩愈的社会主张和人生哲学。

从文章结构来分析，大致分为三个部分。第一部分略述王承福身世；第二部分借王承福的口气阐述社会现实，肯定了那些凭靠自己双手劳动自食其力的人，然后对照那些“少贡献却多享受”的剥削者，鞭挞了现实生活中不合理的社会现象；第三部分是对王承福言论的总结与评断，同时以“又其言，有可以警余者，故余为之传而自鉴焉”这样的自鉴作结，实际上也是在规劝世人。如此结束全文，似在与人共勉，更觉亲切，意义更加含蓄深婉。

本文先叙事后议论，使叙述和议论有机地融为一体，表面上是一篇传记体，但内涵却是一篇借人物小传展开议论的杂文，巧妙地将“自食其

力”“多行可愧”“食焉而怠其事”“各致其能以相生”“独善其身”等处世观念罗列而出，留给人们一连串的人生思索。不能不说，这小小短文意义深广啊！

柳子厚墓志铭①

【原文】

子厚讳宗元。七世祖庆，为拓跋魏侍中②，封济阴公。曾伯祖奭③，为唐宰相，与褚遂良、韩瑗，俱得罪武后，死高宗朝。皇考讳镇，以事母弃太常博士④，求为县令江南。其后以不能媚权贵，失御史。权贵人死，乃复拜侍御史。号为刚直，所与游，皆当世名人。

子厚少精敏，无不通达，逮其父时⑤，虽少年，已自成人，能取进士第，崭然见头角⑥，众谓柳氏有子矣。其后以博学宏词⑦，授集贤殿正字。俊杰廉悍⑧，议论证据今古，出入经史百子，踔厉风发⑨，率常屈其座人，名声大振，一时皆慕与之交。诸公要人，争欲令出我门下，交口荐誉之。

贞元十九年，由蓝田尉拜监察御史⑩。顺宗即位，拜礼部员外郎。遇用事者得罪⑪，例出为刺史。未至，又例贬永州司马⑫。居闲，益自刻苦，务记览⑬，为词章，泛滥停蓄⑭，为深博无涯涘⑮，而自肆于山水间。

【注释】

①柳子厚：柳宗元。“唐宋八大家”之一，唐代文学家、哲学家、散文家和思想家，世称“柳河东”“河东先生”，官终柳州刺史。柳宗元与韩愈并称为“韩柳”。墓志铭：记述死者生平，以石刻之，下葬时埋在墓内。

②拓跋（tuò bá）魏侍中：北魏国君门下省的长官。

③曾伯祖奭（shì）：柳奭，他是唐高宗李治王皇后的外祖，曾任中

书令。

④皇考：古时在位皇帝对先皇的尊称，后引申为对先祖的尊称，在文章中指先父。太常博士：太常寺（掌宗庙礼仪）的属官。

⑤逮（dài）其父时：在他父亲在世的时候。逮：等到，到，及。

⑥崭然见（xiàn）头角：比喻青年人才华初显。崭：突出。见：同“现”，显现。

⑦博学宏词：指博学宏词科的考试。在唐制中，进士及第者可应博学宏词考选，取中后即授予官职。

⑧廉悍：行为端正，廉洁勇敢，有骨气。

⑨出入：融会贯通，深入浅出。踔（chuō）厉风发：形容精神振作，见识高远，意气风发。踔厉：精神振奋，言论纵横。风发：像刮风一样迅猛。

⑩蓝田：今陕西蓝田。尉：管理一县治安的官吏。监察御史：掌监察百官和巡按州县狱讼。

⑪用事者：掌权者，此指王叔文，顺宗时执政，锐意改革，仅半年时间即失败告终。得罪：获罪。

⑫例贬：依照“条例”贬官。当年与柳宗元同时被贬的共八人，史称“八司马”。此称“例”，是隐讳之词。永州：今湖南省永州市。司马：本是州刺史属下掌管军事的副职，唐时已成为有职无权的佐理人员。

⑬记览：记诵阅览，此喻刻苦为学。

⑭泛滥：文笔汪洋恣肆。停蓄：文笔雄厚凝练。

⑮无涯涘（sì）：无边际。涯涘：水的边际。

【译文】

柳子厚，名讳为宗元。他的七世祖是柳庆，生前官为拓跋魏侍中，后被封为济阴公。曾伯祖柳奭，曾做过唐朝的宰相，同褚遂良、韩瑗一样，都是因为得罪了武后，在高宗时期被下令处死。他父亲的名字叫柳镇，为了侍奉年老的母亲，放弃了太常博士的官位，请求到江南做县令。后来因为他不肯向权贵讨好献媚，所以丢了御史的官职。直到后来那位权贵死了，他才重又被任命为侍御史。因此，他得到了刚毅正直的称号，与他交往的都是当时在世的名人。

子厚少年时就很精明聪敏，没有他不明白通晓的事情。在他父亲在世的时候，他虽然很年轻，但已经自我成才，能够顺利金榜题名考取进士，显现出卓然突出的才华，大家都恭贺说柳家有能扬名显姓的后人了。后来他又通过博学宏词科的考试，被授为集贤殿的正位官职。他的才能出众，廉洁勇敢，发表议论时能引证今古事例为依据，能够深入浅出讲解经史，能融会贯通诸子百家典籍，议论时凸显出才华横溢，滔滔不绝，见识高远，常常使在座的人情不自禁折服赞叹，因此一时之间名声轰动，人们都敬慕不已而且希望与他交往。那些公卿贵人想争着让他成为自己的门生，异口同声地推荐赞誉他。

贞元十九年（803 年），子厚由蓝田县尉调任监察御史。顺宗即位以后，又升为礼部员外郎。恰逢当时的掌权人因改革失败获罪，他也被按例贬出京城而成为刺史。可是还没等他到地方上任，就又被依例贬为永州司马。从此身居闲职，无法施展才华，于是更加刻苦学习，专心记诵阅览，作诗、写文章，文辞如汪洋恣肆流淌，文笔雄厚凝练，就像是无边的海水那样精深博大，他就这样自由自在地纵情于山水之间。

【原文】

元和中，尝例召至京师，又偕出为刺史[①]，而子厚得柳州。既至，叹曰："是岂不足为政邪[②]？"因其土俗，为设教禁，州人顺赖。其俗以男女质钱，约不时赎[③]，子本相侔[④]，则没为奴婢。子厚与设方计，悉令赎归。其

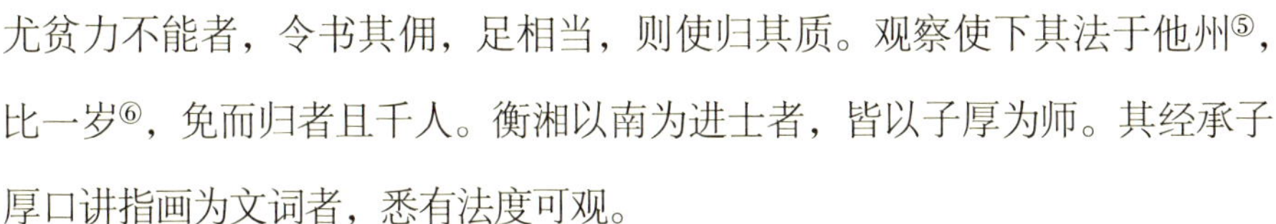

尤贫力不能者，令书其佣，足相当，则使归其质。观察使下其法于他州[⑤]，比一岁[⑥]，免而归者且千人。衡湘以南为进士者，皆以子厚为师。其经承子厚口讲指画为文词者，悉有法度可观。

其召至京师而复为刺史也，中山刘梦得禹锡[⑦]，亦在遣中，当诣播州[⑧]。子厚泣曰："播州，非人所居，而梦得亲在堂，吾不忍梦得之穷，无辞以白其大人，且万无母子俱往理。"请于朝，将拜疏，愿以柳易播[⑨]，虽重得罪，死不恨。遇有以梦得事白上者，梦得于是改刺连州。呜呼！士穷乃见节义。今夫平居里巷相慕悦，酒食游戏相徵逐[⑩]，诩诩强笑语以相取下[⑪]，握手出肺肝相示[⑫]，指天日涕泣，誓生死不相背负，真若可信。一旦临小利害，仅如毛发比[⑬]，反眼若不相识。落陷穽[⑭]，不一引手救，反挤之，又下石焉者，皆是也。此宜禽兽夷狄所不忍为，而其人自视以为得计。闻子厚之风，亦可以少愧矣。

【注释】

①偕出：一同出任。

②是岂不足为政邪：这里难道就不值得实施政教吗？是：这，这里。岂：难道。足：值得。

③不时赎：不按时赎取。

④子本相侔（móu）：利息和本金相等。侔：等同；相等。

⑤观察使下其法：观察使推行赎回人质的办法。观察使：中央派往地方掌管监察的官员，为刺史的上司。下其法：向下推行赎回人质的办法。

⑥比：及，等到。一岁：一年。

⑦中山刘梦得禹锡：刘梦得，即刘禹锡，洛阳（今属河南）人，中山是他的郡望，文学家，曾任监察御史，因参与王叔文的改革而被贬职。

⑧诣（yì）播州：前去播州。播州：今贵州省境内。

⑨以柳易播：指柳宗元自愿与刘禹锡交换贬所到播州去，以让刘禹锡去柳州。

⑩徵（zhǐ）逐：交往过从；往来频繁。

⑪诩诩（xǔ）强（qiǎng）笑：讨好献媚。诩诩：夸耀，说大话。取下：指采取谦下的态度。

⑫出肺肝相示：比喻做出非常诚恳和坦白的样子。

⑬如毛发比：比喻事情之细微。比：类似。

⑭陷穽（jǐng）：穽：同“阱”。圈套，祸难。

【译文】

元和年间，他曾经与同案人一起奉召回到京师，又一起被遣出京师到州郡担任刺史，子厚被分配到柳州。到任之后，他慨叹道：“这里难道不值得做出政绩吗？”于是按照当地的风俗，他亲自为柳州制定了教谕和禁令，全州的百姓都欣然顺从并很信赖他。以前当地的风俗习惯于用自己的儿女做抵押向别人借钱，双方约定如果不能按时还钱赎回儿女，那么等到利息与本金相等时，债主就把人质没收做奴婢。子厚为此替借债人想方设法，都让他们把子女赎回来。那些特别穷困没有能力赎回的借债人，他就让债主记下那些当人质的子女做佣工的工钱，等到应得的工钱足够抵销债务时，就让债主归还被抵押的人质。观察使把这个办法推广到其他州县，一年以后，免除奴婢身份而回家的将近一千人。衡山、湘水以南准备考进士的人，都把子厚当作老师，那些经过子厚亲自传承讲授和指点所写出来的文章，全都可以看得出是合乎规范的。

当年他被召回京师又再次被遣出京城担任刺史时，中山刘禹锡也在被遣出之列，按照皇上旨意刘禹锡应当去播州。当时子厚流着泪说：“播州荒僻无比，不是一般人能居住的地方，况且梦得有老母健在，我不忍心看到梦得的处境穷厄到如此地步，他没有办法把这件事告诉他的母亲大人，况且绝没有母子一同前往受罪的道理。”于是子厚向朝廷请求，并准备向皇上拜呈奏章，情愿以自己贬遣的柳州交换刘禹锡将要去的播州，即使自己因此再度获罪也不怕，就算因此获死罪也无憾了。不过，天大的机遇，是有人把梦得这件事告知了皇上，因此梦得就这样被改任成连州刺史。呜呼！士人到了穷境时，才看得出他的节操和义气！如今有些人，平日街坊居处互相仰慕讨好，吃喝玩乐来往频繁，见面夸夸其谈、强作笑脸、互相表示愿居对方之下，手握着手信誓旦旦地做出掏肝挖肺的样子给对方看，指着天日慷慨激昂热泪盈眶地发誓，不论生死谁都不背弃朋友，简直像真的一样可信。可是一旦面临小小的利害冲突，仅仅像头发丝般细小的事情，也会立刻翻脸，就像相互不认识一样。看到有人落入陷阱，也不伸手拉一把救上来，反而借机推挤他，再往

下扔石头陷害的人，到处都有。这应该是连那些禽兽和野蛮人都不忍心干的事情，而那些人却自以为得计。他们如今听到子厚的高风亮节，也应该觉得有些惭愧了。

【原文】

子厚前时少年，勇于为人，不自贵重顾藉，谓功业可立就[①]，故坐废退[②]。既退，又无相知有气力得位者推挽[③]，故卒死于穷裔[④]。材不为世用，道不行于时也。使子厚在台省时，自持其身，已能如司马刺史时，亦自不斥；斥时有人力能举之，且必复用不穷。然子厚斥不久，穷不极，虽有出于人，其文学辞章，必不能自力，以致必传于后如今，无疑也。虽使子厚得所愿，为将相于一时，以彼易此，孰得孰失，必有能辨之者。

子厚以元和十四年十一月八日卒，年四十七。以十五年七月十日，归葬万年先人墓侧[⑤]。子厚有子男二人。长曰周六，始四岁。季曰周七[⑥]，子厚卒，乃生。女子二人，皆幼。其得归葬也，费皆出观察使河东裴君行立[⑦]。行立有节概，重然诺[⑧]，与子厚结交，子厚亦为之尽，竟赖其力。葬子厚于万年之墓者，舅弟卢遵[⑨]。遵，涿人，性谨慎，学问不厌，自子厚之斥，遵从而家焉，逮其死不去。既往葬子厚，又将经纪其家[⑩]，庶几有始终者[⑪]。

铭曰：是惟子厚之室[⑫]，既固既安，以利其嗣人[⑬]。

【注释】

①立就：很快就获得。

②坐：因他人获罪而受牵连。废退：指远谪边地，不用于朝廷。

③推挽：推举、提携。

④穷裔（yì）：穷困的偏远地区。

⑤万年：地名，在今陕西省临潼区东北。先人墓：墓址在万年县。侧：旁边。

⑥周七：柳告，字用益，柳宗元的遗腹子。

⑦河东裴（péi）君行立：裴行立，绛州稷山（今山西省稷山县）人，时任桂管观察使，是柳宗元的上司。河东：郡名，治所在今山西省永济蒲州镇。

⑧重然诺：看重许下的诺言。

⑨卢遵：柳宗元舅父之子。

⑩经纪：经营、料理。

⑪庶几：近似，差不多。

⑫室：幽室，即墓穴。

⑬嗣（sì）人：子孙后代。

【译文】

子厚以前年轻的时候，就勇于帮助别人，从不看重和爱惜自己，可以说他的功名事业是一蹴而就，只因为受到牵连才被贬斥到边远地区。遭到贬谪后，又没有相熟识、有力量、有地位的人推荐提携他，所以最后死在荒僻的边远之地，致使他的才智不能为世间所用，道义抱负也没能在当世施展。如果子厚当时在御史台、尚书省为官时，能谨慎约束自己的行为，还能像司马刺史时那样，自然不会被贬官了；如果遭到贬官后，能有人出面极力推举他，一定还会再次被重用，而不至于穷困潦倒。当然，若是子厚被贬斥的时间不长，穷困的处境没有达到极点，即使他能够在官场中出人头地，但他的文学辞章，一定没有时间这样倾尽全力去钻研，以至于像今天这样一定流传于后世，这是毫无疑问的了。即使让子厚实现他的愿望，像程异那样一度升官至宰相却无为而终，若拿那个结果去交换这个结果，哪个是“得”，哪个是“失”，一定有能辨别它的人。

子厚在元和十四年（819 年）十一月八日去世，终年四十七岁。然后在元和十五年（820 年）七月初十日，归葬在万年县柳士祖先墓地的一侧。子厚有两个儿子：长子叫周六，才四岁。季子叫周七，是子厚去世后才出生的遗腹子。另有两个女儿，都还小。他的灵柩能够得以回乡安葬，费用都是观察使河东裴行立先生付的。裴行立为人有气节，重信用，守承诺，他与子厚是交情很好的朋友，子厚对他也很尽心尽力，或许子厚也没想到最后竟依赖他的力量才办理了后事。把子厚安葬到万年县墓地的，是他的表弟卢遵。卢遵，涿州人，性情谨慎，做学问永不满足，自从子厚被贬斥之后，卢遵就跟随他来到他的家里一起生活，直到他去世也没有离开。护送子厚回乡安葬以后，还要安排料理子厚的家属，可以称得上是有始有终的人了。

铭文中写道：这是子厚的幽室，既牢固又安适，用以更好地庇佑子厚的子孙后代。

【赏析】

这篇墓志铭是韩愈

在袁州任刺史时所作，大约是唐宪宗元和十五年（820 年）。韩愈和柳宗元是多年好友，两人友情笃厚，同是古文运动的倡导者。这一年，韩愈得知柳宗元去世后，怀着无比沉痛与惋惜的心情提笔写了这篇墓志铭，并在文中对柳宗元的文学辞章推崇备至，表达了自己对亡友的追思以及高度赞颂之情。

这篇墓志铭侧重几方面。其一，首先介绍柳宗元的家世，堪称世代贤才辈出；然后选取了柳宗元一生中若干典型事例加以叙述，高度赞扬了柳宗元“少精敏”，文章学问“无不通达”“俊杰廉悍，议论证据今古，出入经史百子，踔厉风发，率常屈其座人”。其二，政治才能方面，柳宗元年轻时就已经“由蓝田尉拜监察御史。顺宗即位，拜礼部员外郎”，即便是后来因为受到牵连而被贬谪到州县，也能“因其土俗，为设教禁，州人顺赖”。其三，至于道德品行方面，更是无可厚非，看到朋友被贬谪到更加艰苦的荒蛮之地，敢于挺身而出，意欲上书朝廷，甚至“愿以柳易播，虽重得罪，死不恨”。如此义薄云天的气节，怎不令人赞叹不已呢？只可惜，仕途坎坷，注定了像他这样不会趋炎附势、敢于创新之人的命运总是横生枝节。因此，作者在文中字里行间无不流露出对亡友备受排挤、长期遭贬、穷极困顿的经历寄予了深切的同情与怜惜。

文章将叙事、议论、抒情三者融为一体，成功地塑造了人物的形象。至于批评柳宗元参与改革为“不自贵重”，虽然不一定妥当，或是有意反说之，但无不体现了韩愈对朋友的率真与关怀。

本文叙事简洁，间杂议论，义正词严，情真意切，不以政治上的失意论其成败，而是推重文学成就，更加鲜明地表现了柳宗元大才难以施展的一生。细细品读，不愧是一篇真情发自肺腑、字句精心结撰的精彩的传记文。

子产不毁乡校颂

【原文】

我思古人，伊郑之侨[①]。以礼相国，人未安其教[②]，游于乡之校，众口嚣嚣[③]。或谓子产："毁乡校则止[④]。"曰："何患焉？可以成美。夫岂多言，亦各其志。善也吾行，不善吾避；维善维否[⑤]，我于此视。川不可防，言不可弭[⑥]。下塞上聋[⑦]，邦其倾矣！"既乡校不毁，而郑国以理[⑧]。

【注释】

①伊：句首语气词，没有实义。侨：公孙侨，字子产。春秋时代郑国的大夫，内政外交，政绩卓越，是杰出的政治家、思想家和外交家。本文题"子产不毁乡校"是其事迹之一。

②安：安于，悦服；使安定。

③嚣嚣（xiāo）：喧哗的样子。

④乡校：地方上的学校，它既是学习场所，又是游乐、议政的场所。除了"乡校"一词，还有学府、太学、国子监、庠、私塾、书院等古代用来表示学校的词语。

⑤维：句首句中语气词，无实义。否（pǐ）：不好，坏，恶。

⑥言不可弭（mǐ）：言论不能阻止。这里指舆论不可以用权力来禁止。弭：平息，停止，消除。

⑦下塞上聋：如果阻塞下边人民评论政治，那么执政者听不到人民的

意见，就和聋子一样了。下：指人民。上：指执政者。

⑧理：本应当用“治”，但为了避唐高宗李治名讳，改为“理”字。

【译文】

我思慕一位杰出的古人，他就是郑国的大夫公孙侨。他依靠礼制治理国家，刚一开始人们还没有安于他的说教，人们来到乡校这个议政的场所，众人吵吵嚷嚷、议论纷纷。有人对子产说：“毁掉乡校议论就停止了。”子产说：“那有什么可担心的呢？可以把议论变成好事。你怎能说是议论太多呢，这也是在各抒己见罢了。好的意见，我们就采纳施行；不好的意见，我们就规避；是好是坏，我们就在这里观察。河流不能堵塞，言论不能阻止。堵塞下边人民的言路，上边的执政者变成了聋子，国家就要倾覆灭亡了！”最后，不但乡校没有被毁掉，而且郑国也得到了很好的治理。

【原文】

在周之兴，养老乞言[①]；及其已衰[②]，谤者使监。成败之迹，昭哉可观。

维是子产，执政之式[③]。维其不遇，化止一国。诚率是道[④]，相天下君，交畅旁达[⑤]，施及无垠[⑥]，於乎[⑦]！四海所以不理，有君无臣。谁其嗣之[⑧]？我思古人！

【注释】

①养老乞言：古代有养老之礼，就是选择年老而有贤德的人，国家按时供奉酒食，听取他的意见，作为行政的依据。

②及：介词，到了……时候。衰：衰落，衰败。

③式：法式，典范。

④率：遵循。

⑤交畅旁达：或作“旁畅交达”，意为同时全面顺利推行起来，通达于四方。交：一齐，同时。畅、达：都是顺利推行的意思。

⑥施（yì）及无垠（yín）：影传到后世，求远不会消失。施：延伸、延续之意。

⑦於乎：叹词，同“呜呼”。

⑧嗣之：继承他的治国之道。嗣：接续，继承。

【译文】

周朝之所以兴盛，是因为周朝主张奉养老成有德之人，能够虚心听取他们的意见；到了周厉王时期就已经衰败，那是因为周厉王派巫师监视背地里议论反对朝政的人，并且残暴杀掉非议者。那么，成功与失败的事例，就可以清楚地看出来了。

可见这子产，是执政者的典范。只因为他的才干很难得，才治理一个郑国。确实都能遵循子产执政的方式，辅助天下的君王治理国家，那么天下就能政通景明，得以全面顺利推行达到无限。呜呼！天下之所以没有治理好，是因为只有君王没有贤臣。如今谁能继承子产之风？我思慕古人啊！

【赏析】

唐德宗时，发生了一件轰动一时的当权者压制太学生的事件，当时曾引起正直之士的强烈不满。韩愈在忧愤之中写下了这篇文章，借以咏叹春秋时期郑国大夫子产“不毁乡校”之事讽谏当朝执政者，传达了一种应“以古为鉴，广开言路，才是治国之道”的理念，可谓用心良苦。

文章开篇叙述了郑国大夫子产不毁乡校的经过和所产生的政绩。子产广开言路，并不因当时郑人纷纷出入乡校议论他治国方法而毁掉乡校，而是奉行“善也吾行，不善吾避”和“维善维否，我于此视”的原则，不是用武力和权力去直接阻止议论，而是从乡校的舆论中去检视治国的政令是否得当。他深知“川不可防，言不可弭，上塞下聋，邦其倾矣”的道理，深明大义，而正因他开明的政治作风，使郑国得到了很好的治理，成为美谈。

这里将《左传》中冗长的内容简化，化用富于表现力的文字去表明意旨，并且运用恰当的比喻，使空泛的道理更加形象生动。接下来又化用《诗经·大雅·行苇》和《国语·周语》中记载有关周朝兴衰的“在周之兴，养老乞言；及其已衰，谤者使监”案例，再现了历史事实：周朝兴盛的年代，举行奉养老人的典礼，请求年高有德的老人发表建议，并择优当作施政的标准。可是到了周厉王时期，厉王暴虐无道，引起百姓非议。他便派卫巫去监视人们，把背后说他坏话的人统统杀掉，此举使国人敢怒不敢言。后来百姓终于起来反抗，将他放逐。作者运用正反两方面的事例摆事实，用一种历史去证实另一种历史的正确性，使文题更突出，也更深刻，达到说理的目的与意义。

文章最后又回旋到对子产的强烈赞颂，表达作者心中对其“化止一国”的惋惜和“后无来者”的感叹，甚至悲呼“谁其嗣之？我思古人！”如此首尾呼应，将文章进一步推向深入，表达了作者对春秋贤相郑子产的思慕以及对于心中忧虑国家兴衰所寄寓遥深的爱国思想。

蓝田县丞厅壁记①

【原文】

丞之职所以贰令②，于一邑无所不当问。其下主簿、尉，主簿、尉乃有分职③。丞位高而逼④，例以嫌不可否事。文书行⑤，吏抱成案诣丞⑥，卷其前，钳以左手⑦，右手摘纸尾，雁鹜行以进⑧，平立睨丞曰："当署。"丞涉笔占位，署惟谨⑨，目吏，问："可不可？"吏曰："得。"则退。不敢略省，漫不知何事。官虽尊，力势反出主簿、尉下。谚数慢⑩，必曰"丞"。至以相訾謷⑪。丞之设，岂端使然哉⑫？

【注释】

①壁记：在大厅前后墙壁上记载本地官职设置及变迁，用于表彰前任，以励来者，因而有作记的文体。

②丞：县丞。贰：本意为"副"，副贰，辅佐。文中作动词用。令：县令。唐代制度，京都旁的各县称为畿县（蓝田即为畿县），置令一人，丞一人。

③主簿、尉：均为县令、县丞之下的官职。尉：主管地方治安。分职：分理诸司，各有专职。

④丞位高而逼：县丞官位高于主簿、尉，如果真的管起来，很容易侵犯县令的权力。逼：迫近，侵迫。

⑤文书行：在传布公文的时候。行：传布。

⑥成案：已成的案卷。公文由主管各司拟稿，经县令最后判行，成为定案。诣（yì）：到。

⑦钳（qián）以左手：用左手夹住（卷起的部分）。钳：用手指夹住。

⑧雁鹜（wù）行：此指一种走路姿态，即鹅行鸭步之意。一说，雁鹜就是鹅和鸭子。

⑨惟谨：很谨慎。惟：发语助词。

⑩数：列举。慢：散漫，闲散，无关紧要。文中指闲散官职。

⑪訾謷（zī áo）：攻讦诋毁。

⑫丞之设，岂端使然哉：设立县丞一职，难道本意就是如此吗？端：本。

【译文】

县丞一职是用以辅佐县令的，对于全县的政事没有什么不应当过问的。县丞之下的职位是主簿、县尉，因此主簿和县尉都会各有专职。县丞的地位高于主簿、县尉，而且逼近县令的职位，照例为了避嫌疑而对公事不加以肯定和否定。通常在公文发出之前，由府衙中的小吏怀抱那些已经拟成的案卷，来到县丞面前，卷起前面的内容，用左手夹住，右手摘出纸尾签名处，就像鹅和鸭子那样摇摇摆摆地走进来，站定以后斜眼看着县丞说：“应当署名。”县丞拿起笔找到应该由自己签写署名的位置，很谨慎地签上名字，然后抬头望着小吏，问：“可以了吗？”小吏说：“可以了。”然后退下。县丞就连粗略了解一下公文的内容都不敢，不知道签署的是什么事情。虽然官位高，但是实权和势力反而在主簿、县尉之下。民间谚语列举闲散多余的官职时，一定会说到“县丞”，甚至把“县丞”作为相互攻讦谩骂的词语。设立县丞一职，难道一开始的本意就是如此吗？

【原文】

博陵崔斯立[①]，种学绩文，以蓄其有[②]，泓涵演迤[③]，日大以肆[④]。贞元初，挟其能战艺于京师，再进再屈千人[⑤]。元和初，以前大理评事言得失黜官[⑥]，再转而为丞兹邑。始至，喟曰："官无卑，顾材不足塞职。"既噤不得施用，又喟曰[⑦]："丞哉，丞哉！余不负丞，而丞负余。"则尽枿去牙角[⑧]，一蹑故迹，破崖岸而为之。

丞厅故有记，坏漏污不可读。斯立易桷与瓦，墁治壁[⑨]，悉书前任人名氏。庭有老槐四行，南墙巨竹千梃[⑩]，俨立若相持，水㶁㶁循除鸣[⑪]。斯立痛扫溉，对树二松，日吟哦其间[⑫]。有问者，辄对曰："余方有公事，子姑去。"

考功郎中知制诰韩愈记[⑬]。

【注释】

①博陵：地名，在今河北蠡县南。崔斯立：名立之，字斯立，生平不详，作者好友。

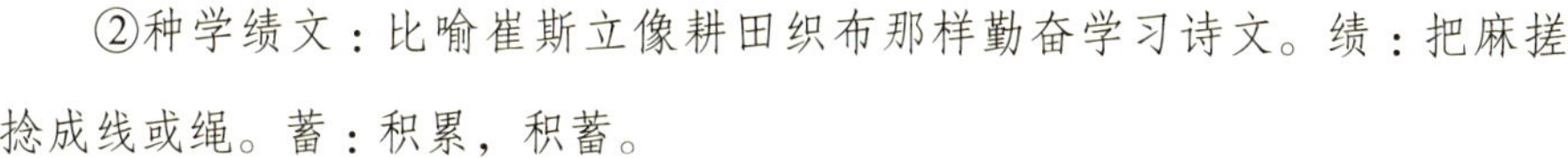

②种学绩文：比喻崔斯立像耕田织布那样勤奋学习诗文。绩：把麻搓捻成线或绳。蓄：积累，积蓄。

③泓（hóng）涵演迤（yí）：包孕宏深，境界广阔。

④日大以肆：每天都有进步，并且渐渐显露出来。

⑤再进：崔斯立于贞元四年（788年）登进士第，贞元六年（790年）中博学宏词科。再屈千人：两次战胜众人。底本原作“再屈于人”，是出人头地的意思。两说皆通，此据他本。

⑥大理评事：官名，掌刑法，属大理寺，上有卿、少卿、正、丞。言得失：上疏论朝政得失。黜（chù）官：被贬官。

⑦噤（jìn）：闭口不言。喟（kuì）：叹气的样子。

⑧枿（niè）去牙角：去掉牙和角。枿：同“蘖”，绝。

⑨桷（jué）：方椽。墁（màn）：涂壁的工具。这里作动词用，为涂抹之意。

⑩梃（tǐng）：植物的梗。此作枚、棵讲。底本作“挺”。

⑪俨立：昂首挺立。瀓（guó）：水声。除：庭阶。

⑫日：每天。吟哦：吟诗。底本无“吟”字，此据他本。

⑬考功郎中：官名，属吏部，掌内外文武官吏之考课。知制诰（gào）：官名，负责起草皇帝行下的诏敕策命，一般由中书省舍人担任。韩愈此时是考功郎中兼知制诰。

【译文】

博陵人崔斯立，像耕田织布那样勤奋学习诗文，用以积累学问，使自己学识更富有，他的学问包育宏深，境界广阔，每天都有很大的长进，并且逐步显露出来。贞元初年（785年），他带着他的才能来到京城考场与人较量文艺，两次得中，两次折服众人。元和初年（806年），他担任大理评事，因为上疏论朝政得失而被贬官，之后又一次迁谪而来到这个偏僻的小县做县丞。刚到这里时，他叹息说："官无大小，只怕自己的能力不能称职。"可是后来，在这种只能闭口无言无所作为的现实面前，他又感慨地说："县丞啊，县丞啊，我没有对不起县丞，而是县丞对不起我。"于是完全磨去棱角，一概按照旧例，平平庸庸地去做这县丞。

县丞的办公府衙原来刻有一篇壁记，但由于房屋损坏漏水而遭到污损，已无法阅读。崔斯立为之换下破旧的椽子和砖瓦，粉刷墙壁之后，将前任县丞的姓名全部写在那面墙壁上。庭院里有四行老槐树，南墙有一片千株大高竹，昂首挺立，好像互不相让，水声汩汩接连不断地顺着庭阶而鸣。崔斯立把厅屋里外彻底洒扫干净，庭前还有两棵相对而立的松树，然后他每天就漫步在它们之间吟诗作赋。如果有人问他，他就回答说："我正有公事，暂请您离开这里。"

考功郎中知制诰韩愈记。

【赏析】

韩愈在担任考功郎中兼知制诰期间，他的朋友崔斯立担任蓝田县丞，可谓是大材小用，颇不得意，见此情景，又无能为力，所以韩愈写下这篇文章，揭露讽刺了唐代县丞无所事事形同虚设，消磨志士的真相，同时也略有为他鸣不平之意。

作者首先说明县丞一职是用以辅佐县令的，对于全县的政事没有什么不应当过问的，肯定了它的职位之高，随后直截了当地指出："丞位高而逼"，所以只能照例为了避嫌疑而对公事不加以肯定和否定。在公文发出之前，只管由小吏送来公文之后，按照指定位置署名就可以了，无须翻阅公文内容，只需"涉笔占位""署惟谨，目吏，问"，完全没有权力知道公文内容。有趣的是，这名县令派来传送公文的小吏，在县丞面前，半卷公文，鹅行鸭步，平立斜视等一系列极具个性化的行为神情，无不显示出他对县丞的轻视、蔑视和小人仗势欺人的傲慢心理。而县丞的谨言慎行，不敢随意翻看卷宗等一系列描写，将其备受挟持的情状表现得淋漓尽致，使这一段简洁的问答，更加充分表现了县丞一职形同虚设，就此引出下文。

接下来便以崔斯立任蓝田县丞的经历对题旨加以具体佐证。曾经才华横溢的崔斯立，无辜被黜官降至县丞，从最初“官无卑，顾材不足塞职”的踌躇满志，到后来“余不负丞，而丞负余”的痛心长叹，至此让读者充分去想象一个有才能、抱负的人是如何在官场倾轧中被磨去棱角、萎靡心志的呢？其中缘由不言而喻。以至于后来崔斯立重修壁记，日日吟哦于松林间，并冠冕堂皇地躲避过问公事。一句“余方有公事，子姑去”，使作者对唐朝这类政治现状的深刻嘲讽，得到了淋漓尽致的表现。

全文以细致传神的笔触，仿佛描绘出一幅官场讽刺图，生动泼辣，意味深长，令人读之念念不忘。

后廿九日复上宰相书

【原文】

三月十六日，前乡贡进士韩愈，谨再拜言相公阁下：

愈闻周公之为辅相①，其急于见贤也，方一食三吐其哺②，方一沐三握其发。天下之贤才皆已举用，奸邪谗佞欺负之徒皆已除去③，四海皆已无虞④，九夷八蛮之在荒服之外者皆已宾贡⑤，天灾时变、昆虫草木之妖皆已销息，天下之所谓礼、乐、刑、政教化之具皆已修理⑥，风俗皆已敦厚，动植之物、风雨霜露之所沾被者皆已得宜⑦，休征嘉瑞、麟凤龟龙之属皆已备至⑧，而周公以圣人之才，凭叔父之亲⑨，其所辅理承化之功又尽章章如是⑩。其所求进见之士，岂复有贤于周公者哉？不惟不贤于周公而已。岂复有贤于时百执事者哉⑪？岂复有所计议、能补于周公之化者哉？然而周公求之如此其急，惟恐耳目有所不闻见，思虑有所未及，以负成王托周公之意，不得于天下之心。如周公之心，设使其时辅理承化之功未尽章章如是⑫，而非圣人之才，而无叔父之亲，则将不暇食与沐矣，岂特吐哺握发为勤而止哉⑬？维其如是⑭，故于今颂成王之德，而称周公之功不衰。

【注释】

①辅相：相当于后之宰相。

②方：正在，刚刚。一食：一顿饭。哺：指口中所含的食物。

③奸邪谗佞（nìng）：指谗邪奸佞之人。谗佞：在上司面前花言巧语地

说别人的坏话。佞：谄媚。欺负：欺诈、背负。

④四海：指全国。虞：担忧。

⑤九夷八蛮：泛指各边远民族。荒服：五服之一，是离京畿最远的区域。宾贡：入朝进贡。宾：服从，归顺。

⑥具：法令，方针。修理：修订整顿整齐。

⑦沾被：浸润覆盖。

⑧休征嘉瑞：吉祥美好的征兆，古人认为天下休战便会出现吉祥之物，下文所称的麟凤龟龙皆属此类。

⑨叔父之亲：指周公与成王的叔侄关系。

⑩辅理承化：辅佐、治理、承继、教化。章章：显著的样子。如是：如此。

⑪岂复：难道还。表反问。百执事：犹言百官。执事：指朝廷中各部门官员。百：指众多。

⑫设使：是“假设、假使”的意思。

⑬特：只是。

⑭维其如是：正因为是这样。维其：正因为，现在通常写为“唯其”。

【译文】

三月十六日，前科乡贡进士韩愈，谨向宰相阁下再次叩拜进言：

我听说，周公担任辅佐君王的宰相时，他因为急于召见那些贤德之士，以至于在一餐饭的时间里，能有好几次都是正在吃饭的时候也要吐出口中的饭菜去接见他们，正在洗头发的时候，如果有人来拜访，也要用手握住自己的头发急急出来接见。所以那个时候，天下的贤才，都已经被选拔任用了，而那些奸诈邪恶、好进谗言、巧言献媚、欺上瞒下、背负仁义之类的坏人，都已清除出去，四海之内都已经没有什么可担忧的了，九夷、八蛮等居住在边远地区的部族也都来朝见进贡，天灾和那些不可预知的变故以及昆虫草木的反常现象，都已经销声匿迹了，天下的所谓礼仪、音乐、刑法、政令等教化工具，也都已经修缮完备了，民间的风俗习惯也都已经趋于朴实淳厚了，那些靠着风雨霜露的润泽才得以繁衍生长的动植物都已经各得其所了，祥和美好的征兆不断体现出来，那些麒麟、凤凰、灵龟、神龙之类的祥瑞之物也都纷纷赶来了，而周公正以他圣人的才智，凭借着身为天子叔父的至亲关系，倾尽他所有的才能去辅佐君王、治理国家、秉承先王德治、教化百姓，所建立的功绩又都是如此卓越显著。那些请求进见周公的人士，难道还有比周公更加贤能的吗？他们不仅是不能比周公更加贤能而已。难道还有比当时周公手下办理具体事务的百官更加贤能的吗？难道他们还有什么谋略、主张能够对周公的教化有所补益吗？然而周公寻求贤才的行为还是如此急切，唯恐自己的耳朵、眼睛还有没听到和看见的，唯恐自己的思虑还有没达到的地方，以至于辜负了周成王托付他辅助治国的一番心意，从而得不到天下百姓的真心拥护。像周公这样的思想，假设他当时辅佐治理、秉承先王德治教化的功绩没有如此卓越显著，而他也没有圣人的才智，而且也没有作为君王叔叔这样的至亲关系，那么，恐怕连吃饭、洗头的工夫都没有了，难道只是在于“吐哺握发”作为勤奋就为止了吗？正因为如此，所以直到今天，人们还不断地歌颂成王的德行，而称道周公的功绩的声音也从没有衰弱。

【原文】

今阁下为辅相亦近耳①。天下之贤才岂尽举用？奸邪谗佞欺负之徒岂尽除去？四海岂尽无虞？九夷、八蛮之在荒服之外者岂尽宾贡？天灾时变、昆虫草木之妖岂尽销息？天下之所谓礼、乐、刑、政教化之具岂尽修理？风俗岂尽敦厚？动植之物、风雨霜露之所沾被者岂尽得宜？休征嘉瑞、麟凤龟龙之属岂尽备至？其所求进见之士，虽不足以希望盛德，至比于百执事，岂尽出其下哉[②]？其所称说[③]，岂尽无所补哉？今虽不能如周公吐哺握发，亦宜引而进之[④]，察其所以而去就之[⑤]，不宜默默而已也。

【注释】

①耳：语气助词，相当于“了”。

②出其下：比他们差。哉：吗。

③称（chēng）说：陈述，主张。

④亦：也。引：牵引，引见。进：使……进。

⑤察：考察，体察。去就：或去或就职。去：使……离开，指不任用。就：就近，指任用。

【译文】

如今阁下成为宰相，与周公也很相近了。对于天下的贤才，难道都已荐举任用了吗？奸诈邪恶、好进谗言、巧言谄媚、欺君负恩这样的恶人，难道都已清除干净了吗？四海之内难道都已太平无事了吗？各方荒远地区的异族，难道都已顺服朝贡了吗？天灾时祸、昆虫草木的怪异现象，难道都已绝迹了吗？天下的所谓礼仪、音乐、刑法、政令等进行教化的工具，难道都已经修制整理完备了吗？社会风气习俗，难道都已朴实淳厚了吗？受风雨霜露滋养的动植物，难道都已得到适宜的生存环境了吗？吉祥的征兆，诸如麒麟、凤凰、灵龟、神龙之类的祥瑞之物，难道都已到来了吗？那些请求进见的贤士，虽然还不足以算作是理想中的德才兼备，但是和当今执掌各方面政务的百官们相比，难道他们全都在百官之下吗？他们所陈述的建议、写出的言论，难道对朝廷一点补益都没有吗？今天阁下虽然不能像周公那样为求贤而吐食、握发，但是也应该召见他们并加以推荐进仕，考察他们的实际贤愚而决定辞退或任用，不应该默默不予理睬就算了吧？

【原文】

愈之待命①，四十馀日矣②。书再上③，而志不得通④。足三及门，而阍人辞焉⑤。惟其昏愚，不知逃遁，故复有周公之说焉。阁下其亦察之。古之士三月不仕则相吊⑥，故出疆必载质⑦。然所以重于自进者，以其于周不可则去之鲁⑧，于鲁不可则去之齐，于齐不可则去之宋，之郑，之秦，之楚也。今天下一君，四海一国，舍乎此则夷狄矣，去父母之邦矣。故士之行道者，不得于朝，则山林而已矣。山林者，士之所独善自养，而不忧天下者之所能安也。如有忧天下之心，则不能矣。故愈每自进而不知愧焉，书亟上⑨，足数及门，而不知止焉。宁独如此而已⑩，惴惴焉惟⑪，不得出大贤之门下是惧。亦惟少垂察焉⑫。渎冒威尊⑬，惶恐无已⑭。愈再拜。

【注释】

①愈：韩愈。待命：等待回音。

②馀（yú）：同“余”。

③再：表示又一次，有时专指第二次，有时又指多次。上：呈上，奉上。

④志：心志，心意。通：彻底明了，懂得。

⑤阍（hūn）人：守门人。辞：借故拒绝或推辞，阻挡。

⑥不仕：不能出仕做官。吊：慰问。

⑦出疆必载质：离开故国一定带上见面礼。质：通“贽”，初次求见他人时所带的礼品。

⑧去：离开。之：到，往……去。鲁：鲁国。

⑨亟（qì）：多次，屡次。

⑩独：难道，岂。

⑪惴惴（zhuì）：惶恐不安。

⑫惟：希望。少：稍微。垂：敬辞，用于别人（多是长辈或上级）对

自己的行动，如垂爱、垂怜、垂询。

⑬渎（dú）：亵渎，此指没有礼貌。威尊：犹威严。

⑭惶恐无已：犹惶恐不已。惶：害怕。

【译文】

我等待您的指示，已经有四十多天了。一再地呈上书信，而心意却一直未能得到您的彻底了解。我曾三次到您的府门前登门拜访，却都被守门人挡了回来。只是我生性愚笨迟钝，不知规避，所以才又说了关于周公辅国的言论，希望阁下也能明察其中之意。古时候的士人，如果三个月不能出仕做官，便要相互慰问，所以他们离开本国而前往他国时，车上一定载着进荐时所用的礼品。然而他们之所以重视自我进荐，是因为他们如果在周朝不被任用，就会去往鲁国，到了鲁国不被任用，就会去往齐国，到了齐国不被任用，就会去往宋国，去往郑国，去往秦国，去往楚国，就这样一直走下去。而如今天下只有一个天子，四海之内只有一个国家，如果舍弃这个国家，就只能去夷狄蛮邦求仕了，那就是离开生养自己的祖国了。所以想要施展自己抱负主张的士人，如果不能得以被朝廷任用，就只有到山林隐居这一条路了。山林隐居，是士人中那些独善其身，只注重自身修养，从不为国计民生忧虑的人才能够安心接受的。如果还有为天下太平而担忧的心思，就不能安然隐居了。所以我每次自荐都不知羞愧的样子，不顾多次呈上书信，不止一次地登门拜访而不知道停止。岂止如此，我还会惶惶不安地唯恐今后出仕不能出自像您这样大贤之人的门下。也希望您能对我稍加谅解，盼望您的体察与垂爱。唯恐亵渎冒犯了您的威严，心中惶恐不已。韩愈再拜。

【赏析】

本文作于唐德宗贞元十一年（795年）三月。同年，韩愈曾先后两次给宰相传书求仕，结果杳无音信，于是韩愈便在第一封书信未得到答复之后的第二十九天又写了这第三封《上宰相书》。韩愈虽然为了求仕上书宰相，但都没有结果，这对韩愈的求仕之心打击极大，面对自己的怀才不遇，一度陷入悲愤之中。因此这封书信显然比前两封书信少了一些平和之气，字里行间所透露出的怨愤多于希冀，所以读起来感觉到他的文笔之间挟怒带愤直击要害，并据理直言，言而无忌，侃侃之间无不气壮辞直，对于宰相不能招贤纳士之举，通过列举周公礼贤的事实加以指责，突出表现了他刚直不屈的天性。

文章开篇就摆出周公礼贤的事实，特以“其急于见贤也，方一食三吐其哺，方一沐三握其发”的历史事件，突出周公求贤若渴的大贤之处，因此才有了后来的“天下之贤才皆已举用，奸邪谗佞欺负之徒皆已除去”的盛况，四海之内一派祥和，当然这与周公的“治国有方”是分不开的。

接下来又以“今阁下为辅相亦近耳”，肯定了宰相的地位是至高无上的，与周公无异，但是政绩又如何呢？于是，不惜笔墨地一连几个反问，逐条与周公治理的功绩形成鲜明的对比，有的放矢，情词激烈，不禁令人汗颜。

最后告知“愈之待命，四十馀日矣”，再次直接点明之所以写这封信的原因，又以“古之士”为了能够得以重用，不惜坚持不懈地一个国家挨着一个国家地走下去，直到被任用为止，表明了自己写信自荐的执着，其间运用古今对比，陈说自己何以“自进而不知愧”的原因，暗讽当今宰相对“所求进见之士”默然不理的“不知所愧”，突出主旨。

全文洒脱自由，出言理直气壮，古今对比，更显分明，文笔犀利，意绪酣畅，以至于不掩锋芒，几乎把一封求援信写成了一篇声讨书，读来铿锵有力，回味余长。

送区册序①

【原文】

阳山②，天下之穷处也③。陆有丘陵之险，虎豹之虞④。江流悍急⑤，横波之石，廉利侔剑戟⑥，舟上下失势⑦，破碎沦溺者，往往有之。县廓无居民，官无丞尉⑧，夹江荒茅篁竹之间⑨，小吏十余家，皆鸟言夷面⑩。始至，言语不通，画地为字，然后可告以出租赋，奉期约⑪。是以宾客游从之士，无所为而至。愈待罪于斯⑫，且半岁矣。

【注释】

①区（ōu）册：姓区，名册。本篇有“自南海拏舟而来”的话，应是南海（今广州境内）人。

②阳山：广东阳山县。

③穷处：极僻远的地方。

④虞（yú）：忧，患。

⑤悍急：犹湍急。

⑥廉利：锐利。廉：棱角。侔（móu）：等同于。

⑦上：逆流行舟。下：顺流行舟。失势：失去控制。

⑧丞：县丞，是县令的副手。尉：县尉，掌管县里治安。

⑨篁（huáng）竹：大竹。

⑩鸟言：讲话像鸟儿叫一样，听不懂。夷面：长着蛮夷人的面相。

⑪奉期约：守期限，执行规定。

⑫待罪：等待处分。这是古时待贬官员自谦的说法。斯：这里。

【译文】

阳山县，算是天下极为荒僻的地方了。陆地上有丘陵的险峻，有虎豹出没之忧。江流汹涌湍急，横于江上的大石，陡直锋利如同剑戟，船在江上行驶，不论顺流还是逆流，都会因水势凶险而激荡颠簸难以控制，所以船被击破翻沉、人员落水而亡的事故常常在这里发生。县城里没有居民，官署里没有县丞和县尉，只在江两岸那荒草竹林之间，住着十多户小吏，都是说话像鸟叫那样难懂，长着蛮夷人的面容。我刚到阳山时，与他们言语不通，只好在地上写字，然后才可以把交纳租税的事情告诉当地人，让他们遵守约定及时上缴。因此，宾客和随游的读书人，都感觉这里的生活枯寂无聊到了极点。我在这里待罪，且有半年时间了。

【原文】

有区生者，誓言相好，自南海拏舟而来①。升自宾阶②，仪观甚伟，坐与之语，文义卓然。庄周云："逃空虚者，闻人足音跫然而喜矣③。"况如斯人者，岂易得哉？入吾室，闻诗、书仁义之说，欣然喜，若有志于其间也④。与之翳嘉林⑤，坐石矶⑥，投竿而渔，陶然以乐，若能遗外声利⑦，而不厌乎贫贱也。岁之初吉⑧，归拜其亲，酒壶既倾，序以识别。

【注释】

①拏（ná）舟而来：划船而来。拏：牵引。

②宾阶：西阶。古时引客上堂，宾走西阶，主人走东阶。

③跫（qióng）然：形容脚步声。

④其间：指诗书仁义之中。

⑤翳（yì）：隐蔽。嘉林：美好的树林。

⑥石矶（jī）：水中或突出于水面的岩石。

⑦陶然：指喜悦、快乐貌。遗：忘。声利：名利。

⑧岁之初吉：正月初一。另一说自朔日至上弦（初八日）为“初吉”。

【译文】

有个姓区的书生，向我表示愿意和我做朋友，从南海郡划船来到阳山。他从西阶上堂，看上去仪表颇为壮美，坐下来和他交谈时，感觉他的言辞思想超凡脱俗。庄周说：“巡行于荒坟古墓间的人，听到别人的脚步声就已经觉得欢喜了。”何况像区生这样的人，难道是容易遇到的吗？他走到我的屋中，听我谈《诗》《书》仁义道德之说，听得非常高兴，好像有志于此。我和他一起在美好的林荫下散步，一起坐在水边的岩石上，将鱼竿投放水中钓鱼，感觉到无比的快乐，好像如果能遗忘疏远名利，就不厌恶贫贱的生活了。正月初一，区生要回家拜见他的父母，一会儿就喝完了壶里的酒，于是我写了这篇序文来记录我们的相识与离别。

【赏析】

唐贞元十九年（803年），关中京畿各地遭逢大旱，粮食几乎绝收，然而京兆尹李实邀功取宠，隐报灾情，朝廷不仅不减免税赋开仓赈灾，反而紧急征缴，使百姓苦不堪言。任监察御史不久的韩愈见状，忧心如焚，遂与张署等人向朝廷上书要求减免税赋，放粮赈灾。结果得罪幸臣李实，三人均被贬出京师，韩愈被谪放到岭南的阳山县为县令。这篇赠序是韩愈谪居阳山时写给新朋友区册的。

按传统赠序的写法，开头都要说送行的话，但这篇序文却劈头而来“阳山，天下之穷处也”，先声夺人，极言此地偏远穷僻，人烟稀少；然后紧紧围绕“穷”字，分别从山高峻、水险恶、政事荒疏、语言文化难以交流等几个方面，验证了阳山的确是“天下之穷处也”之貌。这些词汇很有代表性，“陆有丘陵之险，虎豹之虞”“江流悍急，横波之石，廉利侔剑戟，舟上下失势，破碎沦溺者往往有之”，如此描绘，使人如临其境，震撼于险象环生之中，不禁胆战心寒，令人无限感伤。

随后，韩愈写“有区生者，誓言相好”，说明了在这穷乡僻壤之地，有人慕名而来，愿意与他做朋友，并且不惧险阻“自南海拏舟而来”，甚至一见如故，志趣相投，从始至终两人相处的欣喜之情溢于言表，这种由内而外的愉悦，仿佛冲淡了身处荒蛮之地的郁闷之情。

虽然韩愈到阳山后的郁闷心情并未直接流露出来，但是从篇尾“待罪”这含有不满和讥讽意味的反语中，使人深深感到韩愈贬到阳山后失意、落寞、孤寂的处境与心情，读来不免为之仕途的坎坷而叹息。

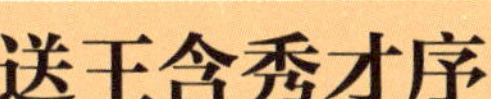

送王含秀才序

【原文】

吾少时读《醉乡记》①，私怪隐居者无所累于世，而犹有是言，岂诚旨于味耶？及读阮籍、陶潜诗②，乃知彼虽偃蹇③，不欲与世接，然犹未能平其心，或为事物是非相感发，于是有托而逃焉者也。若颜子操瓢与箪④，曾参歌声若出金石⑤，彼得圣人而师之，汲汲每若不可及⑥，其于外也固不暇，尚何曲之托⑦，而昏冥之逃耶？

吾又以为悲醉乡之徒不遇也。建中初，天子嗣位，有意贞观、开元之丕绩⑧，在廷之臣争言事。当此时，醉乡之后世又以直废。吾既悲醉乡之文辞，而又嘉良臣之烈，思识其子孙。今子之来见我也，无所挟⑨，吾犹将张之；况文与行不失其世守⑩，浑然端且厚。惜乎吾力不能振之，而其言不见信于世也。于其行，姑与之饮酒。

【注释】

①《醉乡记》：作者王绩，字无功，隋唐时代的隐逸诗人，仕途不顺，归隐山林，嗜酒成癖，能饮五斗，著《五斗先生传》《醉乡记》。

②阮籍：三国时期魏国诗人，“竹林七贤”之一，是“正始之音”的代表，著有《咏怀八十二首》《大人先生传》等。陶潜：陶渊明，东晋末至南朝宋初期伟大的诗人、辞赋家。

③偃蹇（yǎn jiǎn）：困顿，窘迫；高耸。

④颜子：颜渊。箪：盛饭的圆形竹器。

⑤曾参（shēn）：曾子，鲁国南武城人。春秋末年思想家，孔子晚年弟子之一，儒家学派的重要代表人物。

⑥汲汲：形容急切的样子，努力进取急于得到。

⑦曲：把麦子或白米蒸过，使它发酵后再晒干，称为曲，可用来酿酒。此处指酒。

⑧丕（pī）绩：大功业。

⑨无所挟：就算是没有什么才华。

⑩文与行：文章与品行。

【译文】

我在年轻的时候，读王籥著的《醉乡记》，心里很奇怪那隐居的人，既然世上没有什么让他牵挂的，为什么还会有这样的言论，难道真的是因为贪尝那美酒滋味吗？到后来读了阮籍、陶潜的诗，才知道他们虽然窘迫，但不失高耸的气节，不愿与世人接触，然而他们的心，终究还是不能平静，偶然碰见那事物的是非曲直，他们就会对之感触起来，于是就把酒作为遁世的托词罢了。比如颜子住在一条陋巷里，只操守一箪饭、一瓢汤过日子。曾参唱起歌来，声音好像是从金石里发出来的一样悦耳动听，他们都是寻到了圣人做老师，每天都急切地想要学习，还是觉得赶不上圣人，对于那外面的事情，一定是没有闲暇时间去计较了，哪里还有时间借着醉酒的托词，浑然无知逃遁世外呢？

我还是认为那醉乡的人很可悲，是没有逢着好时候。建中初年（780年），天子即位以后，也很想按照贞观、开元年间的盛况去创建一番大功业，当朝的官员纷纷争着上疏讨论时事政治。可正在这时，那醉乡的后嗣，又因为所说的话太直而被废除官职。我既悲悯《醉乡记》里的文辞，却又很敬重那良臣的刚烈性情，总想认识他的子孙后代。现在你到这里来拜见我了，就算是没有什么才华，我也要协助你，况且你的文才与你的品行，没有失去你祖上流传下来的家风操守，浑然端正又敦厚。只可惜我的力量很薄弱，不能够提拔你，而我的话，在这当世又没有什么人相信。没有其他的办法可行，只好趁你辞别远行的时候，姑且与你一起饮上一杯水酒吧。

【赏析】

这是韩愈写给秀才王含的一篇赠序，是在王含前来拜访辞别之际，与他谈古论今、推心置腹之言，也是对于这位著写《醉乡记》的隐士后人的慰勉。

首先写作者自己年轻时候对于阅读隐逸诗人王箦著的《醉乡记》，心里觉得怪怪的，对于文人高士为什么要到山野林间去做隐士，很不理解。隐士在诗文中总是提到隐居田园生活的美好，可以游山乐水，可以沽酒买醉，一副惬意舒适的样子，好不陶醉。难道他们真的是因为贪尝那山野美酒滋味吗？直到后来读了阮籍、陶潜的诗，才知道他们虽然因为遭到贬谪，生活窘迫，但不失清高骄傲的骨气，不愿与世人接触，是世人有太多的追逐名利，钩心斗角，没有这世外桃源的乡野淳朴之情更易于让人接受，也令人容易陶醉其中。虽然遁世，置身事外，但他们“犹未能平其心”，只不过是“有托而逃焉者也”，其实所谓的隐居，不过是把酒作为遁世的托辞罢了。或者应该像颜子、曾参那样，有幸寻到了圣人做老师，每天可以专心忙于跟圣人学习而没有时间被凡俗世事烦扰。

接下来将分析的笔锋一转，“吾又以为悲醉乡之徒不遇也”，原来所谓隐居山林，并不是贪恋美味，而是怀才不遇，没有逢到好时候，以醉乡后世之人为例，只因为一次直言进谏，就被废黜官职，实为可悲。其实这何尝不是自己以及大多文人士子坎坷仕途的共同悲剧呢？所以站在同病相怜的角度，面对自己很敬重的良臣后代前来拜访，第一直觉就是“吾犹将张之”，很愿意帮他进仕，却奈何“惜乎吾力不能振之”，至此婉转告知“是我真的无能为力啊！”只能辞别之时，以一杯水酒相送了。

全文以《醉乡记》为触点，暗寓了社会的一种昏暗，揭示了仕途的坎坷，流露出作者自己对隐居田园的向往，同时抒发了淡淡的忧怨与无奈之情。行文情真意切，语重心长，看似平淡，寄情尤深。

祭田横墓文①

【原文】

贞元十一年九月②，愈如东京③，道出田横墓下，感横义高能得士，因取酒以祭，为文而吊之，其辞曰：

事有旷百世而相感者④，余不自知其何心。非今世之所稀⑤，孰为使余歔欷而不可禁⑥？余既博观乎天下，曷有庶几乎夫子之所为⑦？死者不复生⑧，嗟余去此其从谁⑨？当秦氏之败乱，得一士而可王，何五百人之扰扰，而不能脱夫子于剑铓⑩？抑所宝之非贤⑪，亦天命之有常⑫。昔阙里之多士⑬，孔圣亦云其遑遑⑭。苟余行之不迷⑮，虽颠沛其何伤？自古死者非一，夫子至今有耿光⑯。跽陈辞而荐酒⑰，魂仿佛而来享。

【注释】

①田横：秦末群雄之一。曾为齐国宰相，自立为齐王，后兵败，逃于海岛。刘邦建立汉朝后，田横因不肯归汉而自杀。

②十一年：各本或作“十九年”。“月”下有十一日字。

③如东京：一作“东如京”。如：往；到……去。

④旷：阻隔，间隔。世：古代以三十年为一世。百世：世世代代，形容时代久远。

⑤稀：或当作“希”。

⑥歔欷（xū xī）：叹息，哽咽。

⑦曷（hé）：何。庶几：差不多；近似。夫子：对田横的尊称。

⑧死者：一作“死而”。不复生：不能再活过来了。

⑨嗟：慨叹，忧叹。

⑩剑铓（máng）：宝剑的锋芒。

⑪宝：器重，珍视。宝之：一作“宝者”。

⑫天：一作“大”。

⑬阙里：地名。相传为春秋时孔子授徒之所。

⑭遑遑（huáng）：匆匆忙忙的样子。

⑮苟：假使，只要。

⑯耿光：光明，光辉，光荣。

⑰跽（jì）：长跪。两膝着地，上身挺直。

【译文】

贞元十一年（795年）九月，我去洛阳，从田横的墓旁经过，感叹田横义气高尚，素来得到贤士的爱戴，于是就取出酒来祭奠他，做一篇祭文来悼念他。文章是这样的：

有些事情经过了世世代代也还是相对有感应的，我现在不知道自己是什么心情。不是因为您是当今世上所崇尚的，又是谁让我哽咽唏嘘不停？我看遍了全天下之后，还哪有什么人的所作所为能同您近似呢？死去的人不能再活过来了，唉！只感叹离开这里，我又能跟从谁的足迹呢？当年秦朝衰败混乱的时候，若能得到一个大贤士辅佐，就可以称王于天下，可为什么跟随您熙熙攘攘有五百人之多，却不能助夫子您脱离刀剑的锋芒？抑或时代所珍视的并非贤才，或者也是天命有常啊。忆往昔，阙里的贤才很多，孔圣人也说自己每天都是匆匆忙忙。只要我所行走的方向不迷失，即使困苦多难又有什么损伤呢？自古以来死的方式都不一样，比如夫子您到现在还是光芒万丈。此刻我恭敬地跪下来诵读祭文向您献酒，感觉到您的灵魂仿佛已过来安享。

【赏析】

韩愈自从考取进士，经历了三年两试博学宏词科都以失败告终，而在之后的投书三次给丞相请求“援引”也没能得到回复，如此怀才不遇的打击，使他心情极度郁愤，一气之下离开长安东归河南。这是贞元十一年（795年）九月，他在去往东京洛阳，途经偃师时，祭吊当地的田横墓，写下了这篇怀古伤今的祭文。

开篇第一段是文章的小序，属于过渡性文字，介绍了写这篇祭文的原因，引出正文。据历史记载：田横出生于齐国贵族，秦汉争雄之际，田横兵败后携五百人逃至海岛。汉高祖刘邦仰慕他的英勇才智与高洁，劝其归附。田横宁愿自杀也不依附于人。史称田横为“高节，宾客慕义而从横死，岂非至贤”？

因此作者首先以“事有旷百世而相感者，余不自知其何心”打开无比崇敬英雄的闸门，一如破竹之势，汹涌而来。并不仅仅是因为“非今世之所稀，孰为使余歔欷而不可禁”才让我泪不能止，还有心中的憾恨！英雄逝矣，不能复生，所以今朝难求像田横一样的高节之人。联想当时昏暗的社会风气，造成自己怀才不遇的原因。面对田横死而不能复生，自叹如今无人可以归从，这是在借以说尽心中愤懑，骂尽世上“毁才误才”的庸人。随着抒发情感逐步深入，层层逼近，转而又将读者带入历史的反思。所以发出疑问“当秦氏之败乱，得一士而可王，何五百人之扰扰，而不能脱夫子于剑铓？”，难道是没有得到贤士相助吗？答案很难说清楚，或许是“时代所珍视的并非贤才，是天命有常啊！”在此作者以退为进，将田横的历史以极简括的语言表达出来，首先表明田横的失败与得士无关，唯归天命弄人啊！其实韩愈向来否定天命论，此时是在抨击当朝执政者不能做到“义高能得士”的“高节”，慨叹自己的怀才不遇，从而达到了“借历史的酒杯，浇现实之块垒”的艺术效果，抒发心中郁愤的情怀。

太学生何蕃传

【原文】

太学生何蕃入太学者廿余年矣[1]，岁举进士。学成行尊，自太学诸生推颂不敢与蕃齿[2]，相与言于助教[3]、博士，助教、博士以状申于司业[4]、祭酒，司业、祭酒撰次蕃之群行焯焯者数十余事[5]。以之升于礼部，而以闻于天子。京师诸生以荐蕃名为文说者，不可选纪[6]。公卿大夫知蕃者比肩立叹[7]，莫为礼部。为礼部者，率蕃所不合者，以是无成功。

蕃，淮南人，父母俱全。初入太学，岁率一归[8]，父母止之；其后间一二岁乃一归，又止之；不归者五岁矣。蕃，纯孝人也，闵亲之老不自克[9]，一日揖诸生，归养于和州。诸生不能止[10]，乃闭蕃空舍中。于是太学六馆之士百余人[11]，又以蕃之义行[12]，言于司业阳先生城，请谕留蕃，于是太学阙祭酒[13]，会阳先生出道州，不果留。

【注释】

①太学：古学校名，国学。属国子监。在此读书的称太学生。

②齿：并列。

③助教：古代学官名，协助国子祭酒、博士教授生徒。

④司业：学官名，隋以后国子监置司业，为监内的副长官。

⑤撰（zhuàn）次：按次编写。群行：种种事迹。焯焯（chāo chāo）：显著；昭然。

⑥选纪：计算不清，极言之多。

⑦比肩立：并肩站立。

⑧岁：一年。

⑨闵（mǐn）：同“悯”，怜悯。自克：自我克制。

⑩不能止：从封建伦理上来讲，归乡养亲的行为是不能阻止的。

⑪六馆：指六学，即国子馆、太学、四门馆、律馆、书馆、算馆。

⑫义行：操守，品行。

⑬于是：正在这时候。阙（quē）：同“缺”。

【译文】

太学生何蕃进入太学有二十多年了，每年都被推荐参加进士考试。可以说是学业有成，品行高尚，太学的诸位学生都推崇称颂他，都不敢和他相提并论。太学生们一同去向助教、博士说起这件事，助教、博士又把他的状况申报给司业、祭酒，司业、祭酒随后编写何蕃的种种突出事迹，有数十件之多，并把这些事迹上报到礼部，从而让天子知道。当时京城有诸多以荐举何蕃事迹为标题去写文章的门生，多到无法计算。了解何蕃的公卿大夫很多，但没有一个在礼部当官的；在礼部当官的人，大概又大都是与何蕃不合的，因此他的仕途升迁没有获得成功。

何蕃，淮南人，父母都健在。他刚入太学的时候，大约一年回家一次，他的父母阻止了他；这之后间隔一两年才回家一次，父母又劝止了他；后来他有五年没有回家省亲了。何蕃，是个非常孝顺的人，怜悯双亲年老而不能自己照料自己。有一天，何蕃拜别各位太学生，要返回和州去奉养父母。太学生们无法劝阻，就把何蕃关在一个空房间里。在这种情况下，太学六馆的一百多太学生，又将何蕃美好的品行，陈述给太学司业阳城先生，请他发布命令挽留何蕃，就在这时，太学的祭酒职位出现空缺，无法决定此事，又恰逢阳城先生出任道州刺史，结果没能留住何蕃。

【原文】

欧阳詹生言曰[①]："蕃，仁勇人也。" 或者曰："蕃居太学，诸生不为非义[②]，葬死者之无归，哀其孤而字焉[③]，惠之大小必以力复[④]。斯其所谓仁欤[⑤]。蕃之力不任其体，其貌不任其心，吾不知其勇也。" 欧阳生詹曰："朱泚之乱[⑥]，太学诸生举将从之，来请起蕃，蕃正色叱之，六馆之士不从乱，兹非其勇欤？"

惜乎！蕃之居下，其可以施于人者不流。也譬之水[⑦]，其为泽[⑧]，不为川乎。川者高，泽者卑，高者流，卑者止。是故蕃之仁义充诸心，行诸太学，积者多，施者不遐也[⑨]。天将雨，水气上，无择于川泽涧溪之高下[⑩]，然则泽之道，其亦有施乎？抑有待于彼者欤？故凡贫贱之士，必有待然后能有所立。独何蕃欤！吾是以言之，无使其无传焉[⑪]。

【注释】

①欧阳詹生：欧阳詹，字行周，泉州晋江（今福建晋江）人，与韩愈同年进士及第。生：先生，欧阳詹此时任四门助教，故尊称其为先生。

②非义：不合道义的事。

③孤：幼年丧父为孤。字：抚养，养育。

④必以力复：一定尽力承担。

⑤斯：这。欤（yú）：文言助词，表示疑问、感叹、反诘等语气。

⑥朱泚（cǐ）之乱：唐德宗建中四年（783年），泾原军反叛朝廷，推太尉朱泚为盟主，自称大秦皇帝，号应天。第二年改国号为汉，称天皇元年，不料好景不长，三月兵败被杀。

⑦譬（pì）：比喻，比如。

⑧泽：沼泽、湖沼，聚集而停的水。

⑨施者不遐：施行的地方不广泛。是说何蕃虽仁勇，然而只有"行诸太学"，影响面不大，知道的人不多。

⑩无择：不分。川：河，流动的水。

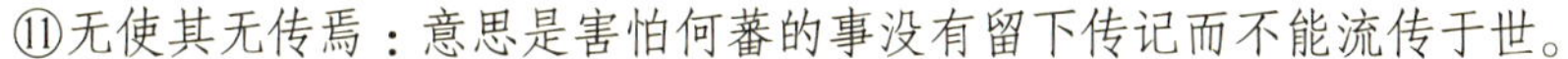
⑪无使其无传焉：意思是害怕何蕃的事没有留下传记而不能流传于世。

【译文】

欧阳詹先生说：“何蕃，是个仁义勇敢的人。”有人说：“何蕃在太学读书，太学生们不敢做不仁义的事，效仿他埋葬那些死后无人为其料理丧事的人，怜悯那些失去亲人的孤儿并养育他们，不管别人给予的恩惠大小，一定会尽力报答，这就是人们所说的仁吧。何蕃看起来力量单薄不能承受身体之重，相貌平平不能承受他的内心，我不知道他的勇敢表现在哪里啊。”欧阳詹先生说：“朱泚作乱之时，诸多太学生发动起来准备跟随叛军，他们来请何蕃前往，但是何蕃态度坚定地大声呵斥了他们，所以太学六馆的读书人才没有跟从作乱，难道这不是他的勇敢吗？”

可惜呀！何蕃处于卑下的地位，他能将自己的道德去施与别人，却不能得到流传推广。也把他比作水的话，他算是沼泽，不能算是河流了。因为河流地势高，沼泽地势低，地势高的水向下奔流不息，而地势低的水容易停止。所以何蕃的仁义，充实他的内心，在太学施行，善行能够积累很多，但所施用的范围就不够广远了。天将要下雨，水汽蒸发上升，无论高处还是低处的河川沼泽、山涧溪流的水汽，都可以蒸发而化为云雨，既然这样，那么沼泽的水不也有它可施展抱负之处了吗？或者是有待于那特定的条件吧？所以大凡贫贱的士子，必须等待时机，这样以后才能有所建树。难道只有何蕃是这样的吗？因此我说了以上这些话，也是不想让何蕃的事迹没有留下记录而不能流传于世啊。

【赏析】

这篇文章作于韩愈从徐州到京师长安之时。文章通过何蕃的遭遇，批评当朝压抑人才的恶劣现象，全文虽没有激昂慷慨之词，却也波澜壮阔，

意蕴悠长。

文章首句表明了何蕃在太学资历深远，接下来便开始叙述他这二十余年来的经历，意在表扬何蕃是一位品学兼优的所谓“学成行尊”之人。但是这样一个品学兼优、别人都不敢与之媲美的人，仕途是不是应该一路高升呢？接下来的答案不禁令人感慨、叹息，原来“公卿大夫知蕃者比肩立叹，莫为礼部。为礼部者，率蕃所不合者”，正是这没有掌管升迁之人提携，又与礼部之人秉性不合，自然就很难仕途顺遂了。

作者很怕说服力不强，接着又详细介绍了何蕃的家境，突出表现了何蕃不仅才华出众，还是一个因“闵亲之老不自克”而宁愿放弃宦海逐波，选择“归养于和州”去奉养父母的善待双亲的“纯孝”之人。然而，就是这样一个相对完美之人，还是遗憾多多，竟以“太学阙祭酒，会阳先生出道州”这样相关人员缺席与无人力荐而不得荐用，至此宣布他这一生仕途生涯的望洋兴叹。接下来的第三段通过欧阳詹先生与他人的评论，进一步肯定了何蕃的高洁品行以及加以渲染其仁、勇的品质，同时也在呼吁执政者，应当任用何蕃这样敢作敢为的仁勇贤能之士，国家安定才能有所保障。

结尾段一句悲呼，寄寓了作者深沉的人生慨叹，并借此进一步阐明主旨，直击封建社会造成贫贱之士怀才不遇的可悲之处，这也正是一个社会的可悲之处！所以说，这篇替何蕃遭遇鸣不平的文章，具有普遍的社会意义，抑扬悠远，言犹未尽。

题李生壁

【原文】

余始得李生于河中①，今相遇于下邳②，自始及今，十四年矣。始相见，吾与之皆未冠③，未通人事④，追思多有可笑者，与生皆然也。今者相遇，皆有妻子，昔时无度量之心，宁复可有是？生之为交，何其近古人也！

是来也，余黜于徐州⑤，将西居于洛阳，泛舟于清泠池⑥，泊于文雅台下。西望商丘，东望脩竹园⑦，入微子庙⑧，求邹阳、枚叔、司马相如之故文⑨。久立于庙陛间⑩，悲《那颂》之不作于是者已久。陇西李翱⑪、太原王涯⑫、上谷侯喜，实同与焉。

贞元十六年五月十四日，昌黎韩愈书。

【注释】

①李生：名平，韩愈少年时代的朋友。河中：府名。

②下邳（pī）：古县名。治所在今江苏睢宁县西北。

③未冠：未成年。

④人事：指人与人交际应酬之事。

⑤黜（chù）于徐州：被贬谪来到徐州。

⑥泛舟：行船；坐船游玩。

⑦脩（xiū）竹园：梁苑。在商丘县（今河南省睢阳区）东，为汉梁孝王刘武招纳宾客之地。

⑧微子庙：在商丘县（今河南省睢阳区）城内西北隅。微子：名启，商纣的庶兄。宋国开国君主。周初受封于宋，宋都即商丘。

⑨“求邹阳”句：邹阳、枚叔、司马相如，他们都曾客于梁孝王，故云。

⑩陛（bì）：台阶。

⑪李翱（áo）：字习之，陇西人，韩愈门人。

⑫王涯：字广津，与韩愈为贞元八年（792年）同年进士，官至宰相，甘露之变中被杀。

【译文】

我最开始认识李生的时候，是在河中府，今天在下邳相遇了，从开始到现在，已经十四年了。开始相见的时候，我和他都还没到成年，不懂人情世故，追想起来有很多可笑的事情，我和李生都是这样感觉的。如今相遇，我们都已经有了妻子、儿女，往昔的时光里，那种无拘无束的豪放心思，哪里还能再有呢？李生与人交往，和古代的人多么接近啊！

我这次来，是在徐州被罢黜，将要往西迁居到洛阳去，在清泠池上坐船游玩，在文雅台下停泊赏景。往西望见商丘，向东看见脩竹园，进微子庙，寻求邹阳、枚叔、司马相如的旧文章。长久地伫立在寺庙的台阶上，悲叹《那颂》不能再一同演奏真是太久了。陇西李翱、太原王涯、上谷侯喜，实际上是和我一起前往的。

贞元十六年五月十四日。昌黎韩愈写。

【赏析】

唐德宗贞元十六年（800年）五月，韩愈离开徐州将谪居洛阳，其间遍游了汉梁孝王的封地睢县各处的名胜古迹，回到江苏下邳，正好遇到少年时代的好朋友李生，于是写下这篇文章。

文章开头至“何其近古人也”为第一段，首先叙写自己与李生交往的最初时间以及地点。时隔十四年后的相遇，令人惊喜，但回想起往事，不禁感慨万分。所幸两位多年不见的好友，共同追忆往昔在一起玩耍的时光时，“追思多有可笑者，与生皆然也”，其中自然是有少年不问世事的无限快乐，但一想到眼前都已“皆有妻子”，而自己又从少年时的雄心壮志、保家卫国的豪情中，沦落到今日的被罢黜移居他乡，不禁感慨时光流逝，慨叹人世沧桑。这里的“生之为交，何其近古人也”写得绝妙，既是对李生依旧淳朴天真、热情奔放性格的高度褒奖，也是对自己由于长期与世浮沉，被老练世故的人际关系湮没了过去那种可贵的“无度量之心”的反思，同时也给读者留出了几分遐想。

第二段用“是来也，余黜于徐州，将西居于洛阳”作为过渡，然后写作者自己这次离开徐州之后，准备畅游西汉梁孝王故城。此处虽描绘详尽，却纯属想象之笔，是在憧憬西居洛阳时能够放纵于美丽的山水名胜之间悠然闲适的生活。或许只有这样美好的幻想和憧憬，才能将此刻自己怀才不遇的忧闷排解开来。

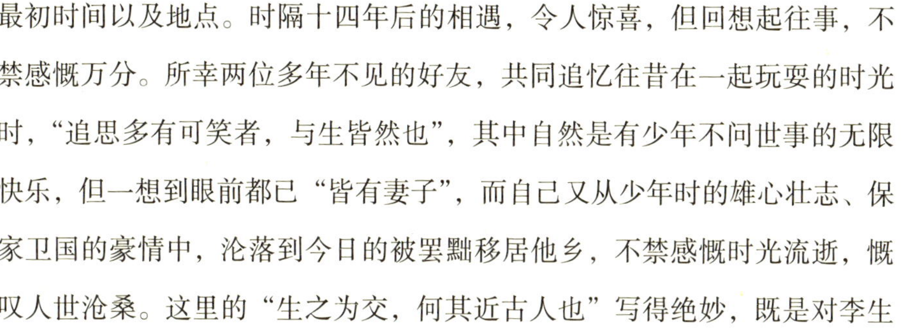

全文没有刻意修饰之词，率真自然，如话家常，将重逢后依依惜别之情掩在笔墨之间，铭刻于壁记之上。

赠崔复州序

【原文】

有地数百里，趋走之吏①，自长史、司马已下数十人；其禄足以仁其三族及其朋友故旧②；乐乎心，则一境之人喜；不乐乎心，则一境之人惧。丈夫官至刺史，亦荣矣。

虽然，幽远之小民③，其足迹未尝至城邑④，苟有不得其所，能自直于乡里之吏者鲜矣⑤，况能自辨于县吏乎？能自辨于县吏者鲜矣，况能自辨于刺史之庭乎？由是刺史有所不闻。小民有所不宣⑥。赋有常而民产无恒⑦，水旱疠疫之不期⑧，民之丰约悬于州⑨，县令不以言，连帅不以信⑩，民就穷而敛愈急⑪，吾见刺史之难为也。

崔君为复，其连帅则于公。崔君之仁，足以苏复人⑫；于公之贤，足以庸崔君⑬。有刺史之荣而无其难为者，将在于此乎？愈尝辱于公之知，而旧游于崔君，庆复人之将蒙其休泽也⑭，于是乎言。

【注释】

①趋走之吏：指供刺史支使的官吏，即僚属。趋走：奔走服役。

②仁：指行惠施利，这里用作动词。三族：一种说法是指“父、子、孙”三代及其兄弟；一种说法是指父族、母族及妻族；一种说法是指父母、兄弟、妻子。

③幽远之小民：偏远地区的低微百姓。幽远：指偏远地区。

④未尝：未曾，不曾。城邑（yì）：城和邑。泛指城镇。邑：旧指县。

⑤自直于乡里之吏：在乡里的小吏面前自行申辩。鲜：少。

⑥不宣：不宣布，不公开说出来。

⑦赋有常：意思是租赋有固定的数额。民产无恒：老百姓无固定的产业收入。

⑧疠疫（lì yì）：瘟疫，指各种流行的传染病。不期：指没有定期，难以预测。

⑨丰约：指富裕或穷困。悬：悬系，取决于。

⑩连帅：观察使、按察使，诸侯之长，是刺史的上司。信：相信。

⑪就穷：已经到了困窘境地。敛：聚敛，指征收租赋。

⑫苏复人：使复州的百姓复活。苏：苏醒，复活。

⑬庸：同“用”，重用。

⑭蒙其休泽：蒙受到您的恩泽。

【译文】

能够掌管辖地数百里，有供他支使的官吏，从长史、司马以下就有数十人；其俸禄足以惠及父母、兄弟、妻子三族以及朋友和老相识；如果他心里高兴，则一州之人都高兴；如果他心里不高兴，则一州之人都惧怕。大丈夫为官能做到这样威武的州刺史，也算是很荣耀了。

虽然如此，但是偏远地区的低微百姓，他们的足迹不曾到达过县城，如果有感到不利于他们的不平之事，能够自己到乡里小吏面前申辩清白正直的人就已经很少了，何况能跑到县吏面前进行自我申辩呢？能够到县吏面前进行自我辩解的人已经很少了，更何况能在州刺史的公堂自我辩解呢？正因为这样，所以民间之事，刺史有很多都没听过。小百姓也不敢公开说出来。租赋有固定的数额，可是老百姓却没有固定收入，水涝干旱的灾害和瘟疫流行的灾难也很难预料，老百姓的富裕或穷困都悬系在州刺史手里，县令不向上级的刺史说明情况，观察使不信任下级刺史，老百姓已经到了困窘的境地，可是催逼赋税却更加紧急，我看刺史也真是难当啊。

崔君您此番出任复州刺史，您的上司是山南东道观察使于公。崔君的仁爱之心，足以使复州的老百姓恢复活力；而于公的贤达，足以重用崔君。从此之后，您拥有了刺史的荣耀，那就没有难办之事了，这大概就在于此行了吧？我曾经承蒙于公的知遇之恩，而和崔君您又是交游已久的朋友，我庆幸复州的老百姓将会蒙受到您的恩泽了，于是就说了上面这些话。

【赏析】

这篇文章写于贞元十九年（公元 803 年），当时韩愈在京城任监察御史，他的朋友崔君要到复州出任刺史一职，在他临行前，韩愈撰此文赠别，勉励崔复州要做一个廉明清正的地方官，防止横征暴敛，要想尽办法使复州百姓得以复兴安宁。虽然篇幅不长，但字里行间无不对之寄予了一片殷切的希望。

文章开头先介绍刺史所管辖的范围之大，在州里管辖范围内权力之广，可以驱使官吏数十人，丰厚的俸禄足以养活“其三族及其朋友故旧”，而且刺史的喜怒哀乐足以威慑整个州县之人，如此寥寥几笔，便着力突出了“刺史之荣”；然后重点写“刺史之难为”。当然其中最重要的原因就是，百姓遇事不能“自直、自辩”于官府，而县令总是报喜不报忧，对于民情灾患隐瞒不报，节度使又不信任重用刺史，所以刺史要做到廉洁清明，防止“民就穷而敛愈急”是很难的。这里的用意并不是打击崔复州，而是希望崔复州知难而进，能够体恤民情，从而创造可喜可贺的政绩。

最后提及“于公之贤，足以庸崔君”，这里对这位于公的赞美之词意蕴深重，总之是希望复州百姓能够早日脱离横征暴敛之苦，真正实现复苏，反映了韩愈关心民生、反对官吏贪暴、主张施行仁政的忧国忧民的爱国主义思想。

荆潭唱和诗序

【原文】

从事有示愈以《荆潭酬唱诗》者①，愈既受以卒业，因仰而言曰："夫和平之音淡薄②，而愁思之声要妙③；欢愉之辞难工，而穷苦之言易好也。是故文章之作，恒发于羁旅草野④；至若王公贵人，气满志得⑤，非性能好之，则不暇以为。

今仆射裴公⑥，开镇蛮荆，统郡惟九⑦；常侍杨公⑧，领湖之南，壤地二千里⑨。德刑之政并勤，爵禄之报两崇⑩。乃能存志乎《诗》《书》，寓辞乎咏歌⑪，往复循环，有唱斯和⑫，搜奇抉怪，雕镂文字⑬，与韦布里闾憔悴专一之士较其毫厘分寸⑭，铿锵发金石，幽眇感鬼神⑮，信所谓材全而能钜者也⑯！两府之从事与部属之吏属而和之，苟在编者⑰，咸可观也⑱。宜乎施之乐章，纪诸册书。"从事曰："子之言是也。"告于公，书以为《荆潭酬唱诗序》。

【注释】

①从事：州郡长官招募的随从官员，幕僚。

②音：古代诗歌都能按曲歌唱，所以诗歌也可称"音"。淡薄：浅薄，不浓厚。

③要妙：亦作"要眇"。形容精深微妙的样子。

④羁（jī）旅：指客居异乡的人。草野：指代山林隐士。

⑤气满志得：指志愿实现，心满意足。

⑥仆射（pú yè）：唐宋两代朝中设左右仆射，辅佐天子决议国政，相当于宰相职位。裴公：裴均，又作裴钧、裴筠，字君齐，河东郡人，唐德宗贞元年间，出任荆南节度使。

⑦蛮荆：荆州居住少数民族，经济文化落后，所以冠以“蛮”字。

⑧常侍：官名，又称散骑常侍。主要侍从天子，掌管文书、诏令。

⑨壤（rǎng）地：土地。

⑩德刑之政：古代统治者常以德政与威刑作为治民手段。

⑪乃能：才能这样。咏歌：指作诗，因为古代诗歌既可吟诵，又能歌唱。

⑫往复循环：指双方互相酬唱往来。有唱斯和：有唱就有和。

⑬搜奇抉（jué）怪：搜索新奇，挑选怪异。这里形容刻意雕镂诗文。雕镂（lòu）：雕刻。文中指在文辞华丽上下功夫。

⑭韦布：布衣皮带，借指生活贫寒。里闾（lǘ）：本指里巷的门，文中是指里巷，平民所居。较其毫厘分寸：形容仔细比较文章高下。

⑮铿锵（kēng qiāng）：形容声音响亮，节奏分明，同时用来形容诗词文曲声调响亮，节奏明快。幽眇（miǎo）：亦作“幽渺”，精深微妙之意。

⑯信：的确，诚然。钜（jù）：同“巨”，大。

⑰苟：暂且；假设，如果。在编者：收录在这本诗歌集里。

⑱咸：都，全。可观：值得一看。

【译文】

裴公的随从官员当中，有个人拿着《荆潭酬唱诗》让我来看，我接过来后全部诵读一遍，就仰起头说：“那和谐太平年代的歌曲音调平淡浅薄，而忧愁伤感的歌声往往更精深微妙；欢乐愉快的文辞难以写得工整精巧，而表达穷困痛苦的言辞更容易写好。因此，文学创作，常常出自漂泊异乡、

隐居山林的人士之手；至于那些王公显贵，官高禄厚，意气风发而心满意足的人，如果不是本性天生就擅长而又爱好作诗，就没有闲暇时间做这些事了。

如今裴公任荆南节度使，开辟镇守荒蛮的荆州地区，统辖九郡；官拜常侍的杨公，统领湖南一带，土地方圆两千里。他们二人善于推行德政、执行刑罚都很勤勉，所得爵位俸禄也都极高。所以才能留心研究《诗》《书》这样最高境界的文学艺术，并且写作很下功夫，能把文才运用在吟诗作赋上，如此往来不绝，有唱就有和，善于搜寻新奇的字，挑选怪异之词，精心雕琢文字，完全可与穿布衣束皮带、住在里巷、生活困苦、专心写作的贫士一较高下。他们两位所写的诗篇，音调铿锵，犹如金石之声，其深刻精彩，足以感动鬼神，真是人们所说的才能全面而且能力高超的诗人啊！两位幕府的随从官员以及下属官吏，也都跟着他们的长官写了和诗，如果全部收录在这本诗集里，都是值得一看的。这些诗篇适合谱上乐曲，然后按照顺序抄成书册。”这位随从官员说：“您的话说得很对啊。”回去便禀告裴公，然后让我写下来作为《荆潭唱和诗序》。

【赏析】

荆南节度使裴均和担任湖南观察使的杨凭，两人都喜欢诗辞歌赋，所以在任职期间，常有诗歌唱和，后来连同他们从事、部属的和诗都收集在一起，名为《荆潭酬唱诗》。他们虽然官运亨通，政治地位远在韩愈之上，但在诗坛上却无多大名气，为了全面提升自己的名气，于是就请韩愈为他们的诗集作序。

文章首句“从事有示愈以《荆潭酬唱诗》者”，表明了这是一篇应邀之作，并非主动邀宠献媚之作。文中作者通过强烈的对比，表达了深切的感受，使所发出的感慨不露声色地成为全文的主体。这也是韩愈作文的精妙之处，他精心设计一段段富有双关语性质的言辞，既让请他写序之人看不出语言所暗含意义的端倪，又让其他人能读懂他所给出的有关诗歌写作方面的论点。诸如，“和平之音淡薄，而愁思之声要妙；欢愉之辞难工，而穷苦之言易好”就是关于写作方面一个很重要的观点；而“文章之作，恒发于羁旅草野。至若王公贵人，气满志得，非性能而好之，则不暇以为”，就是一段很有艺术特点的“双关语”潜台词。作为“裴公，开镇蛮荆，统郡惟九；常侍杨公，领湖之南，壤地二千里”，如此位高权重的皇帝宠臣，为其写一篇小小序文或许就是埋下了一个引爆的祸根，所以韩愈此刻在慑于权势、碍于情面的情况下违心地写了些恭维之词，而得到赞美的诗集主人，或许正陶醉其中，而聪明的读者一定会一目了然的。写诗作文是不是应该注意规避刻意地去“搜奇抉怪，雕镂文字”等一系列理论，皆由读者自己去品味。

纵观全文，我们不能不承认，这篇应酬式的序文，是在间接而含蓄的评价之中，趁机阐明了自己的文学主张，也正因为作者巧妙而深刻地揭示了文学创作的重要规律，而使这篇序文传诵不衰，永放光彩。

伯夷颂①

【原文】

士之特立独行②，适于义而已③，不顾人之是非，皆豪杰之士，信道笃而自知明者也④。一家非之，力行而不惑者寡矣；至于一国一州非之，力行而不惑者，盖天下一人而已矣；若至于举世非之，力行而不惑者，则千百年乃一人而已耳；若伯夷者，穷天地、亘万世而不顾者也⑤。昭乎日月不足为明⑥，崒乎泰山不足为高⑦，巍乎天地不足为容也⑧。

【注释】

①伯夷：商朝末年孤竹国君的儿子。他和弟弟叔齐，在周武王灭商以后，躲避到首阳山，宁愿饿死也不食周朝一粒米。后人为此称颂他们忠于故国。

②特立独行：形容人的志行高洁，不随波逐流。

③义：儒家所倡导的道义。而已：相当于“罢了”。

④笃：深厚，坚定。

⑤穷天地、亘（gèn）万世：穷尽于天地之间，横贯于古今万世。穷：穷尽。亘：横贯，贯通。

⑥昭：明显，显著。

⑦崒（zú）：高，突兀。形容高超，出类拔萃。

⑧巍：形容高大。此处比喻宽广有容之意。

【译文】

读书人立身处世独特，不随波逐流，只追求符合道义罢了，不理会别人的赞誉或批评，这样的人都是豪杰之士，也是忠实相信自己的道义并且知道自己内心的人。被一家批评反对，仍然坚定执行而不迷惑的人很少了；至于全国全州的人都来批评反对他，仍坚定执行而不迷惑的，大概整个天下只有一人而已；若是到了全世界的人都批评他的地步，仍能坚定执行而不迷惑的，则千百年来只有一人罢了；像伯夷这样的人，是穷尽天地，经历万世也不回头的人。与他相比，即使是明亮的日月也不足以显出光明，突兀雄峻的泰山也不足以称为高峻，高大宽广的天地也不算能包容了。

【原文】

当殷之亡，周之兴，微子贤也①，抱祭器而去之②。武王、周公，圣也③，从天下之贤士④，与天下之诸侯而往攻之，未尝闻有非之者也。彼伯夷、叔齐者，乃独以为不可。殷既灭矣，天下宗周⑤，彼二子乃独耻食其粟，饿死而不顾。繇是而言⑥，夫岂有求而为哉？信道笃而自知明也。

今世之所谓士者，一凡人誉之，则自以为有余；一凡人沮之，则自以为不足。彼独非圣人而自是如此。夫圣人，乃万世之标准也。余故曰：若伯夷者，特立独行、穷天地、亘万世而不顾者也。虽然，微二子，乱臣贼子接迹于后世矣⑦。

【注释】

①微子：殷纣王之兄。贤：德才兼备。

②祭器：祭祀用的礼器。古人重视祭祀，常把祭器作为传国重器。去之：离开殷纣王。

③圣：圣人，指人格品德极高的人。

④贤士：常指志行高洁、才能杰出的人。

⑤宗周：尊奉周的权威，承认周的统治权。

⑥繇（yóu）是而言：由此而言。繇：古同“由”。

⑦乱臣贼子：旧指不守君臣、父子之道的人，后泛指心怀异志的人。贼子：忤逆之子。接迹：足迹前后相接。形容人多，接连不断的样子。

【译文】

当殷商即将灭亡，周朝到了兴盛之时，像殷纣王之兄微子这样贤德的人，都是怀抱着祭祀的器具离开了殷商。武王、周公是圣人，他们率领天下的贤士和诸侯前去进攻殷商的都城，还不曾听说有批评指责他们的人。唯独那伯夷、叔齐二人，却认为他们不应该这样做。殷商灭亡后，天下人都尊奉周朝的权威，只有伯夷、叔齐二人却偏偏认为吃周朝的粮食是羞耻的，就算饿死也不回头。由此说来，他们这样做难道是要博取什么吗？不过是因为忠实地相信自己的道义并且清楚地知道自己内心罢了。

现今的所谓读书人，获得了一个普通人对他的赞誉，就自以为了不起而认为应该得到更高的赞誉；遭到了一个普通人的诋毁，就自认为别人的话不足以说正确。而伯夷、叔齐则不同，敢于批评圣人而自以为这样做是对的。要知道那圣人，是万世的标准啊。所以我说：像伯夷这样的人，真是立身行事独特，不随波逐流、穷尽天地、经历万世也不会回头的人啊。虽然这样，如果没有他们二人，乱臣贼子就会更加接连不断地出现在后世了。

【赏析】

中唐时期，官场黑暗，不少人明哲保身，随波逐流，使国家日渐衰弱，韩愈见状，十分担忧国事衰落，于是借《伯夷颂》歌颂我行我素，卓尔不群的精神，希望能够振兴士人志气。

文章首先提出中心论点：士人要“特立独行”“不顾人之是非”“信道笃而自知明”。当然，这不是一味的一意孤行，而是要有坚定的信念相信自己的道义，还要了解自己内心，依心而行。

接下来紧扣中心论点展开论述，以伯夷、叔齐“彼二子乃独耻食其粟，饿死而不顾”这样耳熟能详的“不食周粟而饿死首阳山”的历史典故为爆点，高度赞叹伯夷“特立独行”，不为世俗所困的精神气节，进一步为论点服务，紧承前意。

最后转接现实，总结全文，提出伯夷“特立独行”的精神对后世影响之大。主要列举了“今世之所谓士者”与伯夷完全不同之处，通过二者的对比，点明了主题“颂”的真正意义。

全文力求前呼后应，鲜明对比，层层递进，深化“士之特立独行”的要义，突出主题。

试大理评事王君墓志铭

【原文】

君讳适[①]，姓王氏。好读书，怀奇负气[②]，不肯随人后举选。见功业有道路可指取，有名节可以戾契致[③]，困于无资地[④]，不能自出，乃以干[⑤]，诸公贵人，借助声势。诸公贵人既得志，皆乐熟软媚耳目者[⑥]，不喜闻生语，一见辄戒门以绝[⑦]。上初即位，以四科募天下士。君笑曰："此非吾时邪！"即提所作书，缘道歌吟[⑧]，趋直言试[⑨]。既至，对语惊人；不中第，益困。久之，闻金吾李将军年少喜士[⑩]，可撼[⑪]。乃踏门告曰："天下奇男子王适，愿见将军白事[⑫]。"一见语合意，往来门下。卢从史既节度昭义军，张甚，奴视法度士[⑬]，欲闻无顾忌大语。有以君平生告者，即遣客钩致[⑭]。君曰："狂子不足以共事。"立谢客[⑮]。李将军由是待益厚，奏其为卫胄曹参军，充引驾仗判官，尽用其言。将军迁帅凤翔，君随往。改试大理评事，摄监察御史、观察判官。栉垢爬痒[⑯]，民获苏醒。

【注释】

①讳：古人行文时为表示尊敬，在其名前加一个"讳"字。

②怀奇：怀抱雄奇的志向。负气：恃其意气，不肯屈服于人。

③以戾（lì）契致：用非常规的方法刻意追求而获取的。这里指曲折达到目的。戾：乖戾，即不避正道。

④资地：资历、地位。

⑤干：干谒，拜见权贵、名人，以请求帮助。

⑥皆乐熟软媚耳目者：都是喜欢听谄媚奉承之言的人。

⑦辄：就。戒门：告诫守门的人。

⑧缘道歌吟：一边在道上行走，一边吟咏自己的作品。

⑨趋直言试：去参加贤良方正直言极谏科的考试。

⑩金吾李将军：李惟简，宪宗元和初年（806年）任左金吾卫大将军。

⑪可撼：意为可以尝试说动其心。撼：用言语打动人。

⑫白事：谈说事情。

⑬奴视法度士：鄙视那些谨守法度法规的士子。奴视：鄙视。

⑭钩致：招致，罗致。

⑮立谢客：此指立即谢绝卢从史派来的说客。立：立刻。

⑯栉（zhì）垢爬痒：这里是比喻去除弊政。栉垢：梳去头发里的污垢。爬痒：搔痒。

【译文】

君名为适，姓王。喜爱读书，怀抱雄奇的才华，不肯屈服于人下，不肯跟随在别人后面去赶赴科举考试。王君眼看着功勋事业有道路可以很快取得，名誉与节操也可以经过刻苦努力曲折地达到，但苦于没有资格、地位，才能抱负不能够依靠自己显露出来，这才去拜求那些公卿贵人，想借助他们的声望势力实现愿望。那些公卿贵人得其所愿之后，都喜欢看见谄媚奉承的人说着温软讨好的话给他们听，不喜欢听到生硬的话，所以只见过王君一次，就告诫守门的人以后绝对不允许再让他进门。好在正赶上新皇帝刚刚即位，开设四个科目的考试来招募天下的贤士。王君笑着说："这不正是我的好时机到了吗？"于是立即提着自己所写的诗书文章，沿途边走边歌吟，高高兴兴去参加直言极谏科的考试。到考场以后，王君对答如流的话语令人吃惊；可惜最终还是没有考中，从此更加困窘。这样过了很久之后，听说金吾卫李将军年轻有为，而且喜欢和贤德的士人结交，觉得可以尝试说动他的心而帮助自己实现壮志。于是王君就登门拜见报告说："天下奇男子王适，希望能见到将军陈述事情。"没想到两个人一见面就谈得很投机，于是王君便可以经常出入李将军门下。卢从史担任昭义军节度使后，气焰特别嚣张，鄙视那些遵守规矩礼法的士人，总想听那些没有顾忌的狂妄大话。有人将王君的生平为人告知卢从史，于是他立即派人去招致王君到他的门下听用。王君说："卢从史是个狂妄的人，不值得和他共事。"于是立即谢绝了那位说客。李将军因为这件事更加看重王君，并且保奏王君为卫胄曹参军，充当引驾仗判官，他在处理事务时完全采纳王君的意见。后来李将军升迁为凤翔节度使，王君也随同前往，从此改试大理评事，兼监察御史、观察判官。王君在任上尽职尽责，就像用梳子清除污垢、抓挠痒痛一般，为人民除去弊政减轻痛苦，使民生获得苏醒。

【原文】

居岁余①，如有所不乐。一旦载妻子入阌乡南山不顾②。中书舍人王涯③、独孤郁、吏部郎中张惟素，比部郎中韩愈，日发书问讯顾不可强起，不即荐④。明年九月，疾病，舆医京师⑤，其月某日卒⑥，年四十四。十一月某日，即葬京城西南长安县界中。曾祖爽，洪州武宁令；祖微，右卫骑曹参军；父嵩，苏州昆山丞⑦。妻，上谷侯氏处士高女⑧。

【注释】

①余：多。如：好像。

②阌（wén）：阌乡县，地名，治所在今河南灵宝市境内。

③中书舍人：是中书省下属的官名，掌管进奏参议、起草诏令等。

④即荐：立即推荐。

⑤舆（yú）医京师：用车子送到京城就医。

⑥某日：因作者不知其确切死亡日期，故用“某”字代替。卒：死亡。

⑦丞：县丞，县令的主要佐官。地位在主簿、县尉之上。

⑧处士：古时称有才能而未出仕的读书人。

【译文】

住了一年多，好像有什么不愉快的事发生了。有一天王君乘车载着妻子与孩子入住阌乡县的南山中，从此果断归隐，对官职毫无顾惜。中书舍人王涯、独孤郁、吏部郎中张惟素、比部郎中韩愈，几人接连写信去问询其中缘故，王君却始终没有一点回头之意，看样子不能强迫王君再度出仕为官，于是大家就没有立即推荐他。第二年九月，王君忽然病得很重，家人就用车子将他送到京师去诊治，但最终没有治愈，于当月的某天去世，享年四十四岁。十一月某日，就安葬在京城西南方向的长安县境内。王君的曾祖父王爽，曾经当过洪州武宁县令；祖父王微，曾任右卫骑曹参军；父亲王嵩，曾任苏州昆山县丞；王君的妻子是上谷处士侯高的女儿。

【原文】

高固奇士，自方阿衡、太师，世莫能用吾言，再试吏，再怒去①，发狂投江水。初，处士将嫁其女，惩曰②：“吾以龃龉穷③，一女怜之，必嫁官人，不以与凡子。”君曰：“吾求妇氏久矣，唯此翁可人意④，且闻其女贤，不可以失。”即谩谓媒妪⑤：“吾明经及第且选⑥，即官人。侯翁女幸嫁，若能令翁许我，请进百金为妪谢⑦。”诺许白翁。翁曰：“诚官人邪？取文书来！”君计穷吐实。妪曰：“无苦，翁大人⑧，不疑人欺我，得一卷书粗若告身者⑨，我袖以往，翁见，未必取视，幸而听我。”行其谋。翁望见文书衔袖⑩，果信不疑，曰：“足矣！”以女与王氏。生三子，一男二女。男三岁夭死，长女嫁亳州永城尉姚挺，其季始十岁。铭曰：鼎也不可以柱车⑪，马也不可使守闾⑫。佩玉长裾⑬，不利走趋。只系其逢，不系巧愚⑭。不谐其须，有衔不祛⑮。钻石埋辞，以列幽墟⑯。

【注释】

①再试吏，再怒去：指两次出任官吏，两次发怒而去。

②惩：惩戒。这里是自我告诫的意思。

③吾以龃龉（jǔ yǔ）穷：我因为和人意见不合，所以才仕途不顺畅。龃龉：上下牙齿对不齐，比喻意见不合，互相抵触。穷：此指仕途不顺畅。

④可人意：合人心意。

⑤谩（mán）：欺骗，蒙蔽。媒妪（yù）：媒婆。

⑥明经：唐代科举考试科目之一，地位仅次于进士科。被推举者须明习经学，故以“明经”为名。及第：指科举考试应试中选，因榜上题名有甲乙次第，故名。

⑦金：古时货币单位，汉代以黄金一斤为一金，后代也称一两银子为一金。此指重礼。

⑧无苦：不必苦恼。大人：与小人相对而言，指光明磊落、不使用阴

谋的君子。

⑨告身：授予官职的文书。因文书上的印文是“尚书吏部告身之印”，故称告身。其形式是卷子，而当时文人所著诗文也是写在卷子上的，不细看难以区别。

⑩衔袖：指装在衣袖子里。

⑪柱：同“拄”，支撑。

⑫守闾（lǘ）：守门。闾：古代里巷的大门。

⑬长裾（jū）：前襟很长的衣袍。

⑭只系其逢，不系巧愚：意思是说，一个人的命运、前途，与其遭逢际遇有关，无关乎聪明与愚笨。

⑮不谐其须，有衔不祛：不合乎当权者的需要，纵有才能也会被驱除而无法得以施展。谐：和，配合得当。须：同“需”。祛：除去，驱逐。

⑯幽墟：指坟墓、坟茔。

【译文】

侯高原本是一位奇特的士人，常以古代阿衡、姜太师自比，认为世上没有人能够采用自己的意见，因此两次做官，两次愤怒离去，以至于后来发狂投入了江水中撒手而去。当初，侯处士的女儿即将嫁出，自我告诫说：“我因为和他人意见不合，所以才仕途不顺畅，现在我只有这一个女儿，非常怜爱她，一定要把她嫁给一个做官的人，不会把她许配给平凡之人。”王君说：“我寻求妻室已经很久了，只有这位老先生的话适合我的心意，而且听说他的女儿很贤惠，一定不可以错失这个机会啊。”随即就去欺骗媒婆说：“我是明经科考及第选取的，即将成为官员。侥幸遇到侯老先生的女儿待嫁，倘若能使侯翁将女儿许配给我，我就用百金来酬谢媒人你。”媒婆听后允诺马上就去对侯翁说明提亲之事。侯翁说：“真的是做官之人吗？拿文书来我要看看！”王君没有办法了，只得对媒婆说了实话。媒婆说：“不用苦恼，侯翁是德行高尚的人，不会怀疑别人欺骗他，我只要得到一卷文书，大致像告身文书的样子，然后我笼在袖子里去他家，侯翁也不一定会细看，侥幸的话，就会听信我所说的。”于是王君照着媒婆的计谋去做了。侯翁望见文书半笼在媒婆衣袖中，果然相信她的话不再怀疑，说：“这就足够了！”于是就答应将女儿许配给王君。婚后妻子给他生了三个孩子，一男二女。可惜的是，男孩三岁时就夭折而亡了，长女嫁给了亳州永城尉姚挺，他的小女儿才刚刚十岁。

铭文上写道：鼎不可用它来支撑车子，马不可以用它看守大门。身上佩戴宝玉穿着长衫，不利于快步行走。一个人的命运、前途，跟他的遭逢际遇有关，无关乎他的聪明与愚笨。不合乎当权者的需要，纵有才能也会被驱除而无法得以施展。如今只能在这石头上刻下墓志铭词，把它列序埋进王君坟茔之中。

【赏析】

这篇墓志铭是韩愈为曾担任过大理评事的“天下奇男子”王适所作。文中主要围绕墓主的生平、事业、行事风格以及他在不同时期所体现出来的人生变化展开叙述，铭文庄谐并陈，疏密相间，点染琐事，各尽其详，不愧是传记文学中的经典之作。

文中抓住墓主“怀奇负气，不肯随人后举选”的性格特点展开全文，列举生活中看似平常却暗含异理的事件，突出了他落拓不羁而又注重名节的性格所造成的一生不得志的遭遇。诸如胸有成竹的“趋直言试”；听说金吾卫李将军年轻有为，而且喜欢和贤德的士人结交，马上登门拜见，而且“一见语合意，往来门下”，这与下文中狂妄而无视法度的卢从史派人前来邀请时的怒曰“狂子不足以共事”而立即谢绝见客，形成鲜明的对比；作者将他在科考机遇来临之时高呼“此非吾时邪！”的兴奋与天真之情，应该还带有一丝“天助我也”的惬意，描写得惟妙惟肖。当事实却是“不中第，益困”的结果之时，这难免是一种沉重的打击，然而这就是再现实不过的现实了！不过还好，终于有善举贤才的李将军提携，“奏其为卫胄曹参军，充引驾仗判官，尽用其言”，他才得以施展才华，使“民获苏醒”。可是他那“怀齐负气的性格”注定他走不远。时隔不久，他便“载妻子入阌乡南山不顾”，至此，把这个独立特行的“奇男子”写得生动传神，如同站立在读者眼前。

这篇墓志铭打破了历来只叙死者“嘉言善状”的传统写法，记述了王适生平事迹，其间不忘穿插一段生活逸事，这段骗婚故事为他的“怀奇”增添了传奇色彩，同时也表现了侯翁的迂直、媒婆的狡黠圆滑、王适不拘小节的狂放，这种既庄重又诙谐的“出格”笔墨，使王适“奇男子”的形象更加与众不同。

结尾的墓志铭，以“只系其逢，不系巧愚。不谐其须，有衔不祛”表达自己对王适怀才不遇的慨叹和愤愤不平之情，令人阅后心潮澎湃，掩卷难平。

答张籍书①

【原文】

愈始者望见吾子于人人之中②，固有异焉；及聆其音声③，接其辞气④，则有愿交之志；因缘幸会，遂得所图⑤，岂惟吾子之不遗⑥，抑仆之所遇有时焉耳⑦。近者尝有意吾子之阙焉无言⑧，意仆所以交之之道不至也；今乃大得所图⑨，脱然若沈疴去体⑩，洒然若执热者之濯清风也⑪。然吾子所论：排释老不若著书，嚣嚣多言，徒相为訾⑫。若仆之见，则有异乎此也！

夫所谓著书者，义止于辞耳。宣之于口，书之于简，何择焉？孟轲之书，非轲自著，轲既殁⑬，其徒万章、公孙丑相与记轲所言焉耳⑭。仆自得圣人之道而诵之，排前二家有年矣⑮。不知者以仆为好辩也；然从而化者亦有矣，闻而疑者又有倍焉，顽然不入者，亲以言谕之不入，则其观吾书也，固将无得矣。为此而止，吾岂有爱于力乎哉⑯？

【注释】

①张籍：字文昌，唐代诗人。是韩愈大弟子，其乐府诗与王建齐名，并称“张王乐府”。

②吾子：我的朋友，此处为尊称。人人：众人。

③聆（líng）：聆听。

④接其辞气：接触到你的言辞语气。

⑤因缘幸会：因为某种缘由和机会有幸相识。遂得所图：于是实现了

结交的愿望。

⑥岂惟：难道只是；何止。不遗：不嫌弃。

⑦抑：发语词，大约，大概的意思。所遇有时：碰上了好时机。

⑧阙（quē）焉无言：指没有听到对自己的批评。

⑨大得所图：完全满足了自己的意愿，指终于听到了朋友对自己批评的肺腑之言。

⑩脱然：轻松的样子。沈疴（kē）去体：积郁多年的重病大愈。疴：病。

⑪执热者之濯（zhuó）清风：拿着热东西的人受到清凉之风的吹拂，比喻凉爽轻松。濯：洗，沐浴。

⑫嚣（xiāo）嚣多言：喧哗啰唆的意思。徒相为訾（zǐ）：只是互相攻评。文中指作者排斥佛老的言论。訾：说人坏话，语言攻击。

⑬轲（kē）：指孟轲，孟子，名轲，邹国（今山东邹城）人。战国时期著名哲学家、思想家、政治家、教育家，儒家学派的代表人物之一。殁（mò）：死，去世。

⑭万章、公孙丑：都是孟轲的学生，传说是他们在孟子死后编纂成《孟子》一书的。

⑮前二家：指佛、老两家学说。有年：有许多年了。

⑯吾岂有爱于力：我哪是害怕耗费气力呢？意思是我不吝惜全力去宣讲，但那些人不可教化。爱：爱惜，吝惜。

【译文】

我刚开始在人群中见到您时，您固然是与平常人不同；等到听了您说话的声音，接触到您的文章，我就有了想和您交往的愿望；因为缘分的遇合，很幸运地和您相会，于是我得以满足心愿，这岂止是您不嫌弃我的缘故，大概也是我碰到好时机了。近年来曾经遗憾得不到您对我发表意见，我以为是我和您交往的途径不够；如今却大大满足了我心中所愿，一下子就像多年沉积在身体内的陈年老病突然间离开身体一样轻松，洒脱得就像拿着热东西的人突然沐浴到凉风一样清新。但您所说的这种言论：排斥佛老，比不上写书，吵吵嚷嚷多说话，只不过是在白白地互相指责。若依我看来，就与这大有不同之处了！

您所说的著书，大义只限于文辞而已。口头宣讲，刻写于简上，有什么可选择的呢？孟轲的《孟子》一书，并不是孟轲自己写出来的，而是孟轲去世之后，他的弟子万章、公孙丑一起记下孟轲曾经说过的话而编著成书的。我自从得到圣人的大道并传诵它，坚持抵制排斥佛、老两家学说，已经有许多年了。不了解我的人，以为我喜欢辩论；但听从我的言论而被教化的人也有很多了，而听了以后却有所怀疑的人数又要比前者多一倍，固执得听不进我的言论的，如果亲自用言辞教育都听不进去，那么他看了我的书，也必将无所收获。其实，为了阻止这种情况，我怎么会有所吝惜而不尽全力去改变呢？

【原文】

然有一说：化当世莫若口①，传来世莫若书。又惧吾力之未至也②。三十而立，四十而不惑③。吾于圣人，既过之犹惧不及④；矧今未至⑤，固有所未至耳⑥。请待五六十然后为之，冀其少过也。

吾子又讥吾与人人为无实驳杂之说⑦，此吾所以为戏耳；比之酒色，不有间乎⑧？吾子讥之，似同浴而讥裸裎也⑨，若商论不能下气⑩，或似有之，当更思而悔之耳。博塞之讥⑪，敢不承教；其他俟相见⑫。

薄晚须到公府⑬，言不能尽。愈再拜。

【注释】

①莫若：不如。

②力之未至：力量还没有达到，意思是还没有倾尽全力。

③四十而不惑：出自《论语·为政》，这是孔子的自我报告，意思是：人到了四十岁，才不为外物所迷惑。

④犹惧不及：还恐怕没有尽到最大努力。

⑤矧（shěn）：况且。

⑥有所未至：指在学识志向上还没有达到成熟不惑的境界。耳：文言语气助词。

⑦无实驳（bó）杂之说：荒诞无实的学说。

⑧比之酒色：和沉溺于酒色相比。不有间乎：不是还高出一筹吗？

⑨似同浴而讥裸裎（chéng）：好像一同洗浴之人讥笑别人光着身子一般。裸裎：裸体。

⑩下气：指低声下气，谦让别人。形容态度恭顺。

⑪博塞（sāi）之讥：指张籍对韩愈为文博杂冗塞的讥笑嘲讽。

⑫承教：受教。俟（sì）：等待。

⑬薄晚：临近傍晚。薄：将近，临近。公府：此指董晋府上。当时董晋出任宣武节度副大使，镇守汴州，韩愈任其门下推官。

【译文】

但也有一种说法：教化当世之人，不如亲口宣传的方法好，流传于来世，没有比著书更好的方法了。可我又担心我的能力达不到。孟子曾说过，三十岁应当有所成就，四十岁才不为外物所迷惑。我和圣人相比，已经过了三十而立的年龄，还是担心不及圣人；何况如今还没有达到圣人要求的那样，而且本来就有无法达到的地方。请让我等到五六十岁以后再来做著书的事吧，希望书中能少犯一些错误。

您还指责我和众人做了没有实际意义、驳杂的论说，这样的说辞我认为是玩笑话；和贪恋酒色相比，不是有很大的差距吗？您指责我这一点，

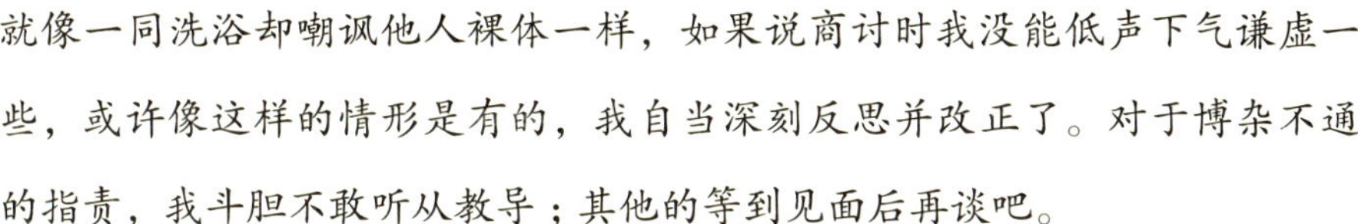

就像一同洗浴却嘲讽他人裸体一样，如果说商讨时我没能低声下气谦虚一些，或许像这样的情形是有的，我自当深刻反思并改正了。对于博杂不通的指责，我斗胆不敢听从教导；其他的等到见面后再谈吧。

现在临近傍晚，我必须到公府去，恕我不能详细说尽。韩愈在此再拜。

【赏析】

本文约作于贞元十三年（公元797年），当时韩愈辅佐董晋于汴州。在此之前，张籍曾写过《上韩昌黎书》，批评韩愈“喜博塞，好为无实驳杂之说”，并说他“排释老不若著书，嚣嚣多言，徒相为訾”，所以韩愈很不服气，于是写下这封书信加以反驳，并且针对张籍的质疑逐一给予答复，面对张籍所“讥”之言，据理相争，可谓气势恢宏。

文章开篇，首先描写张籍给自己最初的印象是在众人之中无须张口说话，就能一眼看出他“有异焉”，接下来又分别在说话声音、文章等方面，高度赞赏了张籍德才卓然超群，表明与他交往是自己期盼已久的愿望，在这样机缘巧合的机会里相遇并结识，自然是喜形于色。忽然笔锋一转，一句“然吾子所论”，引出下文。

接下来的议论当中，文字起伏荡漾，先扬后抑。先赞赏张籍博古通今，才学深广，表示自己的谦恭；随后指明意见，道明不能苟同。韩愈先后就张籍说他“排释老不若著书，嚣嚣多言，徒相为訾”，陈述自己见解，如同剥茧抽丝，列举《孟子》一书并非孟子亲身所著，而是孟子的学生在他去世后根据孟子平时的学说内容共同回忆编著而成的。由此阐明了“宣之于口”和“书之于简”没有什么两样，并说明自己宣扬传播儒家学说不遗余力的态度，意在申明自己之所以现在没有著书，是因为“又惧吾力之未至也”，所以“请待五六十然后为之”。意思是说：不是我光说不写，也不是我宣讲孔孟之道排斥佛老之说无法著书，而是要等到积淀成熟，一定会著书传世的。

因韩愈与张籍之间交情较深，所以在动笔时相当用心，既要维护朋友间的情谊，又要表明自己的立场，给对方明确的答复。所以全文用语机智委婉，略带诙谐，既有谦恭，又不失时机加以据理，使文章跌宕起伏，一波三折，一如沉浮在浩瀚江河之中，既令人惊魂动魄，又回味无穷。

燕喜亭记[①]

【原文】

太原王弘中在连州[②]，与学佛人景常、元慧游。异日[③]，从二人者行于其居之后，丘荒之间，上高而望，得异处焉[④]。斩茅而嘉树列[⑤]，发石而清泉激[⑥]，辇粪壤[⑦]，燔椔翳[⑧]。却立而视之[⑨]：出者突然成丘，陷者呀然成谷[⑩]，洼者为池而缺者为洞，若有鬼神异物阴来相之。自是，弘中与二人者晨往而夕忘归焉，乃立屋以避风雨寒暑[⑪]。

【注释】

①燕喜亭：连州的一处建筑。燕喜：同“宴喜”，宴饮喜悦。

②王弘中：王仲舒，唐朝文学家。连州：古地名。

③异日：不在同一天；隔日。

④得：看到。异处：指景物奇特之地。异：奇异、特殊。

⑤斩茅：砍掉茅草。嘉树列：好的树木一排排显露出来。

⑥发石：拨开乱石。清泉激：清澈的泉水喷涌而出。

⑦辇（niǎn）粪壤（rǎng）：把腐臭的土壤用车子运走。辇：古代用人拉着走的车子。

⑧燔（fán）椔（zī）翳（yì）：焚烧枯死的杂树。燔：焚烧。椔：直立着的枯木。翳：古同“殪”，树木枯死，倒伏于地。

⑨却立：后退几步站着。

⑩陷者：陷落下去的地方。呀（yā）然：裂开的样子。呀：张口貌。

⑪立屋：修建房屋，指燕喜亭。

【译文】

太原王弘中在连州的时候，和学佛的人景常、元慧一起出去游览。隔一天，他和那两个人一起走到他们的住处后面，翻过山丘与荒原之间，登上高处向远方眺望，看到一个风景奇特的地方。当他们砍掉茅草，便看到了秀拔的树木整齐地排列着，搬开石头之后，发现清澈的泉水喷涌而出，当他们找来车子把腐臭的土壤运走，并且烧掉枯死的树木，这时再退回来看那里：高出来的地方突兀挺立而成山丘，陷落下去的地方开裂而成山谷，低洼的地方成为池塘，而山丘有缺口的地方成了山洞，这一派奇石丽景，就好像有鬼神拿着神奇刀具暗中来帮助雕琢，简直如临仙境。自那以后，王弘中和这两个人早上到那里去玩赏，流连到夜晚竟然忘了回家，于是就在那里建了房屋以便躲避风雨寒暑。

【原文】

既成，愈请名之，其丘曰：“竢德之丘①”，蔽于古而显于今②，有竢之道也；其石谷曰“谦受之谷③”，瀑曰“振鹭之瀑④”，谷言德，瀑言容也；其土谷曰“黄金之谷⑤”，瀑曰“秩秩之瀑⑥”，谷言容，瀑言德也；洞曰“寒居之洞”，志其入时也⑦；池曰“君子之池”，虚以钟其美⑧，盈以出其恶也⑨；泉之源曰“天泽之泉”，出高而施下也；合而名之以屋曰“燕喜之亭”，取《诗》所谓“鲁侯燕喜”者颂也。

【注释】

①竢（sì）德：具有耐心等待的道德修养。竢：同“俟”，等待盼望的意思。

②蔽于古：指荒丘以前一直被掩盖。显于今：今天才显露其光彩。

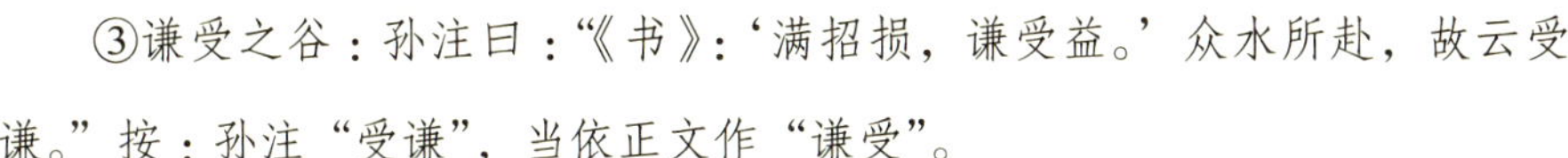

③谦受之谷：孙注曰："《书》：'满招损，谦受益。'众水所赴，故云受谦。"按：孙注"受谦"，当依正文作"谦受"。

④振鹭之瀑：形容瀑布像一群展翅飞翔的白鹭。

⑤黄金之谷：沃土形成的谷地，土壤肥沃，适于耕种。

⑥秩秩（zhì）之瀑：仿佛瀑布被安排得秩序井然。

⑦志：标志。入时：进洞之季节。

⑧虚：原形容池子容量大，文章比喻主人有君子之气量。钟：聚积，集中。

⑨盈：指水满溢出池外。出其恶：排除其污秽。恶：秽浊。

【译文】

建成以后，韩愈请求为它们命名。山丘叫"竢德之丘"，意思是这地方在古代没有显露出来，而现在显露出光彩，其中蕴含期待之道；石谷叫"谦受之谷"，瀑布叫"振鹭之瀑"，石谷说明的是它的德行，瀑布说明的是它的仪容；那里的土谷叫"黄金之谷"，瀑布叫"秩秩之瀑"，土谷说的是它的容貌，瀑布说的是它的德行；山洞叫"寒屋之洞"，记载了进洞的时节；水池叫"君子之池"，空的时候汇集自己的美好，满的时候溢出其中的丑恶；泉水的源头叫"天泽之泉"，是因为它从高处涌流出来而布施到它的下游；综合所有的景致而将这屋子命名为"燕喜之亭"，是取用了《诗经》中所说的"鲁侯燕喜"的含义来歌颂它的。

【原文】

于是州民之老，闻而相与观焉[①]，曰："吾州之山水名天下，然而无与'燕喜'者比。经营于其侧者相接也[②]，而莫直其地[③]。"凡天作而地藏之以遗其人乎[④]？弘中自吏部郎贬秩而来[⑤]，次其道途所经[⑥]，自蓝田入商洛[⑦]，涉淅、湍，临汉水[⑧]，升岘首以望方城[⑨]；出荆门，下岷江，过洞庭，上湘水，行衡山之下；繇郴逾岭，蝯狖所家[⑩]，鱼龙所宫，极幽遐瑰诡之观[⑪]，宜其于山水饫闻而厌见也[⑫]。今其意乃若不足。传曰："智者乐水，仁者乐山。"弘中之德，与其所好，可谓协矣。智以谋之，仁以居之，吾知其去是而羽仪于天朝也不远矣[⑬]。遂刻石以记[⑭]。

【注释】

①闻：听说。相与观焉：结伴来此观看。

②相接：接连不断。

③莫值其地：没有人认识燕喜亭这地方的价值。直：通"值"。

④天作而地藏之：大自然创造了这样的胜景，而大地将它保存起来。遗其人：预备送给应得其地之人。文章中指王仲舒得此佳境是天意。

⑤吏部郎：指其原任吏部员外郎。贬秩：贬官。

⑥次其道途所经：依次记录王仲舒从长安来连州途中所经过的地方。

⑦蓝田：地名，今陕西省蓝田县。商：指唐代商州。

⑧淅（xī）、湍（tuān）：二者均为水名，在今河南省境内。汉水：今汉水，在湖北省武汉市的汉口长江。

⑨岘（xiàn）首：岘首山，一名岘山，在湖北省襄阳市。方城：山名，在湖北省竹山县东南。

⑩繇（yóu）：古同"由"，从。蝯狖（yuán yòu）：猿类动物。亦作"蝯貁"。

⑪幽遐瑰诡：指幽僻荒远之处的种种奇异瑰丽的景物。

⑫饫（yù）：饱。厌：“餍”，饱。

⑬羽仪于天朝：回到朝廷去做官。此处借以称王仲舒必将进身朝廷高位而被人们所敬重。羽仪：比喻居高位而有才德，被人尊重，可作为楷模。

⑭遂：于是，就。

【译文】

于是这个州的父老乡亲，听说以后都结伴来到这里游玩观赏，都说：“我们州的山水天下闻名，但是能与‘燕喜亭’相比的景致却没有。在它旁边经营生计的人接连不断，却没有人知道这个地方这么有价值。”这可能是老天制造出来以后而大地将它隐藏起来，以便把它送给合适的那个人吧？王弘中从吏部郎贬职而来，记下他路上依次路过的地方，从蓝田进入商洛之地，渡过淅水、湍水，来到汉水边，登上岘山山顶，遥望方城；出荆门，下岷江，过洞庭，上湘江，行走在衡山脚下；由郴州翻越山岭，穿过猿猴安家的山林，渡过鱼龙为宫的江河，看尽了那些深幽、遥远、瑰丽、诡异的景观，惬意舒适地饱游在山水之间，应当已经见多识广了，如今他好像还是不满足。记得《论语》中说：“智慧的人喜欢水，仁义的人喜欢山。”王弘中的品德和他的爱好，可以说是很和谐的了。既用智慧来谋划，又以仁义自居，我知道他离开这里到朝廷中身居高位而成为楷模的时间不会太久了。于是就写一篇亭记刻在石头上作为记载。

【赏析】

唐德宗贞元十九年（803年），王弘中从吏部员外郎贬谪为连州司户参军。韩愈与他交往多年，对他怀有敬仰之情。此时两人同贬于一地（阳山为连州属邑），当韩愈得知他到连州开辟了一个美好的景致，既敬佩又为他高兴，于是为他写了这篇散文，希望他因为政绩突出而能早日返回京城。

燕喜亭所在的地方，本来并不引人注目，只是被王弘中以及两位僧人发现并经过清理修建之后，才显露出它的与众不同之处。诸如经过修缮以后所呈现出来的是："出者突然成丘，陷者呀然成谷，洼者为池而缺者为洞"，寥寥几句就概括了这里的地势状貌仿佛是"有鬼神异物阴来相之"，如此仿佛鬼谷神功般天造地设的美景，怎能不令人心动呢？

于是作者主动请缨为这里的山水景物命名。对于这些名字是经过作者精心设计的，巧妙地采用了拟人、拟物的手法，将读者带入想象的空间，使人不知不觉中将这山水所体现出来的完美，与王弘中的"君子之德"融为一体。这也正是作者为之命名，用了如此之多"富含深意"之词的用意，突出表现了自己对王弘中的敬重与赞赏之情，从而表达了一个真正的德才兼备的君子，是不会因为遭到贬谪而消沉颓废，依旧会怀着满腔热爱生活之情去发挥自己的才能。文中通过这个州的父老乡亲赞不绝口的谥美之词，佐证了王弘中初到此地已将这里开辟如此美好，可见其才智是何等卓越！最后以《论语》中的"智者乐水，仁者乐山""弘中之德，与其所好，可谓协矣"作结，再一次肯定了王弘中既是智者，又是仁者，他的德和他的所好是一致的，以此衬托人物之品德的意旨及效果就全然而出，更令人赞叹不已，禁不住为之动容。

新修滕王阁记

【原文】

愈少时则闻江南多临观之美，而滕王阁独为第一①，有瑰伟绝特之称；及得三王所为序、赋、记等②，壮其文辞，益欲往一观而读之，以忘吾忧；系官于朝，愿莫之遂③。十四年，以言事斥守揭阳④，便道取疾以至海上⑤，又不得过南昌而观所谓滕王阁者。其冬，以天子进大号，加恩区内⑥，移刺袁州。袁于南昌为属邑⑦，私喜幸自语，以为当得躬诣大府⑧，受约束于下执事，及其无事且还，傥得一至其处⑨，窃寄目偿所愿焉。至州之七月，诏以中书舍人太原王公为御史中丞⑩，观察江南西道⑪；洪、江、饶、虔、吉、信、抚、袁悉属治所。八州之人，前所不便及所愿欲而不得者，公至之日，皆罢行之。大者驿闻⑫，小者立变，春生秋杀，阳开阴闭⑬。令修于庭户数日之间，而人自得于湖山千里之外。吾虽欲出意见，论利害，听命于幕下，而吾州乃无一事可假而行者，又安得舍己所事以勤馆人？则滕王阁又无因而至焉矣！

【注释】

①临观：登临、观赏。滕王阁：江南三大名楼之一，位于江西省南昌市西北部沿江路赣江东岸，因唐太宗李世民之弟——滕王李元婴始建而得名。

②三王所为序、赋、记：指王勃、王仲舒、王绪曾为滕王阁分别作序、

赋、记。

③系官于朝：指在朝廷中为官。愿莫之遂：莫遂之愿，未能实现这个愿望。

④以言事斥守揭阳：元和十四（819年）年五月，唐宪宗自凤翔迎佛骨至京师，王公士庶奔走膜拜。韩愈上《论佛骨表》，竭力劝阻此事，由此触怒宪宗，将其贬为潮州刺史。揭阳：地名，属广东潮州。

⑤便道：通常指近便的小路；马路两边供人行走的道路。疾：快速，迅速。

⑥天子进大号：皇帝更封年号。加恩区内：指在王朝天下施行恩赐。区内：疆土境域之内。

⑦移刺袁州：迁官做袁州刺史。属邑：附属的州县。

⑧躬诣（yì）大府：亲自到大郡府去。大府：上级官府，此指南昌，为江南西道观察使治所。

⑨傥得：同"倘"，倘若，假使，如果。其处：指滕王阁。

⑩寄目：观看，注视。太原王公：王仲舒。曾经两次重修滕王阁。御史中丞：御史台副官，掌纠察百官。此为王仲舒兼官。

⑪观察江南西道：为江南西道观察使。

⑫驿（yì）闻：指在驿所听察。

⑬春生秋杀：指春天万物萌生，秋天万物凋零。阳开阴闭：阳气开，阴气闭。形容有利的兴旺，有害的堵塞。

【译文】

我小时候就听说江南的临观美景很多，唯独滕王阁排在第一位，那里有瑰丽、奇伟、绝妙、独特的称号；直到看了"三王"为滕王阁所作的序、赋、记等，立即感到其中文辞的壮美，更加想要去观赏并细细赏读这些文字，以便忘却自己的烦恼。我在朝中为官，仕途却没能遂我心愿。元和十四年（819 年），我因为上书阻止“迎佛骨”之事而被贬官到潮州，为了奉旨早日到达贬所，只好贪图走便道，能以迅疾的速度赶到海上，所以乘船走了海路，因此又没能途经南昌去观赏之前所说的滕王阁。这年冬天，因为天子进大号，施恩于潮州区内，所以我奉命移职到袁州担任刺史。袁州对于南昌来说是隶属都邑，我暗自欣喜庆幸，自认为此次应该能够亲自进见大府，就算暂时受其下执事的约束，但是到了没有公事回去之后，倘若能够得到一次去滕王阁观赏的机会，只要能偷偷观看一眼，也就了却我的心愿了。到袁州后的七月，皇帝诏命中书舍人太原王公为御史中丞，江南西道观察史；当时洪、江、饶、虔、吉、信、抚、袁八州都属于治理范围。八州的人，在这以前不便于做的以及愿意去做却没有做成的事，自王公到达那天起，全都停止进行。大的事情通过驿所的使者告知，小的事情立刻作出改变。到处是春生秋杀、阳开阴闭的大好景象。就这样下令关门闭户过了一些时日，而您却悠然自得在千里之外。我虽然想提出意见，讨论其中的利与害，但我身在幕下听候命令，而我们州却没有一件事可以用来当作借口出行的，我又怎能舍弃自己要做的事而去劳顿馆人？这样一来，就又没有理由去滕王阁了。

【原文】

其岁九月，人吏浃和①，公与监军使燕于此阁②，文武宾士皆与在席。酒半，合辞言曰："此屋不修，且坏。前公为从事此邦，适理新之，公所为文，实书在壁；今三十年而公来为邦伯③，适及期月④，公又来燕于此，公乌得无情哉？"公应曰："诺。"于是栋楹梁桷板槛之腐黑挠折者⑤，盖瓦级砖之破缺者，赤白之漫漶不鲜者⑥，治之则已；无侈前人⑦，无废后观。

工既讫功⑧，公以众饮，而以书命愈曰："子其为我记之！"愈既以未得造观为叹⑨，窃喜载名其上⑩，词列三王之次，有荣耀焉！乃不辞而承公命。其江山之好，登望之乐，虽老矣，如获从公游，尚能为公赋之。

元和十五年十月某日，袁州刺史韩愈记。

【注释】

①浃（jiā）和：和洽，融洽、和谐。

②监军使：朝廷派往各使所监察军事的官。一般由宦者担任。

③邦伯：州牧。古代指一方诸侯之长。

④期（jī）月：整年。

⑤楹（yíng）：门框。桷（jué）：屋椽。

⑥漫漶（huàn）：模糊不可辨别。不鲜：不鲜明。

⑦侈：奢侈。

⑧工既讫功：工程大功告成之后。讫：完结，结束。

⑨愈：韩愈自指。造观：此指前去观赏。

⑩窃喜：暗自欣喜。窃：暗暗地，偷偷地。

【译文】

这一年九月，百姓、官吏之间关系和谐融洽，王公和监军使宴饮于滕王阁，当时文官、武将、宾客、士人都就座参加了。酒到半醉之时，众人都说："这房屋再不进行修缮，就要彻底坏掉了。以前王公您在这里治理政事，正逢滕王阁损坏，是您将这滕王阁整修翻新，您所写的文章，都已刻写在石壁上；如今这三十年后，您又到这儿担任这里的父母官，恰逢到了整年整月，您又来到这里宴饮，您怎能会没有感想呢？”王公答应道：“是啊。”于是，主梁、柱子、屋梁、椽子、门板、门槛有腐朽、发黑、弯曲折断了的，盖瓦、级砖有破损缺失了的，红白浸染不鲜明的，都加以修整治理。虽然不比前人奢侈，但也没有荒废后世作为观赏的价值。

工程大功告成之后，王公和大家一起饮酒相庆，并写信嘱咤我说：“你一定替我记下这件事！”我虽然因没能到现场观赏而遗憾感叹，但心里还是很高兴能因这件事而载入史册留名其中，文章排列在“三王”之后，那是一种荣耀啊！于是我并没有推辞，而是接受了王公的重托。遥想那江山的美景，登高望远的快乐，即使我老了，如果有幸能够和王公一起游览，那么我还能为王公的事迹作赋。

元和十五年十月某日，袁州刺史韩愈记。

【赏析】

唐宪宗元和十五年（820 年），当时王仲舒担任洪州刺史、江南西道观察使。在一次酒宴之上，众人提议请他重修滕王阁，就在滕王阁竣工之际，王仲舒请韩愈为此写下一篇文记，于是便有了这篇流传甚广的记文。

本文与一般写景文字迥然不同，因为韩愈写此文时，并没有到过滕王阁，所以文章避开对滕王阁的景致描写，而是一开头就用烘托和层层递进的手法，渲染了作者对滕王阁的向往之情。开篇“愈少时则闻江南多临观之美，而滕王阁独为第一，有瑰伟绝特之称”，以此展开了对滕王阁的赞美，可谓大有先声夺人之势，令人马上遐想滕王阁到底有多美，竟然先后赢得了“三王所为序、赋、记”的盛誉。尤其当看到“三王”其中文辞的壮美，更加激发了他想要去观赏的欲望，希望能够陶醉其中，以此来忘却自己的忧愁。

接下来，作者便开始叙述自己几次想去滕王阁而没能去成的经历始末：韩愈在元和十四年（819 年），曾因“上书言事”被贬斥潮州，前往任所时，原本可以途经此地观赏一番，可无奈君命难违，必须火速赶往贬所，所以只好改道而行，错过了观赏的机会；而这年冬，韩愈被移职于袁州，袁州为南昌的属邑，因此他“私喜幸自语”，窃自期望能“得一至其处，窃寄目偿所愿焉”。然而不久后，御史中丞王公前来查看江南西道时，属邑八州之人，凡“公至之日，皆罢行之”。此时作者又因“无一事可假而行者”，错失时机。至此，只能将遗憾深埋心底。直到后来，王公再次莅临滕王阁，在众人提议下重修滕王阁，而在修建大功告成之后，接到王公的书信告知韩愈：“子其为我记之！”韩愈自当是不敢推辞，反而所幸“愈既以未得造观为叹，窃喜载名其上，词列三王之次，有荣耀焉”。也就是说，既然没有机会亲自登临观赏并为其留下壮美的诗文，暂且为王公写下所叙之事，也算是聊以慰藉吧。

末尾“其江山之好，登望之乐，虽老矣，如获从公游，尚能为公赋之”，这里则在叙事之外，寄寓了作者满腔的不尽之意，暗自流出一种发自心底的愿望，令人不禁为作者感慨的命运生出一种无以言表的怜惜之情。

参考文献

[1] 孙昌武 . 韩愈选集 [M]. 上海 ：上海古籍出版社，2013.

[2] 杨波，王昭生 . 国学经典 ：韩愈集 [M]. 郑州 ：中州古籍出版社，2010.

[3] 孟二冬 . 韩愈柳宗元诗选 [M]. 北京 ：中华书局，2006.

[4] 吴文治，汤贵仁 . 韩愈及其作品选 [M]. 上海 ：上海古籍出版社，1998.